NomosCasebook

PD Dr. Hannes Henke, LL.M.oec.
Martin-Luther-Universität Halle-Wittenberg

Sachenrecht

Nomos

Die Deutsche Nationalbibliothek verzeichnet diese Publikation in der Deutschen Nationalbibliografie; detaillierte bibliografische Daten sind im Internet über http://dnb.d-nb.de abrufbar.

ISBN 978-3-7560-0213-9 (Print)

ISBN 978-3-7489-5126-1 (ePDF)

1. Auflage 2026

Vorwort

Dieses Casebook beruht auf einer einfachen, aber zentralen Einsicht: Recht erschließt sich in erster Linie nicht im abstrakten Normtext, sondern in der Lösung konkreter Interessenkonflikte. Erst im Blick auf den jeweiligen Lebenssachverhalt gewinnen normative Wertungen ihre Kontur. Zugleich werden sie gerade dort überprüfbar – und damit auch kritisierbar.

Vor diesem Hintergrund erweist sich die Lektüre gerichtlicher Entscheidungen als besonders gewinnbringend. Sie zwingt dazu, juristische Argumentation in ihrem tatsächlichen Einsatz nachzuvollziehen. Dabei wird nicht nur deutlich, wie abstrakte Normen auf konkrete Sachverhalte angewendet werden, sondern auch, wie Gerichte Wertungsspielräume nutzen und Rechtsentwicklungen vorantreiben.

Das vorliegende Casebook greift diese Perspektive auf. Es versammelt 28 Entscheidungen, überwiegend des BGH, die für das Verständnis des Sachenrechts besonders aufschlussreich sind. Die Auswahl umfasst einerseits „Klassiker", die zum unverzichtbaren Kanon gehören, andererseits Entscheidungen, die sich in besonderer Weise für das Verständnis systematischer Zusammenhänge eignen – darunter auch Bereiche, die in der Lehre bisweilen weniger Aufmerksamkeit erhalten.

Die den Entscheidungen zugrunde liegenden Sachverhalte sind aus didaktischen Gründen teils vereinfacht worden; die wesentlichen Entscheidungsgründe werden demgegenüber im Wortlaut wiedergegeben, da gerade der Sprache der Gerichte ein eigener Erkenntniswert zukommt. Zur besseren Lesbarkeit sind Fundstellen zu Literatur und Rechtsprechung in den abgedruckten Auszügen weggelassen.

Das Casebook ist aus einer Reihe von Repetitorien hervorgegangen, die ich im Sachenrecht an der Martin-Luther-Universität Halle-Wittenberg halten durfte. Die dort gewonnenen didaktischen Erfahrungen haben Auswahl, Aufbereitung und Kommentierung der Entscheidungen maßgeblich geprägt. Es richtet sich gleichwohl ausdrücklich auch an Studierende des Grundstudiums, die sich den Stoff des Sachenrechts anhand der einschlägigen Leitentscheidungen erarbeiten möchten. Ergänzende Vertiefungsfragen sowie Verweise auf die Jurafuchs-App sollen dabei unterstützen, das Erarbeitete weiter einzuüben und zu festigen.

Hinweise und Anmerkungen sind jederzeit willkommen und können an

hannes.henke@jura.uni-halle.de

gerichtet werden.

Halle, Juli 2026

Hannes Henke

Inhalt

Fall 1: Photovoltaikanlage

BGH, Urteil vom 22.10.2021 – V ZR 69/20 = BGHZ 231, 310 = NJW 2022, 614

Sachbegriff (§ 90 BGB) | Wesentliche Bestandteile (§§ 93 f. BGB) | Scheinbestandteile (§ 95 BGB)

I. Sachverhalt

Die P-GmbH errichtete im Jahr 2010 auf einem Grundstück, das sie von einem Dritten gepachtet hatte, eine Freiland-Photovoltaikanlage. Diese umfasste neben einer gerüstartigen Aufständerung aus Stangen und Schienen insgesamt neun Wechselrichter und 5.000 Module. 1

Im März 2011 verkaufte die P-GmbH 20 näher bezeichnete Module dieser Anlage an die B-GmbH zu einem Gesamtpreis von 19.000 Euro. Zugleich vereinbarten die Parteien die Übereignung der Module. Die hierfür grundsätzlich erforderliche Übergabe sollte dadurch ersetzt werden, dass die Module an die P-GmbH zurückvermietet wurden.

Am 1.3.2016 wurde über das Vermögen der P-GmbH das Insolvenzverfahren eröffnet und V zum Insolvenzverwalter bestellt. V begehrt nun die Feststellung, dass die Module nicht im Eigentum der B-GmbH stehen.

II. Zentrale Probleme

Dem 3. Buch des BGB, dem „Sachenrecht" (§§ 854-1296 BGB), ist mit den §§ 90-103 BGB das sog. „kleine Sachenrecht" vorangestellt. Neben der grundlegenden Definition der Sache in § 90 BGB regeln die §§ 93 ff. BGB insbesondere das Verhältnis einzelner körperlicher Gegenstände zueinander. Genau dies ist im vorliegenden Fall problematisch. 2

Konkret stellt sich die Frage, ob die veräußerten Module im Zeitpunkt der beabsichtigten Übereignung an die B-GmbH jeweils selbstständige Sachen und damit taugliche „Gegenstände besonderer Rechte" im Sinne des § 93 BGB waren. Denn nur wenn die Module rechtlich selbstständig waren, konnte die P-GmbH sie nach §§ 929 ff. BGB an die B-GmbH übereignen. 3

Eine Übereignung der einzelnen Module wäre dagegen ausgeschlossen gewesen, wenn diese entweder wesentliche Bestandteile des Grundstücks (§ 94 I BGB) oder der Photovoltaikanlage in ihrer Gesamtheit (§§ 93, 94 II BGB) geworden wären. Zu klären ist daher, ob die einzelnen Module samt jeweiliger Aufständerung 4

1. mit dem Grund und Boden fest verbunden waren (§ 94 I BGB) oder vielmehr sog. „Scheinbestandteile" im Sinne des § 95 BGB darstellten,
2. zur Herstellung des Gebäudes „Photovoltaikanlage" eingefügt wurden (§ 94 II BGB) oder
3. nicht von der übrigen Photovoltaikanlage getrennt werden konnten, ohne dass die Module oder die Anlage zerstört oder in ihrem Wesen verändert würden (§ 93 BGB).

Diese Fragen sind deshalb von praktischer Bedeutung, weil der Insolvenzverwalter die gesamte Anlage als Teil der Insolvenzmasse verwerten möchte. Das wäre ausgeschlossen, soweit einzelne Module im Eigentum der B-GmbH stünden. Der kraft Amtes prozessführungsbefugte Insolvenzverwalter (§ 80 I InsO) begehrt daher die Feststellung, dass die B-GmbH kein Eigentum an den Modulen erworben hat. 5

III. Die Entscheidung des BGH

6 Ausgangspunkt der Entscheidung des BGH bildet der Befund, dass ein Rechtsgeschäft zur Übereignung einer Sache, die kein tauglicher Gegenstand besonderer Rechte ist (§ 93 BGB), nichtig ist (Rn. 6).[1] Ob B gemäß §§ 929, 930 BGB Eigentum an den 20 Photovoltaikmodulen samt der jeweiligen Aufständerung erworben hat, hängt damit von der Sonderrechtsfähigkeit der einzelnen Module ab.

7 Hierzu stellt der BGH zunächst fest, dass die Module jedenfalls keine wesentlichen Bestandteile des Grundstücks gemäß § 94 I BGB sind. Allerdings lässt er dabei ausdrücklich offen, ob die Module fest mit dem Grund und Boden verbunden sind. Vielmehr stellt der BGH unmittelbar darauf ab, dass es sich bei der Anlage insgesamt um einen sog. „Scheinbestandteil" im Sinne des § 95 I BGB handelt:

> [8] […] Zu den Bestandteilen eines Grundstücks gehören aber nach § 95 I 1 BGB solche Sachen nicht, die nur zu einem vorübergehenden Zweck mit dem Grund und Boden verbunden sind. Verbindet ein Mieter, Pächter oder sonst schuldrechtlich Berechtigter eine Sache mit dem ihm nicht gehörenden Grundstück, spricht eine tatsächliche Vermutung dafür, dass er dabei nur in seinem eigenen Interesse handelt und nicht zugleich in der Absicht, die Sache nach Beendigung des Vertragsverhältnisses dem Grundstückseigentümer zufallen zu lassen, also dafür, dass die Verbindung nur vorübergehend – für die Dauer des Vertragsverhältnisses – iSd § 95 I BGB hergestellt ist […]. Eine Verbindung zu einem vorübergehenden Zweck ist auch dann nicht ausgeschlossen, wenn die Sache für ihre gesamte (wirtschaftliche) Lebensdauer auf dem Grundstück verbleiben soll […].

8 Vor diesem Hintergrund nimmt der BGH überzeugend an, dass es sich bei der Photovoltaikanlage gerade nicht um einen wesentlichen Bestandteil des Grundstücks handelt. Auf die Voraussetzungen des § 94 I BGB kommt es deswegen nicht an, weil die P-GmbH die Anlage auf einem Grundstück errichtet hatte, welches sie ihrerseits von einem Dritten gepachtet hatte (Rn. 9).

9 Der Sonderrechtsfähigkeit der einzelnen Module soll nach Ansicht des BGH auch § 94 II BGB nicht entgegenstehen. Hiernach wären die Module dann wesentliche Bestandteile der Photovoltaikanlage, wenn sie zur Herstellung eines Gebäudes eingefügt worden sind. Entscheidend ist damit, ob es sich bei der Photovoltaikanlage um ein Gebäude im Sinne der Vorschrift handelt:

> [16] (1) Ausgehend von dem Wortlaut der Norm erfasst § 94 BGB zunächst alle Gebäude im herkömmlichen Sinne, also Häuser und sonstige Baukörper, die durch räumliche Einfriedung Schutz gewähren und den Eintritt von Menschen gestatten […].
>
> [17] (2) Wie das BerGer. zutreffend anführt, hat der Senat zudem bereits entschieden, dass der Begriff Gebäude in § 94 BGB auch andere größere Bauwerke umfasst, weil sich sonst die Zielsetzung der Vorschrift, wirtschaftliche Werte zu erhalten und für rechtssichere Vermögenszuordnungen zu sorgen, nicht erreichen lässt […].
>
> [18] (3) Bei einer Sache, die kein Gebäude im herkömmlichen Sinn darstellt, bedarf es jedoch der wertenden Betrachtung mit Blick auf ihre konkrete Beschaffenheit, ob eine erweiternde Anwendung des § 94 II BGB gerechtfertigt ist, weil die Sache zumindest eine gewisse Überschneidung mit einem Gebäude im engeren Sinne aufweist, sei es etwa auf-

---

1 So auch schon BGH NJW 1988, 2789 (2790).

grund einer vergleichbaren Bauweise oder beispielsweise ihres Zwecks, dem – zumindest vorübergehenden – Aufenthalt von Menschen zu dienen.

Vor diesem Hintergrund kommt der BGH zu dem Ergebnis, dass die Photovoltaikanlage kein Gebäude im Sinne des § 94 II BGB ist: 10

[20] [...] Gebäude iSv § 94 BGB sind zwar auch andere größere Bauwerke, deren Beseitigung eine dem (Teil-)Abriss eines Gebäudes im engeren Sinne vergleichbare Zerschlagung wirtschaftlicher Werte bedeutete. Ein Bauwerk setzt in diesem Zusammenhang aber regelmäßig etwas mit klassischen Baustoffen „Gebautes" von solcher Größe und Komplexität voraus, dass die Beseitigung die Zerstörung oder wesentliche Beschädigung und den Verlust der Funktionalität der Sache zur Folge hätte.

[21] (c) Etwas derart „Gebautes" stellt die Freiland-Photovoltaikanlage, wie das BerGer. zutreffend annimmt, im vorliegenden Fall nicht dar. Ähnlichkeiten mit einem herkömmlichen Gebäude weist sie nicht auf. Sie ist insbesondere nicht als massive, in sich feste Einheit mittels klassischer Baustoffe hergestellt, sondern lediglich modulartig mithilfe von Schrauben, Klemmen oder sonstigen ohne größeren Aufwand wieder lösbaren Verbindungselementen zusammengesetzt worden. Selbst wenn sie zur Sicherung ihrer Standfestigkeit über eine Verankerung im Boden verfügen sollte, könnte sie ohne wesentliche Beschädigung abgebaut, in ihre Einzelteile zerlegt und an anderer Stelle wieder aufgestellt werden, ohne dadurch ihre Funktionsfähigkeit einzubüßen.

Es bleibt daher zu prüfen, ob die einzelnen Module wesentliche Bestandteile der gesamten Photovoltaikanlage im Sinne des § 93 BGB sind. Zunächst nimmt der BGH an, dass die Module jedenfalls Bestandteile der Anlage sind: 11

[24] aa) Bestandteile einer Sache sind diejenigen körperlichen Gegenstände, die entweder von Natur aus eine Einheit bilden oder die durch die Verbindung miteinander ihre Selbstständigkeit dergestalt verloren haben, dass sie fortan, solange die Verbindung dauert, als eine einzige Sache erscheinen. Maßgebend dafür ist die Verkehrsanschauung und – wenn diese fehlt oder nicht festgestellt werden kann – die natürliche Betrachtungsweise eines verständigen Beobachters, wobei Zweck und Wesen der Sache und ihrer Bestandteile vom technisch-wirtschaftlichen Standpunkt aus zu beurteilen sind [...].

[25] bb) Zu Recht geht das BerGer. nach diesem Maßstab davon aus, dass die Module jedenfalls einfache Bestandteile der Photovoltaikanlage sind, weil sie dazu ausgelegt sind, gemeinsam mit den anderen Teilen der Anlage verbunden zu werden, und nur so ihren Zweck der Stromerzeugung erfüllen könnten [...].

Problematisch ist letztlich, ob die Bestandteile auch wesentlich sind: 12

[27] aa) Wesentliche Bestandteile einer Sache sind nach § 93 BGB solche, die voneinander nicht getrennt werden können, ohne dass der eine oder der andere zerstört oder in seinem Wesen verändert wird. Wie das BerGer. im Ausgangspunkt zutreffend sieht, bestimmt sich die Wesentlichkeit der einzelnen Bestandteile einer Sache nach den Wirkungen ihres (gedachten) Ausbaus. Eine Zerstörung oder Wesensveränderung des abzutrennenden Teils ist daher anzunehmen, wenn dieser durch die Trennung wertlos wird oder nur noch Schrottwert hat, nicht aber, wenn er nach dem Ausbau in gleicher oder in ähnlicher Weise in eine andere Anlage integriert werden und damit wieder seine Funktion erfüllen kann. Ebenso wird die Restsache durch die Trennung nicht zerstört oder in ihrem Wesen verändert, wenn sie nach der Abtrennung des Bestandteils noch in der bisherigen Weise benutzt werden

kann, sei es auch erst, nachdem sie zu diesem Zweck wieder mit anderen Sachen verbunden wird [...]. Somit wären die einzelnen Module in der Tat nicht als wesentliche Bestandteile der Gesamtanlage anzusehen, wenn sie durch ein gleiches oder ähnliches Bauteil ersetzt und wenn sie zudem ihrerseits wieder in eine andere Anlage eingebaut werden und dort Strom erzeugen könnten.

13 Strittig ist nun allein, auf welchen Zeitpunkt im Rahmen dieser Beurteilung abzustellen ist:

[30] (2) Richtigerweise ist zu differenzieren: Ob ein Bestandteil iSd § 93 BGB wesentlich ist, bestimmt sich nach den Verhältnissen im Zeitpunkt der Verbindung, wenn es darauf ankommt, ob an dem Bestandteil bestehende Rechte Dritter infolge der Verbindung untergegangen sind. Ist dagegen zu beurteilen, ob Rechte Dritter an einem Bestandteil begründet werden können, der bereits in eine zusammengesetzte Sache eingefügt ist, kommt es auf die Verhältnisse bei Entstehung des Rechts an.

[31] (a) § 93 BGB verfolgt das Ziel, unter Rücksichtnahme auf volkswirtschaftliche Interessen Abtrennungen zu vermeiden, welche die Trennstücke beschädigten oder wesentlich veränderten. Wirtschaftliche Werte sollen nicht ohne einen rechtfertigenden Grund zerstört und der Volkswirtschaft dadurch Schaden zugefügt werden [...]. Daher ist auf die Verhältnisse zur Zeit der Verbindung abzustellen, wenn zu beurteilen ist, ob an dem Bestandteil bestehende Rechte Dritter infolge der Verbindung untergegangen sind (vgl. § 947 BGB). In diesem Zeitpunkt entscheidet sich, ob die Sache unter wirtschaftlich-technischen Gesichtspunkten in der Gesamtsache aufgegangen ist, weil eine anschließende Trennung zur Zerstörung wirtschaftlicher Werte führte [...]. Nachfolgende Wertveränderungen – insbesondere übliche Wertminderungen durch Abnutzung oder Alterung – sind daher bei der Prüfung der Wesentlichkeit eines Bestandteils grundsätzlich nicht zu berücksichtigen, wenn es darum geht, ob ein Recht an der Sache noch besteht oder ob die Sache in der Gesamtsache aufgegangen ist. Gegen die Berücksichtigung dieser Umstände spricht zudem, dass sie unklare Eigentumsverhältnisse an den Bestandteilen einer verbundenen Sache zur Folge hätte. Die Bestandteile blieben dann zwar nach der Verbindung zunächst sonderrechtsfähig, würden aber zu wesentlichen, sonderrechtsunfähigen Bestandteilen der Gesamtsache, sobald die Abtrennung infolge Abnutzung oder Alterung unwirtschaftlich geworden wäre [...]. Das widerspräche sachenrechtlichen Grundsätzen.

[32] (b) Anders liegt es, wenn zu beurteilen ist, ob an einer in eine andere Sache eingefügten Sache nachträglich eigenständiges Eigentum begründet werden kann. Hierfür kommt es auf die Verhältnisse zu dem Zeitpunkt an, in dem das Recht begründet werden soll. Denn der Zweck des § 93 BGB, die durch eine Verbindung geschaffenen Werte möglichst zu erhalten, würde ohne Not verfehlt, wenn ein Bestandteil, dessen Trennung von der Gesamtsache zu deren tatsächlicher oder wirtschaftlicher Zerstörung oder zu einer Veränderung ihres Wesens führte, nur deswegen nicht als wesentlicher Bestandteil der Gesamtsache angesehen würde, weil er früher einmal neuwertig und austauschbar und somit sonderrechtsfähig war, obwohl auf dieser Grundlage keine Rechte Dritter begründet worden sind [...]. Andererseits erfordert es der Schutzzweck des § 93 BGB auch nicht, einem Bestandteil der Gesamtsache, der inzwischen von dieser ohne Zerstörung wirtschaftlicher Werte trennbar ist, die Sonderrechtsfähigkeit allein deswegen abzusprechen, weil er früher einmal für die Gesamtsache wesentlich war. [...]

14 Im vorliegenden Fall kommt es für die Frage, ob die B-GmbH das Eigentum an den Modulen erwerben konnte, somit auf die Verhältnisse bei der beabsichtigten Übereignung

der Module durch die P-GmbH an. Hierzu hatte das Berufungsgericht nach Ansicht des BGH keine ausreichenden Feststellungen getroffen, sodass die Sache gemäß § 563 I ZPO zurückzuverweisen war.

IV. Rechtliche Einordnung

1. Obgleich das Sachenrecht vereinzelt auch Rechte an Rechten regelt,[2] liegt sein Schwerpunkt auf den Rechten an Sachen. Zentral ist deshalb der Sachbegriff des § 90 BGB, wonach Sachen nur körperliche Gegenstände sind. Erfasst werden hiervon sowohl bewegliche als auch unbewegliche Sachen (Grundstücke). Letzteres meint im Rechtssinne einen räumlich abgegrenzten Teil der Erdoberfläche, der im Grundbuch als „Grundstück" geführt wird.[3] 15

2. Neben der Frage nach der Sachqualität von abgetrennten Körperteilen[4] treten in der Praxis trotz der scheinbaren begrifflichen Klarheit insbesondere dann Probleme auf, wenn zwischen einzelnen körperlichen Gegenständen eine mehr oder weniger enge Verbindung besteht. Die Abgrenzung einzelner Sachen untereinander wird insbesondere vor dem Hintergrund des sachenrechtlichen Spezialitätsprinzips relevant, wonach sich dingliche Rechte nur auf einzelne Sachen beziehen können. Insbesondere **Sachgesamtheiten**, bei denen eine Mehrzahl selbstständiger Sachen aufgrund einer gemeinsamen Zweckbestimmung zu einer funktionalen Einheit zusammengefasst ist (z. B. Warenlager, Bibliothek),[5] scheiden damit als sachenrechtliches Zuordnungsobjekt aus.[6] Nichtsdestoweniger können neben **einfachen Sachen**, welche aus einem Stück bestehen (z. B. Münze, Vase), auch **zusammengesetzte Sachen** (z. B. Auto, Notebook) als Einzelsache zu behandeln sein. Ob die einzelnen Bestandteile einer zusammengesetzten Sache selbst Gegenstand besonderer Rechte sein können oder die zusammengesetzte Sache insgesamt als sachenrechtlicher Anknüpfungspunkt dient, richtet sich nach den §§ 93 ff. BGB. 16

3.1 Der BGH betont vorliegend zu Recht, dass die §§ 93 ff. BGB den volkswirtschaftlichen Interessen am Erhalt wirtschaftlicher Werte dienen (Rn. 31). Hervorzuheben ist, dass es hierbei nicht auf den wirtschaftlichen Wert der zusammengesetzten Sache ankommt. Abzustellen ist vielmehr auf die einzelnen Bestandteile. Eine zusammengesetzte Sache wird nach § 93 BGB nur dann als Einheit behandelt, wenn die **einzelnen Bestandteile** nicht voneinander getrennt werden können, ohne dass der eine oder der andere Bestandteil zerstört oder in seinem Wesen verändert wird. Im Falle einer solch intensiven Verbindung geht das Gesetz von wesentlichen Bestandteilen aus, die nicht isoliert Gegenstand von besonderen Rechten sein können. 17

Eine derart enge Verbindung hat die Rechtsprechung beispielsweise im Falle eines serienmäßigen Austauschmotors, der in einen Pkw eingebaut wurde, verneint.[7] Dass das Fahrzeug nach dem Ausbau des Motors nicht mehr fahrtauglich ist, ist für § 93 BGB unerheblich. Maßgeblich ist vielmehr, dass der eingebaute Motor ohne Weiteres auch wieder ausgebaut und in ein anderes Fahrzeug des gleichen Typs eingebaut werden kann. Mit Blick auf das Restfahrzeug genügt es zudem, dass dieses zur Herstellung der Fahr- 18

2 Nießbrauch an Rechten (§§ 1068–1084 BGB); Pfandrecht an einer Forderung (§§ 1273–1296 BGB).
3 Vgl. RGZ 84, 265 (270); *Baur/Stürner*, Sachenrecht, § 3 Rn. 5.
4 Siehe hierzu etwa *Wellenhofer*, Sachenrecht, § 1 Rn. 20.
5 MüKo-BGB/*Stresemann*, § 90 Rn. 40.
6 Sie bleiben aber taugliche Gegenstände *schuldrechtlicher* Rechtsgeschäfte, siehe Staudinger/*Stieper*, BGB, § 90 Rn. 68.
7 BGH NJW 1973, 1454 (1455).

tauglichkeit wieder mit einem anderen Motor verbunden werden kann (vgl. Rn. 27).[8] Hieraus folgt, dass der serienmäßige Austauschmotor trotz des Einbaus sonderrechtsfähig bleibt – und damit etwa losgelöst vom restlichen Pkw übereignet werden kann.

19 Demgegenüber wird ein speziell angefertigter Motor, der nur sinnvoll in Verbindung mit den übrigen Bestandteilen des konkreten Pkw genutzt werden kann, mit dem Einbau in das Fahrzeug dessen wesentlicher Bestandteil. Dies provoziert im Anschluss insbesondere die Frage, wem das Eigentum an dem wesentlichen Bestandteil zugewiesen wird. Diese Frage wird durch die Regelungen des gesetzlichen Eigentumserwerbs nach § 947 BGB (und für die Verbindung mit Grundstücken nach § 946 BGB) beantwortet. Für die Praxis geht mit der fehlenden Sonderrechtsfähigkeit insbesondere die Herausforderung einher, dass die Vereinbarung eines Eigentumsvorbehalts in Bezug auf die eingebaute Sache mangels Sonderrechtsfähigkeit wirkungslos wird. Die Verkäufer sind daher auf sonstige Mechanismen der Kreditsicherung angewiesen.

20 **3.2** Das vorliegende Urteil bringt insoweit im Grunde keine grundlegenden Neuerungen. Allerdings lenkt es den Fokus auf die Frage, welcher **Zeitpunkt für die Beurteilung** der Wesentlichkeit eines Bestandteils maßgeblich ist. Zu denken ist etwa an Konstellationen, in denen einzelne Photovoltaikmodule bei Errichtung der Anlage noch nicht ohne Weiteres hätten entfernt und in eine andere Anlage integriert werden können, dies jedoch aufgrund zwischenzeitlichen technischen Fortschritts nunmehr problemlos möglich ist.

21 Der BGH wählt insoweit einen differenzierten Ansatz (Rn. 30 ff.). Ist zu klären, ob durch die Verbindung von Sachen Rechte Dritter untergegangen sind, kommt es auf die Verhältnisse zum Zeitpunkt der Verbindung an. Dies betrifft etwa die Frage, ob das Eigentum an einer Sache, welche unter Eigentumsvorbehalt geliefert wurde, durch den Einbau in eine andere Sache untergegangen ist.[9] Geht es hingegen wie im vorliegenden Fall darum, ob ein Recht an einem Bestandteil auf einen Dritten übertragen werden kann, sind die Verhältnisse im Zeitpunkt der beabsichtigten Übertragung bzw. der Entstehung des Rechts maßgeblich.

22 **4.** Konkretisiert und erweitert wird der Begriff des wesentlichen Bestandteils bei Grundstücken und Gebäuden durch § 94 BGB.[10] Insbesondere sind Gebäude nach § 94 I S. 1 BGB – unabhängig von § 93 BGB – stets wesentliche Bestandteile des Grundstücks. Gleiches gilt für Erzeugnisse, solange sie noch ungetrennt mit dem Boden zusammenhängen (z. B. Obst am Baum), und sonstige Sachen, die fest mit dem Grund und Boden verbunden sind (z. B. 45 t schwerer Heißwasserkessel eines Fernheizwerks[11]). Ob Letzteres der Fall ist, beurteilt sich anhand der Verkehrsanschauung, wobei sich zwei Kriterien etabliert haben: Zum einen kann eine feste Verbindung angenommen werden, wenn die Trennung zur (physischen) Zerstörung oder jedenfalls starken Beschädigung des abzulösenden Teils oder des verbleibenden Grundstücks führen würde. Zum anderen kann eine feste Verbindung auch damit begründet werden, dass die Trennung unverhältnismäßige Kosten erfordern würde.[12]

23 Zwar enthält sich der BGH einer ausdrücklichen Einordnung der einzelnen Photovoltaikmodule unter § 94 I BGB. Allerdings weisen die Ausführungen jedenfalls implizit darauf hin, dass die Module nicht hinreichend fest mit dem Grund und Boden verbun-

---

8 Siehe auch BGH NJW 2012, 778 Rn. 16.
9 So auch in BGH NJW 2012, 778.
10 § 94 BGB ist insbesondere keine lex specialis zu § 93 BGB, siehe auch RGZ 62, 248 (250).
11 LG Berlin NJW-RR 2004, 635.
12 Staudinger/*Stieper*, BGB, § 94 Rn. 7.

den sind. So sei die Anlage mithilfe von „ohne größeren Aufwand wieder lösbaren Verbindungselementen zusammengesetzt worden", sodass die Anlage „ohne wesentliche Beschädigung abgebaut, in ihre Einzelteile zerlegt und an anderer Stelle wieder aufgestellt werden" kann (Rn. 21). Die Qualifikation der einzelnen Module als wesentliche Bestandteile des Grundstücks gemäß § 94 I S. 1 BGB muss vor diesem Hintergrund ausscheiden.

5. Gemäß § 94 II BGB gehören zu den wesentlichen Bestandteilen des Gebäudes – und damit über § 94 I BGB auch des Grundstücks – die zur Herstellung des Gebäudes eingefügten Sachen. Anders als nach § 93 BGB und § 94 I BGB ist die Frage der Abtrennbarkeit hier folglich unbeachtlich. Entscheidend ist vielmehr der Zweck der Verbindung. Ob eine Sache zur Herstellung eines Gebäudes eingefügt wurde, beurteilt sich danach, ob das Gebäude nach der Verkehrsanschauung in Bezug auf seine Zweckbestimmung ohne die Sache als unfertig gilt.[13] In Bezug auf ein Wohnhaus können demnach neben Baumaterialien auch Heizungs- und Sanitäranlagen wesentliche Bestandteile eines Gebäudes sein. 24

Auf die Zweckbestimmung kommt es im vorliegenden Fall jedoch gar nicht an. Vielmehr scheitert die Anwendung des § 94 II BGB schon daran, dass es sich bei der Photovoltaikanlage nicht um ein **Gebäude** handelt. Diesbezüglich liefert der BGH mit der vorliegenden Entscheidung allgemeine Kriterien für den Gebäudebegriff im Sinne des § 94 II BGB. Dieser umfasse neben Häusern und sonstigen Baukörpern, die durch räumliche Einfriedung Schutz gewähren und den Eintritt von Menschen gestatten (Rn. 16), auch etwas mit klassischen Baustoffen Gebautes, das von solcher Größe und Komplexität ist, dass die Beseitigung die Zerstörung oder wesentliche Beschädigung und den Verlust der Funktionalität der Sache zur Folge hätte (Rn. 20). 25

6. § 95 BGB schränkt die Erweiterung für wesentliche Bestandteile von Grundstücken und Gebäuden nach § 94 BGB wieder ein. So sollen solche Sachen schon keine Bestandteile[14] eines Grundstücks (§ 95 I S. 1 BGB) und eines Gebäudes (§ 95 II BGB) sein, die nur zu einem vorübergehenden Zweck mit dem Grund und Boden verbunden bzw. in das Gebäude eingefügt sind. Gleiches gilt nach § 95 I S. 2 BGB für Sachen, die in Ausübung eines dinglichen Rechts an einem Grundstück (z. B. Nießbrauch[15]) mit diesem verbunden werden. Die Ausnahmen nach § 95 BGB beruhen insgesamt auf dem Gedanken, dass es bei einer zeitlich begrenzten Verbindung an dem erforderlichen inneren Zusammenhang zwischen der Sache und dem Grundstück fehlt, sodass die Sachen rechtlich selbstständig bleiben können. Hieraus folgt insbesondere, dass ein etwaiger Eigentumsvorbehalt an dem sog. **Scheinbestandteil** nicht mit dessen Einbau untergeht. 26

Ob die Verbindung nur zu einem vorübergehenden Zweck erfolgt, bestimmt sich nach der inneren Willensrichtung des Verbindenden bzw. Einfügenden, sofern diese mit dem nach außen in Erscheinung tretenden Sachverhalt in Einklang steht.[16] Vor diesem Hintergrund soll eine tatsächliche Vermutung dafür bestehen, dass eine schuldrechtlich Berechtigte (z. B. Mieterin oder Pächterin) die Verbindung im eigenen Interesse und damit nur für die Dauer des Vertragsverhältnisses herstellt (Rn. 8). 27

13 BGH NJW 1984, 2277 (2278).
14 Auf die Frage der „Wesentlichkeit" kommt es daher nicht mehr an.
15 Siehe hierzu Fall 27 – Wege aus dem Nießbrauch.
16 BGH NJW 1988, 2789 (2790).

V. Vertiefungsfragen

28 1. Welche Art der Feststellungsklage lag dem Verfahren zugrunde? Unter welchen Voraussetzungen ist eine solche Feststellungsklage zulässig?
→ siehe *Meller-Hannich*, Zivilprozessrecht, Rn. 139
2. Ist eine Einbauküche, die der Mieter in die Wohnung eingebracht hat, wesentlicher Bestandteil des Gebäudes oder Zubehör im Sinne des § 97 BGB?
→ siehe BGH NJW 2009, 1078
3. Welche Auswirkungen hat es auf einen vereinbarten Eigentumsvorbehalt, wenn eine Sache derart mit einer anderen Sache verbunden wird, dass sie zu einem unwesentlichen Bestandteil der anderen wird?
→ siehe Staudinger/*Stieper*, BGB, § 93 Rn. 41 ff.
4. Welche Konsequenzen hat es, dass § 95 BGB nicht nur die Wesentlichkeit, sondern bereits die Bestandteileigenschaft ausschließt?
→ siehe Staudinger/*Stieper*, BGB, § 95 Rn. 27
5. Können einzelne Elemente einer zusammengesetzten beweglichen Sache Scheinbestandteile im Sinne des § 95 BGB sein?
→ siehe BGH NJW 2022, 614 Rn. 39 ff.

Weitere Vertiefung und Wiederholung bei Jurafuchs auf jurafuchs.de oder in der Jurafuchs App:

Fall 2: Selbstbedienung

BGH, Urteil vom 24.6.1987 – VIII ZR 379/86 = BGHZ 101, 186 = NJW 1987, 2812

Unmittelbarer Besitz (§ 854 BGB)

I. Sachverhalt

K betrat für seinen Wocheneinkauf den Supermarkt der S. Unter einem Regal entdeckte er zwischen ausgestellten Waren einen 500-Euro-Schein. Er nahm den Geldschein an sich und übergab ihn kurz darauf der Marktleiterin B. Diese legte den Schein kommentarlos zu dem übrigen Bargeld in die gut gefüllte Kasse. Ein Verlierer meldete sich in der Folgezeit nicht. 29

Sechs Monate später verlangt K von S die Herausgabe des Geldscheins, hilfsweise die Zahlung von 500 Euro.

II. Zentrale Probleme

Der knappe Sachverhalt wirft verschiedene Rechtsfragen auf, wobei sich die eigentliche sachenrechtliche Problematik erst bei näherer Betrachtung erschließt. Ein etwaiges Eigentum an dem Geldschein kann K nicht als Grundlage der geltend gemachten Ansprüche heranziehen. Insbesondere scheitert der Eigentumserwerb des K im Wege eines Fundes nach § 973 I BGB daran, dass K den Fund nicht bei der zuständigen Behörde angezeigt hat.[1] 30

In Betracht kommen daher allenfalls vertragliche Ansprüche gegen S. Denkbar ist insbesondere, dass zwischen K und S ein Verwahrungsvertrag im Sinne des § 688 BGB zustande gekommen ist. Sofern die Rückgabe des Geldscheins nicht bereits gemäß § 275 I BGB unmöglich ist, insbesondere weil S den Besitz an dem Schein inzwischen verloren hat, könnte sich ein Herausgabeanspruch aus § 695 BGB ergeben. Hat S den Besitz bereits aufgegeben, kommt wegen der Verletzung der Herausgabepflicht aus § 695 BGB ein Schadensersatzanspruch statt der Leistung gemäß §§ 280 I, III, 283 BGB in Betracht. 31

Nach überwiegender Ansicht setzen verwahrungsrechtliche Ansprüche jedoch voraus, dass der Verwahrungsvertrag durch Übergabe der aufzubewahrenden Sache in Vollzug gesetzt wird.[2] Damit führt der Fall unmittelbar in das Besitzrecht. 32

III. Die Entscheidung des BGH

Der BGH stellt zunächst fest, dass der Abschluss eines Verwahrungsvertrags einen rechtsgeschäftlichen Bindungswillen sowohl aufseiten des K als auch aufseiten der Marktleiterin B voraussetzt. Ob ein solcher Wille hier vorlag, könne allerdings offenbleiben. Der BGH begründet dies wie folgt: 33

> b) Dies kann jedoch dahinstehen, denn Voraussetzung für das Bestehen verwahrungsvertraglicher Ansprüche ist weiter, daß der Geldschein der Bekl. vom Kl. „übergeben" (§ 688 BGB), d. h. daß ihr der unmittelbare Besitz an dem Schein (§ 854 I BGB) verschafft wurde. (juris, Rn. 8)

1 Zum Fund siehe auch Fall 12 – Zurückgelassenes Auto.

2 Für das Zustandekommen des Verwahrungsvertrages ist die Übergabe aber nicht erforderlich, siehe *Brox/Walker*, Besonderes Schuldrecht, § 30 Rn. 9; *Looschelders*, Schuldrecht BT, § 46 Rn. 2.

34 Der BGH verknüpft die schuldrechtlichen Ansprüche aus einem Verwahrungsvertrag damit unmittelbar mit der Frage, ob S von K unmittelbaren Besitz an dem Geldschein erlangt hat. Ansprüche des K scheiden danach jedenfalls dann aus, wenn S den unmittelbaren Besitz bereits vor der Aushändigung durch K innehatte. Entscheidend ist also, ob S den Besitz schon dadurch erworben hatte, dass der Geldschein in ihren Geschäftsräumen verloren wurde. Hierzu führt der BGH aus:

> [...] Der unmittelbare Besitz einer Sache wird durch die Erlangung der tatsächlichen Gewalt über sie erworben (§ 854 I BGB). Die Erlangung der tatsächlichen Sachherrschaft muß, wie sich aus den Regelungen der §§ 867 und 872 BGB ergibt, von einem entsprechenden Willen des (angehenden) Besitzers getragen sein [...], der nicht auf den Besitzerwerb an bestimmten Sachen gerichtet zu sein braucht; ein genereller Besitzwille genügt [...]. (juris, Rn. 12)
>
> aa) In wessen tatsächlicher Herrschaftsgewalt sich die Sache befindet, hängt maßgeblich von der Verkehrsanschauung, d. h. von der zusammenfassenden Wertung aller Umstände des jeweiligen Falles entsprechend den Anschauungen des täglichen Lebens, ab [...]. Zutreffend stellt [das BerGer.] dabei in erster Linie auf die tatsächlichen Beziehungen der Bekl. zu allen in ihren Geschäftsräumen befindlichen Gegenständen ab, die insgesamt der Herrschaftsmacht der Bekl. unterstünden, soweit nicht anderweitiger Besitz bestehe. Entgegen der Auffassung der Revision hat das BerGer. auch die Besonderheit des vorliegenden Falles gewürdigt, daß nämlich der Bekl. die Existenz des umstrittenen Geldscheins in ihren Geschäftsräumen bis zu dessen Abgabe durch den Kl. nicht bekannt war. Es hat in diesem Zusammenhang hervorgehoben, daß der Geldschein nicht an einer unzugänglichen Stelle verborgen war, sondern zwar „unter" einem Verkaufsregal, aber „zwischen aufgestellten Waren" und damit an einer Stelle lag, die von den Angestellten der Bekl. zumindest zum Zwecke der regelmäßigen Bestandskontrollen und Warennachfüllung sowie zwecks Reinigung „mehr oder weniger regelmäßig in Augenschein genommen" werde. Daraus, daß der Kl. den Geldschein ohne entsprechende Nachsuche zwischen den zum Verkauf ausgestellten Waren erblickte, ist weiter zu schließen, daß er deutlich sichtbar zwischen den ausgestellten Waren lag. Unter diesen Umständen erstreckte sich die tatsächliche Sachherrschaft der Bekl. über alle in ihrem Verkaufsraum befindlichen Sachen (soweit nicht anderweitiger Besitz bestand) auch auf den Geldschein. (juris, Rn. 13)

35 Die Gegenauffassung, tatsächliche Sachherrschaft setze stets Kenntnis von Existenz und Lage der Sache voraus, weist der BGH ausdrücklich zurück:

> Die Auffassung der Revision, von einer tatsächlichen Sachherrschaft könne nur dann die Rede sein, wenn die Existenz und Lage der Sache dem Besitzer bekannt sei oder – soweit dies nicht der Fall sei – wenn sich die unbekannte Sache in besonderen dafür vorgesehenen Behältnissen befinde, ist zu eng und widerspricht der Verkehrsanschauung. [...] (juris, Rn. 14)

36 Darüber hinaus bejaht der BGH einen generellen Besitzwillen der S:

> bb) Ohne Rechtsfehler hat das BerGer. angenommen, daß der Geldschein von einem generellen Besitzerwerbswillen der Bekl. erfasst war. [...] Der Geldschein gehörte zu den von Dritten in den Räumen der Bekl. verlorenen Sachen. Diese, so stellt das BerGer. fest, seien der Bekl. nicht gleichgültig und sie wolle sie nicht dem Zugriff jedes Beliebigen aussetzen, sondern sie im Interesse ihrer vom Verlust betroffenen Kunden oder auch Mitarbeiter behalten und in ihre Obhut nehmen. Diese – von der Revision als solche nicht angegrif-

> fene – Feststellung entspricht der Lebenswirklichkeit. Daß die Bekl. die Interessen ihrer Kunden und auch ihrer Mitarbeiter wahren will, liegt auf der Hand. Verluste von Sachen in Supermärkten, Kaufhäusern o. Ä. kommen häufig vor. Vielfach werden die Verlierer, wenn sie den Verlust bemerken, dort nach dem Verbleib der verlorenen Sache fragen. Bei Mitarbeitern liegt dies noch näher. Es ist daher sachgerecht und nachvollziehbar, daß die Bekl. Sachen, die in ihren Geschäftsräumen verloren werden, nicht dem Zugriff Dritter preisgeben, sondern sie auch schon vor deren Entdeckung zur Sicherung der Rechte der Verlierer besitzen will [...]. (juris, Rn. 16)

Dieser generelle Besitzwille müsse zwar nach außen hervortreten. Dies sei hier aber der Fall: 37

> Das BerGer. hat auch nicht verkannt, daß ein derartiger genereller Besitzerwerbswille rechtlich nur dann von Bedeutung ist, wenn er nicht nur in der Vorstellung des Besitzers bleibt, sondern auch nach außen erkennbar hervortritt [...]. In diesem Zusammenhang hat das BerGer. festgestellt, daß die Bekl. ihre Mitarbeiter angewiesen habe, „Fundsachen" bei dem Betriebsleiter abzugeben, daß sie ferner die in ihren Geschäftsräumen verlorenen und bei ihr abgegebenen Sachen in einem sogenannten „Fundbuch" eintrage und diese Sachen getrennt verwahre. Damit trägt die Bekl. der berechtigten Erwartung ihrer Kunden und Mitarbeiter Rechnung, daß in den Geschäftsräumen verlorene Sachen ihrer Obhut unterliegen und nach Entdeckung von ihr verwahrt werden. Hierdurch kommt für jeden Interessierten und mit den Verhältnissen Vertrauten hinreichend deutlich zum Ausdruck, daß die Bekl. verlorene Sachen in ihren Geschäftsräumen besitzen will; daß der generelle Besitzwille offensichtlich ist, ist nicht erforderlich. (juris, Rn. 17)

Der BGH gelangt somit zu dem Ergebnis, dass S den unmittelbaren Besitz an dem Geldschein bereits in dem Zeitpunkt erlangt hatte, in dem dieser in ihren Geschäftsräumen verloren wurde. K konnte S daher keinen unmittelbaren Besitz mehr verschaffen. Eine Übergabe im Sinne des § 688 BGB lag folglich nicht vor. Selbst wenn man eine rechtsgeschäftliche Einigung annehmen wollte, wäre der Verwahrungsvertrag deshalb nach Ansicht des BGH nicht in Vollzug gesetzt worden, sodass verwahrungsrechtliche Ansprüche ausscheiden. 38

IV. Rechtliche Einordnung

1. Das Gesetz definiert den Begriff des **Besitzes** nicht ausdrücklich. § 854 BGB regelt lediglich, unter welchen Voraussetzungen unmittelbarer Besitz begründet wird. Gleichwohl wird der Besitz in Anlehnung an § 854 I BGB regelmäßig summarisch als tatsächliche Gewalt über eine Sache beschrieben.[3] 39

Ob sich die verschiedenen Erscheinungsformen des Besitzes tatsächlich unter einen einheitlichen Begriff fassen lassen, ist allerdings zweifelhaft.[4] So ist der **mittelbare Besitz** gemäß § 868 BGB gerade dadurch gekennzeichnet, dass dem mittelbaren Besitzer der unmittelbare tatsächliche Zugriff auf die Sache fehlt. Die Sachherrschaft wird vielmehr durch einen Dritten (Besitzmittler) vermittelt. Insofern lässt sich allenfalls von einer „vergeistigten" Sachherrschaft sprechen. Auch beim **Erbenbesitz** nach § 857 BGB fehlt es an einer tatsächlichen Sachherrschaft. Der Erbe tritt vielmehr kraft Gesetzes in die Besitzstellung des Erblassers ein, ohne dass es auf seine Kenntnis vom Erbfall oder 40

3 *Baur/Stürner*, Sachenrecht, § 3 Rn. 24.
4 Siehe MüKo-BGB/*Schäfer*, § 854 Rn. 5 ff.

von der konkreten Besitzlage ankäme. Umgekehrt wird im Fall der **Besitzdienerschaft** (§ 855 BGB) Personen trotz tatsächlicher Gewalt über die Sache eine eigene Besitzposition abgesprochen, weil sie die Sachherrschaft für einen anderen und weisungsabhängig ausüben.

41 **2.** Im vorliegenden Fall stellt sich allein die Frage, zu welchem Zeitpunkt S den **unmittelbaren Besitz** an dem Geldschein erworben hat. Nach § 854 I BGB kommt es hierfür darauf an, wann S die tatsächliche Gewalt über den Geldschein erlangt hat. Dafür kommen grundsätzlich zwei Zeitpunkte in Betracht: entweder bereits der Zeitpunkt, in dem der Geldschein in den Herrschaftsbereich der S gelangte, also mit dem Verlust in ihren Geschäftsräumen, oder erst der Zeitpunkt, in dem K den Schein an B aushändigte.

42 Diese beiden Möglichkeiten entsprechen den Grundformen des Besitzerwerbs. Besitz kann sowohl originär durch eine einseitige Besitzergreifung als auch derivativ durch Übergabe erworben werden. Einen Sonderfall des derivativen Besitzerwerbs regelt § 854 II BGB. Danach genügt zur Erlangung der tatsächlichen Gewalt im Sinne des § 854 I BGB eine bloß potenzielle Sachherrschaft (offener Besitz), sofern sich Veräußerer und Erwerber über den Besitzübergang geeinigt haben. Diese Einigung ist nach überwiegender Ansicht rechtsgeschäftlicher Art.[5]

43 Auf § 854 II BGB kommt es hier indes nicht an, weil allein zu klären ist, wann S die aktuelle **Sachherrschaft** über den Geldschein erlangt hat. Unerheblich ist hierfür, ob es sich bei S um eine juristische Person oder um eine Personengesellschaft handelt. Ihnen wird die Sachherrschaft ihrer Organe zugerechnet (Organbesitz), sodass sie selbst unmittelbare Besitzerinnen sein können.[6] Problematisch ist die Zuordnung der tatsächlichen Gewalt aber, wenn – wie hier K und S – faktisch mehrere Personen die Sachherrschaft über eine Sache ausüben können. Entscheidend ist in diesem Fall nach überwiegender Ansicht die Verkehrsanschauung, also die zusammenfassende Wertung aller Umstände des jeweiligen Falls entsprechend den Anschauungen des täglichen Lebens.[7]

44 **3.** Dabei kann zwar grundsätzlich auch auf die **räumliche Nähe** abgestellt werden. Zu beachten ist allerdings, dass der unmittelbare Besitz entsprechend § 856 II BGB gerade keine ununterbrochene Einwirkungsmöglichkeit voraussetzt. Daher besteht ein unmittelbarer Besitz auch im Falle einer Reise an einen weit entfernten Ort fort. Darüber hinaus erfordert der unmittelbare Besitz auch nicht, dass andere von jeder Einwirkungsmöglichkeit ausgeschlossen bleiben.

45 Neben der räumlichen Nähe ist vor allem auf die **Dauer bzw. Festigkeit der Beziehung** zur Sache abzustellen.[8] Dieses Kriterium führt etwa dazu, dass Studierende – trotz ihrer räumlichen Nähe zum Geschirr – während eines Mensabesuchs im Regelfall keinen Besitz am überlassenen Geschirr begründen. Die Nutzung erfolgt hier lediglich im Rahmen einer Besitzlockerung durch die Betreiberin der Mensa.

46 **4.** Über diese objektiven Kriterien hinaus verlangt der BGH im Einklang mit der überwiegenden Ansicht in subjektiver Hinsicht, dass die tatsächliche Sachherrschaft von einem entsprechenden **Herrschaftswillen** getragen ist. Teils wird es zwar für ausreichend erachtet, dass sich die Sache (objektiv) in die organisierte Herrschaftssphäre

---

5 *Baur/Stürner*, Sachenrecht, § 7 Rn. 22.
6 BGH NJW 2014, 217 (219).
7 Zur Zuordnung des Besitzes im Falle einer Probefahrt mit einem Pkw siehe Fall 9 – Probefahrt.
8 BGH NJW-RR 2017, 818 Rn. 18.

einer Person einordnet.[9] Praktisch folgen hieraus jedoch kaum Unterschiede. Dies liegt vor allem daran, dass sich der Besitzwille nach der überwiegenden Ansicht nicht auf eine bestimmte Sache beziehen muss. Der BGH stellt im vorliegenden Fall daher zu Recht fest, dass ein genereller Besitzwille genügt (Rn. 12). Ausreichend ist zudem – außerhalb des § 854 II BGB – ein natürlicher Wille, sodass es insbesondere nicht auf die Geschäftsfähigkeit des (potenziellen) Besitzers ankommt. Erforderlich soll nach überwiegender Ansicht zudem sein, dass der (ggf. generelle) Besitzwille nach außen erkennbar wird (Rn. 17). Hierfür wird darauf verwiesen, dass die Erkennbarkeit ein allgemeines Merkmal dinglicher Herrschaftsverhältnisse darstellt.[10] Die Anforderungen sind jedoch wiederum niedrig: Ausreichend ist bereits, wenn deutlich wird, dass die Sache in einem Herrschaftsverhältnis zu irgendjemandem steht; der konkrete Besitzer muss nicht zwingend erkennbar werden.

5. Nach diesen Maßstäben ist die Annahme, dass S den unmittelbaren Besitz bereits in dem Zeitpunkt erworben hat, als der Geldschein im Supermarkt verloren wurde (Rn. 12 ff.), durchaus überzeugend. Im Anschluss wäre jedoch auch zu fragen, ob S ihren unmittelbaren Besitz wieder verloren hat. Spiegelbildlich zur Begründung endet der unmittelbare Besitz gemäß § 856 I BGB dann, wenn der Besitzer die tatsächliche Gewalt über die Sache aufgibt oder in anderer Weise verliert. Der Besitz kann damit sowohl freiwillig (z. B. im Rahmen einer Veräußerung) als auch unfreiwillig (z. B. durch Diebstahl) beendet werden. Im Ausgangspunkt ist es daher denkbar, dass S ihren unmittelbaren Besitz an K verloren hat, als dieser den Geldschein an sich genommen hat. Dies lässt sich unter Hinweis auf die kurze Dauer der Sachbeziehung zu K durchaus verneinen. Es handelte sich daher allenfalls um eine Besitzlockerung, welche die Besitzposition der S als solche unberührt gelassen hat. 47

6. Da K somit nie unmittelbaren Besitz am Geldschein hatte, sollen verwahrungsrechtliche Ansprüche mangels einer **Übergabe im Sinne des § 688 BGB** nach Ansicht des BGH ausscheiden. Diese Prämisse ist jedoch zweifelhaft. Richtig ist, dass eine Verwahrung nur dann in Betracht kommt, wenn der Verwahrer unmittelbaren Besitz an der Sache erlangt.[11] Weniger einleuchtend ist aber die Annahme, der Hinterleger müsse zuvor selbst unmittelbarer Besitzer gewesen sein und dem Verwahrer den Besitz verschaffen. Sofern der Verwahrer bereits unmittelbarer Besitzer der zu verwahrenden Sache ist und mit Abschluss des Verwahrungsvertrages Fremdbesitz zugunsten des Hinterlegers begründet, ist kein Grund ersichtlich, gerade auf die Besitzverschaffung durch den Hinterleger zu bestehen.[12] Mit Blick auf die Privatautonomie einerseits und die Dispositivität der §§ 688 ff. BGB[13] andererseits muss die rechtsgeschäftliche Einigung insoweit vielmehr genügen. Damit kommt es nach hier vertretener Ansicht – entgegen dem BGH – eben doch darauf an, ob sich K und S über den Abschluss eines Verwahrungsvertrages geeinigt haben. 48

V. Vertiefungsfragen

1. Worin unterscheidet sich der Besitz im Sinne der §§ 854 ff. BGB vom Gewahrsam im Sinne des Strafrechts? 49

9 *Westermann/Gursky/Eickmann*, Sachenrecht, § 12 Rn. 4.
10 RGZ 77, 201 (208); BeckOK-BGB/*Fritzsche*, § 854 Rn. 29.
11 Grüneberg/*Retzlaff*, BGB, § 688 Rn. 1.
12 Siehe auch Erman/*Zetzsche*, BGB, § 688 Rn. 3.
13 Staudinger/*Bieder*, BGB, Vor §§ 688 Rn. 8.

→ siehe *Baur/Stürner*, Sachenrecht, § 7 Rn. 10 ff.

2. Worin unterscheidet sich die Übergabe im Sinne des § 929 S. 1 BGB zur Übereignung beweglicher Sachen von der Übergabe im Sinne des § 1205 I S. 1 BGB zur Bestellung eines Pfandrechts an beweglichen Sachen?
   → siehe *Henke* JA 2022, 95
3. A veräußert B mehrere Paletten Ziegelsteine, die offen auf dem frei zugänglichen Lagerplatz der A stehen. Obwohl B die Ziegelsteine noch nicht abgeholt hat, ist er der Ansicht, schon Eigentum hieran erworben zu haben. Zu Recht?
   → siehe BeckOK-BGB/*Kindl*, § 929 Rn. 36

Weitere Vertiefung und Wiederholung bei Jurafuchs auf jurafuchs.de oder in der Jurafuchs App:

Fall 3: Rauchende Nachbarn

BGH, Urteil vom 16.1.2015 – V ZR 110/14 = NJW 2015, 2023

Verbotene Eigenmacht (§ 858 BGB) | Besitzschutz (§§ 861 f. BGB) | Zuführung unwägbarer Stoffe (§ 906 I BGB) | Gebot der gegenseitigen Rücksichtnahme (§ 242 BGB) | Deliktischer Schutz des Besitzes (§ 823 I BGB i. V. m. § 1004 BGB analog)

I. Sachverhalt

K und B sind Mieterinnen in einem Mehrfamilienhaus. K bewohnt die Wohnung im ersten Obergeschoss, B die Wohnung im Erdgeschoss. Die Balkone der Wohnungen liegen unmittelbar übereinander. B nutzt ihren Balkon mehrmals am Tag zum Rauchen. K fühlt sich als Nichtraucherin durch den aufsteigenden Tabakrauch im Gebrauch ihrer Wohnung beeinträchtigt. Sie kann weder ungestört ihren Balkon nutzen noch Fenster oder Balkontür zum Lüften geöffnet lassen. K verlangt daher von B, das Rauchen auf dem Balkon zu unterlassen. 50

II. Zentrale Probleme

Der Besitz wird durch verschiedene gesetzliche Mechanismen geschützt. Besonders hervorzuheben sind dabei die Selbsthilferechte aus §§ 859 f. BGB sowie die (sog. possessorischen) Ansprüche aus §§ 861 f., 867 BGB. Da der Besitz – ebenso wie das Eigentum – in einem sozialen Kontext ausgeübt wird, liegt zugleich auf der Hand, dass auch der Besitzschutz seinerseits Grenzen haben muss. Die Bestimmung dieser Grenzen stehen im Mittelpunkt des vorliegenden Falls. 51

Nebenschauplatz des Falles ist zudem die Frage nach der Reichweite des Schutzes der Gesundheit durch § 1004 I BGB analog i. V. m. § 823 I BGB. Denn eine Beeinträchtigung durch Passivrauchen kann nicht nur den Besitz stören, sondern unter Umständen auch die Gesundheit gefährden. Konkret stellt sich insoweit die Frage, ob und inwieweit sich den Nichtraucherschutzgesetzen Anhaltspunkte für die Beurteilung des Rauchens im Freien entnehmen lassen. 52

III. Die Entscheidung des BGH

Nach Ansicht des BGH kann sich ein Unterlassungsanspruch der K gegen B grundsätzlich aus § 862 I BGB ergeben. Danach kann der unmittelbare Besitzer[1] Unterlassung verlangen, wenn der Besitz durch verbotene Eigenmacht gestört wird. Der unmittelbare Besitz der Mieterin K lag hier unzweifelhaft vor. Auch eine Besitzstörung kann zunächst ohne Weiteres angenommen werden: 53

> [5] a) Eine Besitzstörung kann darin begründet sein, dass der Besitzer bei dem Gebrauch der Sache durch Immissionen iSd § 906 I 1 BGB beeinträchtigt wird […]. Dass einem Mieter ein Abwehranspruch nach § 862 I BGB gegen Besitzstörungen durch den von einem anderen Mieter verursachten Lärm zustehen kann, ist […] anerkannt […]. Dem Besitzer wird – obwohl ihm an der Sache kein dingliches Recht zusteht – durch den Abwehranspruch ein dem § 1004 BGB entsprechender Schutz gegen von außen kommende Störungen seiner Sachherrschaft gewährt. Er wird insoweit behandelt, als wäre er Eigentümer der Sache […]. Für Besitzstörungen durch Rauch und Ruß kann grundsätzlich nichts anderes gelten.

1 Ansprüche des mittelbaren Besitzers folgen aus § 869 BGB.

54 Fraglich ist jedoch, ob das Rauchen auch als verbotene Eigenmacht im Sinne des § 858 I BGB seitens B einzuordnen ist. Dagegen könnte sprechen, dass B das Rauchen jedenfalls im Verhältnis zu ihrer Vermieterin grundsätzlich gestattet ist. Der BGH weist jedoch zutreffend darauf hin, dass es hierauf nicht ankommt:

> [7] aa) Verbotene Eigenmacht ist nicht deswegen zu verneinen, weil das Rauchen im Verhältnis zwischen Mietvertragsparteien im Allgemeinen zum vertragsgemäßen Gebrauch der Wohnung gehört [...]. Nach § 858 I BGB ist allein maßgeblich, dass die Entziehung oder Störung des Besitzes ohne den Willen des Besitzers erfolgt und nicht durch das Gesetz gestattet ist. Vertragliche Vereinbarungen des Störers mit Dritten vermögen eine Besitzstörung grundsätzlich nicht zu rechtfertigen.
>
> [8] Das gilt auch für die hier zu beurteilenden Besitzstörungen durch andere Mieter. Allerdings kann sich für den gestörten Mieter aus seinem Mietvertrag und einer darin in Bezug genommenen Hausordnung ergeben, dass er Störungen durch Mitmieter in einem bestimmten Umfang (etwa durch das Musizieren oder durch die Haustierhaltung in einer anderen Wohnung) dulden muss und daher nicht nach § 862 I BGB abwehren kann [...]. Fehlt es jedoch – wie hier – an einer vertraglich begründeten Duldungspflicht, steht dem Mieter der Anspruch nach § 862 I BGB unabhängig davon zu, ob dem Mitmieter der die Beeinträchtigungen verursachende Gebrauch nach seinem Mietvertrag erlaubt ist oder nicht.

55 Damit stellt sich die weitergehende Frage, ob Mieter unter Berufung auf eine Besitzstörung jede übliche Nutzung der Nachbarwohnung – etwa Musizieren oder Rauchen – abwehren können. Der BGH verneint dies und zieht zur Bestimmung der Grenzen des Zumutbaren den Maßstab des § 906 I S. 1 BGB heran:

> [10] c) Zur Bestimmung der Grenzen dessen, was der Mieter an Immissionen (hier durch Tabakrauch) hinzunehmen hat, die von dem Gebrauch der anderen Wohnung ausgehen, ist der in § 906 I 1 BGB bezeichnete Maßstab entsprechend anzuwenden [...]. Demnach kann der Mieter Einwirkungen durch das Rauchen eines anderen Mieters nicht verbieten, wenn sie ihn in dem Gebrauch der Mietsache nicht oder nur unwesentlich beeinträchtigen. Wann eine wesentliche Beeinträchtigung vorliegt, beurteilt sich nach dem Empfinden eines verständigen Durchschnittsmenschen und dem, was diesem unter Würdigung anderer öffentlicher und privater Belange zuzumuten ist [...].
>
> [15] [...] Deutlich (intensiv) wahrnehmbarer Rauch ist vielmehr grundsätzlich als eine wesentliche Beeinträchtigung anzusehen; das gilt auch dann, wenn sie nur eine Zigarettenlänge andauert.

56 Da es an ausreichenden Feststellungen dazu fehlte, ob und wie intensiv der Tabakrauch auf dem Balkon der K tatsächlich wahrnehmbar war, verwies der BGH die Sache gemäß § 563 I ZPO an das Berufungsgericht zurück. Selbst wenn das Berufungsgericht eine wesentliche Beeinträchtigung feststellt, führt dies nach Ansicht des BGH aber nicht zwangsläufig dazu, dass K von B uneingeschränkt die Unterlassung des Rauchens verlangen kann:

> [16] Allerdings besteht der Unterlassungsanspruch nach § 862 I 2 BGB gegenüber als wesentlich anzusehenden Beeinträchtigungen durch Tabakrauch nicht uneingeschränkt, weil der gestörte Mieter auf das Recht des anderen Mieters Rücksicht nehmen muss, seine Wohnung vertragsgemäß zu nutzen, wozu grundsätzlich auch das Rauchen in der Wohnung und auf dem Balkon gehört [...]. Bei Störungen durch solche Immissionen kollidieren die

durch die Mietverträge begründeten Besitzrechte. Diese Rechtspositionen sind grundrechtlich geschützte Eigentumsrechte iSd Art. 14 I 1 GG, da jede Partei auf den Gebrauch der Wohnung zur Befriedigung elementarer Lebensbedürfnisse wie zur Freiheitssicherung und Entfaltung ihrer Persönlichkeit angewiesen ist [...]. Sie müssen daher – unter Einbeziehung des ebenfalls betroffenen Grundrechts des Rauchers aus Art. 2 I GG – in einen angemessenen Ausgleich gebracht werden.

[17] (1) Fehlt es an für beide Teile verbindlichen vertraglichen Regelungen in einer Hausordnung, bestimmen sich die Grenzen des zulässigen Gebrauchs und der hinzunehmenden Beeinträchtigungen nach dem Gebot der gegenseitigen Rücksichtnahme [...]. Aus der Anwendung des Grundsatzes von Treu und Glauben (§ 242 BGB) ergibt sich für jeden Hausbewohner die Pflicht zur Rücksichtnahme auf das Interesse des anderen, die von ihm genutzte Wohnung für seine Lebensbedürfnisse und zur Entfaltung seiner Persönlichkeit zu gebrauchen. In Anbetracht dieser Verpflichtung kann die Ausübung auch eines an sich bestehenden Unterlassungsanspruchs des Mieters nach § 862 I 2 BGB unzulässig sein [...].

[18] (2) Bei Beeinträchtigungen durch Tabakrauch führt das Gebot der gegenseitigen Rücksichtnahme – wenn eine Verständigung der Parteien untereinander nicht möglich ist – im Allgemeinen zu einer Gebrauchsregelung für die Zeiten, in denen beide Mieter an einer Nutzung ihrer Balkone interessiert sind. Dem Mieter sind Zeiträume freizuhalten, in denen er seinen Balkon unbeeinträchtigt von Rauchbelästigungen nutzen kann, während dem anderen Mieter Zeiten einzuräumen sind, in denen er auf dem Balkon rauchen darf.

Neben § 862 I BGB kommt nach Ansicht des BGH außerdem ein Anspruch aus § 1004 I BGB i. V. m. §823 I BGB analog in Betracht. Dabei knüpft der BGH jedoch nicht an die Besitzposition der K, sondern an eine mögliche Gesundheitsgefährdung durch Passivrauchen an. Problematisch ist insoweit, ob das Rauchen im Freien überhaupt eine solche Gefahr begründet: 57

[21] b) Gesundheitsschädliche Immissionen durch Tabakrauch sind wesentliche Beeinträchtigungen, die nicht geduldet werden müssen. Das gilt auch im Verhältnis von Mietern untereinander [...]. Sie überschreiten stets die Grenze dessen, was der beeinträchtigte Mieter hinzunehmen hat [...].

[25] (1) Wird im Freien geraucht, ist allerdings grundsätzlich davon auszugehen, dass damit keine Gefahr für die Gesundheit anderer verbunden ist. Insoweit kommt den Nichtraucherschutzgesetzen des Bundes und der Länder, die im Grundsatz das Rauchen nur in Gebäuden und in vollständig umschlossenen Räumen verbieten [...], eine indizielle Bedeutung bei der Einschätzung der Gefahren durch Passivrauchen zu. Der Anwendungsbereich dieser Gesetze ist zwar auf öffentliche Einrichtungen und öffentlich zugängliche Bereiche privater Grundstücke beschränkt; mit Wohnhäusern bebaute Grundstücke, zu denen nur Eigentümer, Mieter und Besucher Zutritt haben, fallen nicht darunter. Die diesen Gesetzen zugrunde liegende Einschätzung ist jedoch im Hinblick auf das Rauchen im Freien bei der Beurteilung der Gefahr von Gesundheitsschäden heranzuziehen, die von dem Rauchen in nicht öffentlich zugänglichen Bereichen ausgehen. Das rechtfertigt sich aus dem Zweck der genannten Gesetze, Nichtraucher vor den im Tabakrauch enthaltenen gesundheitsgefährdenden Giftstoffen zu schützen [...].

[26] (2) Den Verboten in den Nichtraucherschutzgesetzen kommt jedoch lediglich eine Indizwirkung dafür zu, dass mit dem Rauchen im Freien keine gesundheitlichen Gefahren für Dritte durch das Passivrauchen einhergehen. Diese kann im Einzelfall erschüttert sein. Auch wenn in Gesetzen, Verordnungen oder allgemeinen Verwaltungsvorschriften für be-

stimmte Immissionen Grenz- oder Richtwerte festgelegt sind, bei deren Einhaltung nach § 906 I 2, 3 BGB in der Regel von einer unwesentlichen Beeinträchtigung auszugehen ist, kommt eine davon abweichende Beurteilung bei einer besonderen Gefahrenlage im Einzelfall stets in Betracht [...].

58 Es obliegt damit K, die aus den Nichtraucherschutzgesetzen folgende Indizwirkung im konkreten Fall zu erschüttern. Erforderlich ist hierfür, dass aufgrund der besonderen Umstände vor Ort der fundierte Verdacht einer Gesundheitsbeeinträchtigung durch in die Wohnung oder auf den Balkon gelangende Feinstaubpartikel besteht. Ist dies der Fall, gebietet das Rücksichtnahmegebot auch insoweit eine zeitlich abgestimmte Gebrauchsregelung.

IV. Rechtliche Einordnung

59 **1.** Das Gesetz gewährt dem Besitzer unabhängig davon, ob ihm ein Recht zum Besitz zusteht, verschiedene Abwehrrechte gegen verbotene Eigenmacht (§ 858 BGB). Neben dem Selbsthilferecht gemäß § 859 BGB kann der unmittelbare Besitzer im Falle der Besitzentziehung die Wiedereinräumung des Besitzes (§ 861 BGB) und im Falle der Besitzstörung die Beseitigung der Störung (§ 862 BGB) verlangen. Diese Regelungen sollen insbesondere verhindern, dass sich eigenmächtiges Handeln lohnt. Auch wer materiellrechtlich einen Anspruch auf Besitzverschaffung hat, darf sich den Besitz grundsätzlich nicht selbst verschaffen. Nimmt etwa eine Käuferin die gekaufte Sache eigenmächtig an sich, obwohl ihr ein Anspruch aus § 433 I BGB zusteht, kann der Verkäufer grundsätzlich Herausgabe nach § 861 BGB verlangen. Die Käuferin ist auf die gerichtliche Durchsetzung ihres Anspruchs verwiesen. Darin zeigt sich exemplarisch, dass die §§ 858 ff. BGB vor allem dem **Schutz des Rechtsfriedens** dienen.

60 Mit diesem Zweck korrespondiert auch § 864 I BGB. Danach erlöschen die possessorischen Ansprüche grundsätzlich bereits ein Jahr nach Verübung der verbotenen Eigenmacht. Dahinter steht der Gedanke, dass sich die neue Besitzlage nach Ablauf dieser Zeit verfestigt hat und nunmehr ihrerseits schutzwürdig erscheint.

61 **2.** Aus besitzrechtlicher Sicht kommt hier ein Unterlassungsanspruch der K gegen B aus § 862 BGB in Betracht. Dieser Anspruch setzt – wie die übrigen Abwehrrechte des Besitzers aus § 859 BGB und § 861 BGB – insbesondere voraus, dass der Besitz durch **verbotene Eigenmacht** beeinträchtigt wird. Nach § 858 I BGB handelt mit verbotener Eigenmacht, wer dem Besitzer ohne dessen Willen den Besitz entzieht oder ihn im Besitz stört, ohne dass das Gesetz die Entziehung oder die Störung gestattet. Im Privatrecht kann eine solche gesetzliche Gestattung neben § 859 II–IV BGB beispielsweise aus den §§ 227–229 BGB oder § 562 b I S. 2 BGB folgen.

62 Aber auch §§ 904–906 BGB können eine Besitzentziehung bzw. -störung im Einzelfall legitimieren. Zwar beschränken die §§ 904–906 BGB nach ihrem Wortlaut allein das Eigentum. Allerdings kann der Schutz des Besitzes, welcher gerade unabhängig von einem etwaigen Recht zum Besitz besteht, nicht darüber hinausgehen. Insoweit geht der BGH zu Recht davon aus, dass die Vorschriften der §§ 904–906 BGB auf den Besitzschutz analog anzuwenden sind.[2] Entsprechend § 906 I S. 2 BGB hat daher nicht nur der Eigentümer, sondern auch der Besitzer die Zuführung von unwägbaren Stoffen insoweit zu dulden, als die Einwirkung die Benutzung seines Besitzes nicht oder nur unwesentlich

2 BGH NJW 1984, 2207 (2209).

beeinträchtigt. Maßstab zur Beurteilung der Wesentlichkeit ist das Empfinden eines verständigen Durchschnittsmieters. Liegt hiernach eine wesentliche Beeinträchtigung vor, kommt zwar grundsätzlich auch eine Duldungspflicht aus § 906 II BGB in Betracht. Diese setzt jedoch voraus, dass es sich um eine ortsübliche Benutzung handelt und die Beeinträchtigung nicht durch wirtschaftlich zumutbare Maßnahmen verhindert werden kann. Dies wird man für das Rauchen regelmäßig verneinen müssen.

3. Selbst wenn eine Duldungspflicht aus § 906 BGB ausscheidet und K damit dem Grunde nach von B gemäß § 862 I BGB Unterlassung verlangen kann, kommt hier eine Korrektur aufgrund des **nachbarrechtlichen Gemeinschaftsverhältnisses** in Betracht. Aufgrund des besonderen räumlichen Näheverhältnisses begründet das nachbarrechtliche Gemeinschaftsverhältnis entsprechend § 242 BGB die Pflicht der Nachbarn zur gegenseitigen Rücksichtnahme. Wie weit diese Pflicht reicht, ist unter Berücksichtigung aller Umstände des Einzelfalls festzustellen. Jedenfalls dürfen die Wertungen der §§ 906 ff. BGB hierbei nicht unterlaufen werden, sodass eine Rücksichtnahmepflicht aus § 242 BGB nur dann zum Tragen kommen soll, wenn ein über die gesetzliche Regelung hinausgehender billiger Ausgleich der widerstreitenden Interessen dringend geboten erscheint.[3] Das nachbarrechtliche Gemeinschaftsverhältnis wirkt somit primär anspruchsbegrenzend; nur in eng begrenzten Ausnahmefällen kann hieraus eine Verpflichtung zum positiven Tun abgeleitet werden.[4] Der BGH geht im vorliegenden Fall davon aus, dass das Rücksichtnahmegebot lediglich die Ausübung des Anspruchs aus § 862 I BGB einschränkt (Rn. 17). Überzeugender erscheint es hingegen, in der (gesetzlichen) Pflicht zur Rücksichtnahme aus § 242 BGB eine gesetzliche Gestattung im Sinne des § 858 I BGB zu sehen,[5] sodass der Anspruch aus § 862 I BGB insoweit gar nicht erst entsteht. 63

4. Neben § 862 I BGB kommt hier auch ein Anspruch der K aus § 1004 I BGB in Betracht. Zwar ist K nicht Eigentümerin der Wohnung. Der Anwendungsbereich des § 1004 BGB reicht jedoch über das Eigentum hinaus. Neben den Fällen ausdrücklicher gesetzlicher Verweisung (z. B. §§ 1027, 1065, 1227 BGB) wird § 1004 BGB nach herrschender Meinung analog auf alle Rechtspositionen angewendet, die durch § 823 I BGB oder durch ein Schutzgesetz im Sinne des § 823 II BGB geschützt sind. Daraus folgt der sogenannte **quasi-negatorische Unterlassungsanspruch**. Diese Analogie überzeugt, weil der Rechtsinhaber die Beeinträchtigung andernfalls sehenden Auges dulden müsste und erst nachträglich auf den Anspruch auf Schadensersatz verwiesen wäre. Für einen Schutz des Besitzes über § 1004 BGB kommt es daher darauf an, inwieweit der Besitz durch § 823 BGB geschützt wird. Da der Besitz als solcher kein Recht ist, soll ein (mittelbarer) Schutz durch § 823 I BGB als sonstiges Recht insbesondere nach Ansicht der Rechtsprechung[6] nur für den berechtigten Besitz in Betracht kommen. Nach Teilen der Literatur soll mit Blick auf die Privilegierungen aus §§ 987 ff. BGB darüber hinaus auch der gutgläubige unberechtigte Besitz durch §§ 823 I, 1004 BGB geschützt sein.[7] 64

Dieser Streit kann hier aber gleich aus zwei Gründen dahinstehen: Zum einen ist K als Mieterin jedenfalls berechtigte Besitzerin. Zum anderen ist der Schutz aus § 1004 I BGB analog i. V. m. §823 I BGB auch hier durch eine Duldungspflicht (§ 1004 II BGB) 65

3 BGH NJW 2020, 607 Rn. 21.

4 Siehe etwa BGH NJW-RR 2012, 1160: Pflicht zur Ankündigung eines Mauerabrisses.

5 So auch MüKo-BGB/*Schäfer*, § 858 Rn. 28; für eine Duldungspflicht im Sinne des § 1004 II BGB auch BeckOK-BGB/*Fritzsche*, § 1004 Rn. 110; Staudinger/*Thole*, BGB, § 1004 Rn. 500; *Vieweg/Lorz*, Sachenrecht, § 9 Rn. 65.

6 BGH NJW 2019, 1669 Rn. 13; BGH NJW-RR 2022, 1386 Rn. 7.

7 *Medicus/Petersen*, Bürgerliches Recht, Rn. 607; *Baur/Stürner*, Sachenrecht, § 9 Rn. 34; *Wellenhofer*, Sachenrecht, § 5 Rn. 20.

eingeschränkt, die sich entweder aus § 906 I BGB oder – nach Ansicht des BGH – aus der nachbarrechtlichen Rücksichtnahmepflicht gemäß § 242 BGB ergibt. Da der Schutz über § 1004 BGB analog insoweit nicht weiter reichen kann als der Schutz aus § 862 BGB, ist es folgerichtig, dass der BGH im Rahmen dieses Anspruchs allein auf die Gefahr einer Gesundheitsverletzung abstellt.

V. Vertiefungsfragen

66 **1.** Stellt das Sperren der Lademöglichkeit der Batterie eines Elektrofahrzeugs per Fernzugriff durch die Vermieterin des Pkw verbotene Eigenmacht dar?
→ siehe BGH NJW 2022, 3575; *Strobel* NJW 2022, 2361

2.1 F trennte sich von ihrem Lebensgefährten L, wobei sie ihren Pkw zunächst im Besitz des L ließ. Einige Tage später erstattete F Anzeige gegen L wegen Unterschlagung des Fahrzeugs, woraufhin dieses durch die Polizei sichergestellt und anschließend an F herausgegeben wurde. L verlangt Herausgabe des Pkw gemäß § 861 BGB. Hat F durch die Einschaltung der Polizei mit verbotener Eigenmacht gehandelt?
→ siehe BGH NJW-RR 2003, 1717

2.2 Wie kann F dem Herausgabeverlangen des L ihr Eigentum am Pkw entgegenhalten?
→ siehe *Zeising* Jura 2010, 248

3. A und B sind Eigentümerinnen zweier benachbarter Grundstücke. Durch ein Verschulden des Architekten wurde bei umfangreichen Arbeiten am Gebäude der A die Giebelmauer überbelastet, wodurch auch die Standfestigkeit des Gebäudes der B beeinträchtigt wurde. B verlangt nun Schadensersatz von A, die selbst kein Verschulden trifft. Muss sich A das Verschulden des Architekten nach § 278 BGB zurechnen lassen?
→ siehe BGH NJW 1965, 389; *Vieweg/Lorz*, Sachenrecht, § 6 Rn. 66

4. Auf dem Grundstück der K steht unmittelbar an der Grenze eine etwa 15 m hohe Schwarzkiefer, deren Äste seit Jahren auf das Nachbargrundstück des B hinüberragen. Nachdem K trotz Aufforderung keinen Rückschnitt vornahm, schneidet B die überhängenden Zweige selbst ab. Kann K von B Unterlassung nach § 1004 I S. 2 BGB verlangen oder ist B nach § 910 BGB zur Selbsthilfe berechtigt, auch wenn durch den Rückschnitt das Absterben des Baumes oder der Verlust seiner Standfestigkeit droht?
→ siehe BGH NJW 2021, 2882

Weitere Vertiefung und Wiederholung bei Jurafuchs auf jurafuchs.de oder in der Jurafuchs App:

Fall 4: Auf falschen Pfaden

BGH, Urteil vom 24.1.2020 – V ZR 155/18 = NJW 2020, 1360

Wegerecht kraft Gewohnheitsrechts und Erwirkung | Gesetzliches Notwegerecht (§ 917 BGB) | Dienstbarkeiten (§§ 1018 ff. BGB)

I. Sachverhalt

Die Kläger sind Eigentümer dreier nebeneinander an einer öffentlichen Straße gelegener Grundstücke, die jeweils mit aneinandergrenzenden Häusern bebaut sind. Im rückwärtigen Bereich dieser Grundstücke befinden sich Garagen, die baurechtlich nicht genehmigt sind. 67

Die Beklagte ist Eigentümerin benachbarter Grundstücke, auf denen sich ein Weg befindet. Über diesen Weg erreichen die Kläger die hinteren Grundstücksteile sowie die dort gelegenen Garagen. Die Nutzung dieses Weges wurde über Jahrzehnte hinweg sowohl von den früheren Eigentümern als auch – nach Eigentumserwerb – von der Beklagten geduldet.

Mit Schreiben erklärte die Beklagte gegenüber den Klägern die „Kündigung des Leihvertrags über das zu Ihren Gunsten vor über 30 Jahren bestellte schuldrechtliche Wegerecht" zum 31.12.2016. Zugleich kündigte sie an, den Weg ab dem 1.1.2017 zu sperren, und begann bereits im Dezember 2016 mit dem Bau einer Toranlage.

Die Kläger verlangen von der Beklagten, die Sperrung des Weges zu unterlassen.

II. Zentrale Probleme

Der Fall wirft die klassische nachbarrechtliche Frage auf, ob ein Grundstückseigentümer berechtigt ist, einen über das Nachbargrundstück führenden Weg zu nutzen. Problematisch ist dabei insbesondere, ob eine über Jahrzehnte ausgeübte und geduldete Nutzung für sich genommen geeignet ist, ein Wegerecht zu begründen. 68

Darüber hinaus kommt vorliegend ein Notwegerecht gemäß § 917 BGB in Betracht. Insoweit ist zu klären, ob den Grundstücken die zur ordnungsmäßigen Benutzung erforderliche Verbindung zu einem öffentlichen Weg fehlt und welche Bedeutung einer baurechtlich unzulässigen Nutzung zukommt. 69

III. Die Entscheidung des BGH

Zunächst befasst sich der BGH mit der Frage, ob die jahrzehntelange Duldung der Wegnutzung durch die jeweiligen Eigentümer zugunsten der Kläger eine gewohnheitsrechtliche Rechtsposition begründen konnte: 70

> [7] 2. Rechtsfehlerhaft ist aber seine [des BerGer.] Annahme, ein gewohnheitsrechtliches Wegerecht könne auch im Verhältnis zwischen einzelnen Grundstücksnachbarn durch eine jahrelange Übung in der Annahme einer entsprechenden rechtlichen Berechtigung bzw. Verpflichtung entstehen. Zwar wird in der Rechtsprechung vereinzelt die Ansicht vertreten, dass die lang andauernde Nutzung eines über ein Privatgrundstück führenden Weges als Zuweg zwischen der öffentlichen Straße und einem Hinterliegergrundstück zur Bildung eines örtlich geltenden Gewohnheitsrechts führen könne, das objektives Recht darstelle und an das die Anwohner gebunden seien […]. Diese Ansicht ist aber unzutreffend.

> [8] a) Gewohnheitsrecht entsteht durch längere tatsächliche Übung, die eine dauernde und ständige, gleichmäßige und allgemeine ist und von den Beteiligten als verbindliche Rechtsnorm anerkannt wird […]. Als ungeschriebenes Recht enthält es eine generell-abstrakte Regelung; diese muss über den Einzelfall hinausweisen.
>
> [9] Zwar muss Gewohnheitsrecht kein „Jedermann-Recht" sein. In dem Unterfall der sogenannten Observanz, bei der es sich um ein örtlich begrenztes Gewohnheitsrecht handelt […], kann dieses auch im Verhältnis einer begrenzten Zahl von Eigentümern und Pächtern zueinander entstehen […], etwa nur für eine Gemeinde oder die Mitglieder einer öffentlich-rechtlichen Körperschaft […]. Voraussetzung ist aber auch in diesem Fall, dass die ungeschriebene Rechtsnorm, die die Beteiligten als verbindlich anerkennen, alle Rechtsverhältnisse einer bestimmten Art beherrscht […]. Gewohnheitsrecht kann als dem Gesetz gleichwertige Rechtsquelle allgemeiner Art […] nur zwischen einer Vielzahl von Rechtsindividuen und in Bezug auf eine Vielzahl von Rechtsverhältnissen entstehen, nicht aber beschränkt auf ein konkretes Rechtsverhältnis zwischen einzelnen Grundstücksnachbarn […].

71 Sollte man die Entstehung eines Wegerechts aus Gewohnheitsrecht anerkennen wollen, müsste dieses also als abstrakt-generelle Regelung losgelöst vom konkreten Einzelfall Geltung beanspruchen und eine Vielzahl vergleichbarer Rechtsverhältnisse erfassen. Der gewohnheitsrechtlichen Begründung eines Wegerechts stellt der BGH jedoch generell systematische Erwägungen entgegen:

> [11] b) Der von dem BerGer. seiner Entscheidung zugrunde gelegte weite Begriff des Gewohnheitsrechts führte im Ergebnis zum Erwerb einer nicht im Grundbuch eingetragenen Grunddienstbarkeit. Das sieht das BGB nicht vor. […]
>
> [15] bb) Der Gesetzgeber des BGB hat sich hingegen mit § 873 I BGB bewusst für eine Anwendung des Eintragungsprinzips auf die Grunddienstbarkeit entschieden, das Ausnahmen nur in den gesetzlich vorgesehenen Fällen zulässt […]. Hiermit wollte er gerade den Erwerb von Grunddienstbarkeiten im Wege der Ersitzung ausschließen und der damit verbundenen Gefahr vorbeugen, dass „durch fortgesetzten Mißbrauch einer Gefälligkeit ein Recht erschlichen werde" (Motive III, 165), und dass „verwickelte und kostspielige Rechtsstreitigkeiten (entstehen) zwischen demjenigen, welcher eine Dienstbarkeit in Anspruch nimmt, und dem Erwerber des Grundstücks, der von derselben keine Kenntnis erhalten hat, bzw. zwischen dem Erwerber und dem Veräußerer" (Motive III, 165 f.). Die Eintragung des Rechts stelle die Beziehungen der Beteiligten zueinander der Regel nach vollständig klar (Motive III, 166). Diesem ausdrücklich erklärten Willen des Gesetzgebers widerspräche es, wenn Grunddienstbarkeiten zwischen Grundstücksnachbarn ohne Eintragung in das Grundbuch allein durch eine langjährige Übung entstehen könnten.

72 Auch ein schuldrechtliches Wegerecht verneint der BGH:

> [18] a) Eine Duldungspflicht der Bekl. ergibt sich nicht aus einem zwischen den Parteien bestehenden schuldrechtlichen Verhältnis. Als solches käme allenfalls ein Leihvertrag nach § 598 BGB in Betracht, dessen Zustandekommen das BerGer. indes nicht festzustellen vermochte. Im Übrigen könnte ein solcher Leihvertrag, wenn er denn auf die Kl. und die Bekl. übergegangen wäre, jederzeit gekündigt werden […], er wäre daher durch die von der Bekl. im Jahre 2016 erklärte Kündigung beendet worden.

Mangels ausreichender tatsächlicher Feststellungen lässt der BGH im Ergebnis offen, ob den Klägern vorliegend ein gesetzliches Wegerecht zusteht. Trotz der Zurückverweisung an das Berufungsgericht (§ 563 I ZPO) stellt der BGH mit Blick auf das Notwegerecht aus § 917 BGB vorsorglich klar: 73

> [22] a) Diese Vorschrift gestattet die Inanspruchnahme benachbarten, im fremden Eigentum stehenden Grund und Bodens als Notweg dann, wenn dem betreffenden Grundstück die zur ordnungsmäßigen Benutzung notwendige Verbindung mit einem öffentlichen Weg fehlt. Der Notweganspruch setzt also eine durch das Fehlen einer Verbindung nach außen hervorgerufene Notlage des Grundstücks voraus. Hinsichtlich dieser Notlage sind strenge Anforderungen zu stellen; sie besteht nicht, wenn eine andere Verbindungsmöglichkeit vorhanden ist, die ebenfalls ordnungsmäßige Grundstücksbenutzung gewährleistet [...]. Welche Art der Benutzung eines Grundstücks iSv § 917 I BGB ordnungsmäßig ist, bestimmt sich nicht nach den persönlichen Bedürfnissen des Eigentümers des verbindungslosen Grundstücks, sondern danach, was nach objektiven Gesichtspunkten diesem Grundstück angemessen ist und den wirtschaftlichen Verhältnissen entspricht [...]. Zu berücksichtigen sind dabei die Benutzungsart und Größe des Grundstücks, seine Umgebung und die sonstigen Umstände des Einzelfalls [...].

Vor diesem Hintergrund äußert der BGH für den vorliegenden Fall erhebliche Bedenken am Bestehen eines Notwegerechts: 74

> [27] (1) (a) Die Nutzung der im hinteren Bereich der Grundstücke der Kl. befindlichen Garagen zum Abstellen von Kraftfahrzeugen stellt sich nicht als ordnungsmäßige Benutzung iSv § 917 I 1 BGB dar, weil die Garagen baurechtlich nicht genehmigt und mangels Erschließung auch nicht genehmigungsfähig sind. Die für die Zulässigkeit eines Bauvorhabens notwendige Erschließung ist nämlich nur dann iSv § 30 II BauGB „gesichert", wenn für die Zuwegung eine Baulast oder eine Grunddienstbarkeit besteht; ein Notweg nach § 917 BGB genügt nicht [...]. Ist eine Bebauung nach öffentlichem Recht mangels Erschließung unzulässig, kann die bauliche Nutzung nicht gleichwohl eine ordnungsmäßige Benutzung iSd § 917 I BGB deshalb sein, weil sie praktischen Bedürfnissen entspricht; was nach den Vorschriften des öffentlichen Rechts unzulässig ist, kann nicht von der Privatrechtsordnung als „ordnungsmäßig" gebilligt werden [...].
>
> [28] (b) Nichts anderes gilt, soweit die Kl. ihre Kraftfahrzeuge anderweit auf den verbindungslosen Grundstücksteilen abstellen möchten. Liegt ein Grundstück – wie hier – mit seiner Vorderseite an einem öffentlichen Weg, ist die Erreichbarkeit mit Kraftfahrzeugen, die für die ordnungsmäßige Benutzung eines Wohngrundstücks in der Regel notwendig ist [...], gewährleistet. Eine Zufahrt über das Nachbargrundstück, um das Fahrzeug aus Gründen der Bequemlichkeit oder Zweckmäßigkeit auf dem eigenen Wohngrundstück abstellen zu können, ist dem Eigentümer aus dem Notwegrecht nach § 917 BGB aber nicht zuzubilligen [...].

IV. Rechtliche Einordnung

75 **1.** Die Kläger verlangen, dass die Beklagte die Sperrung des bislang genutzten Weges unterlässt. Als Anspruchsgrundlage kommt dafür § 1004 I BGB analog in Betracht. Die Vorschrift findet jedenfalls auf alle absolut geschützten Rechte Anwendung.[1] Fraglich ist, ob den Klägern ein derartiges Recht zusteht, das sie zur Nutzung des über das Grundstück der Beklagten führenden Weges berechtigt.

76 **1.1 Dingliche Wegerechte** können in den im BGB vorgesehenen Formen der Dienstbarkeiten ausgestaltet sein, namentlich als Grunddienstbarkeit (§§ 1018 ff. BGB), als beschränkte persönliche Dienstbarkeit (§§ 1090 ff. BGB) oder als Nießbrauch (§§ 1030 ff. BGB). Im Unterschied zu rein schuldrechtlichen Nutzungsbefugnissen – etwa aus Miet-, Leih- oder Pachtverhältnissen – haben diese dinglichen Rechte den Vorteil, dass sie als Belastung des Grundstücks grundsätzlich auch gegenüber etwaigen Rechtsnachfolgern des Eigentümers des belasteten Grundstücks fortwirken (sog. Sukzessionsschutz).

77 Grunddienstbarkeit und beschränkte persönliche Dienstbarkeit unterscheiden sich dabei weniger im möglichen Inhalt als in der Zuordnung des Rechts: Während die beschränkte persönliche Dienstbarkeit einer bestimmten Person zusteht (§ 1090 I BGB), wird die Grunddienstbarkeit zugunsten des jeweiligen Eigentümers eines anderen Grundstücks (sog. herrschendes Grundstück) bestellt; sie ist also mit dem Grundstück und nicht mit einer bestimmten Person verbunden (§ 1018 BGB). Gemeinsam ist beiden Rechten, dass sie dem Berechtigten einzelne Nutzungen oder Vorteile an einem fremden Grundstück gewähren.

78 Demgegenüber ist der **Nießbrauch** im Grundsatz (vgl. § 1030 II BGB) auf eine umfassende Nutzung der Sache bzw. des Rechts (§§ 1068 ff. BGB) zugunsten einer bestimmten Person gerichtet.[2] Aufgrund dieses weitreichenden Inhalts kommt er als Grundlage eines bloßen Wegerechts nur in Ausnahmefällen in Betracht.

79 **1.2** Die **Bestellung von Dienstbarkeiten an Grundstücken** richtet sich einheitlich nach § 873 BGB. Erforderlich sind danach eine Einigung zwischen dem verfügungsbefugten Eigentümer des zu belastenden Grundstücks und dem Erwerber der Dienstbarkeit sowie die Eintragung des Rechts in das Grundbuch.[3] Jedenfalls an einer solchen Eintragung fehlt es hier jedoch, sodass ein dingliches Wegerecht insoweit ausscheidet.

80 **2.1** Als weitere Rechtsquelle eines Wegerechts kommt grundsätzlich auch **Gewohnheitsrecht** in Betracht. Dieses setzt eine lang andauernde tatsächliche Übung (longa consuetudo) sowie die Überzeugung der Beteiligten voraus, rechtlich gebunden zu sein (opinio iuris).[4] Als Beispiele für gewohnheitsrechtlich anerkannte Institute im Zivilrecht werden häufig das Anwartschaftsrecht, der Vertrag mit Schutzwirkung zugunsten Dritter sowie das allgemeine Persönlichkeitsrecht genannt.[5] Diese Beispiele verdeutlichen zugleich, dass sich Gewohnheitsrecht einerseits und Richterrecht andererseits mittlerweile – trotz

---

1 Siehe auch ausdrücklich § 1027 BGB (Grunddienstbarkeit), § 1065 BGB (Nießbrauch), § 1090 II BGB (beschränkte persönliche Dienstbarkeit) und § 1227 BGB (Pfandrecht); im Übrigen siehe etwa BeckOK-BGB/*Fritzsche*, § 1004 Rn. 2.

2 Siehe zum Nießbrauch auch Fall 27 – Wege aus dem Nießbrauch.

3 Siehe zu § 873 BGB im Detail in Fall 19 – Falsa Demonstratio.

4 *Wank* Juristische Methodenlehre, § 6 Rn. 85.

5 *Fikentscher*, Methoden des Rechts, III, S. 697.

unterschiedlicher Entstehungsvoraussetzungen[6] – jedenfalls im Regelfall überschneiden.[7] Allerdings besteht ein wesentlicher Unterschied darin, dass Gerichte zwar von einer ständigen Rechtsprechung abweichen können, etwa aufgrund neuerer oder überzeugenderer Argumente, an Gewohnheitsrecht als Rechtsquelle im Sinne des Art. 20 III GG[8] hingegen gebunden sind.[9]

2.2 Im vorliegenden Urteil bekräftigt der BGH, dass Gewohnheitsrecht auch regional begrenzt entstehen kann (Rn. 9). Gleichwohl muss die jeweilige Norm stets einen abstrakt-generellen Regelungsgehalt aufweisen. Sie darf also nicht auf ein einzelnes konkretes Rechtsverhältnis beschränkt bleiben. Daran fehlt es hier. Die jahrzehntelange Duldung des Weges betrifft lediglich ein konkretes Verhältnis zwischen bestimmten Grundstücksnachbarn. Ein über den Einzelfall hinausreichendes Gewohnheitsrecht scheidet deshalb aus. 81

Der ergänzende Hinweis des BGH auf den gesetzgeberischen Willen, wonach die Entstehung einer Grunddienstbarkeit gemäß § 873 BGB grundsätzlich die Eintragung in das Grundbuch voraussetzt (Rn. 15), ist für dieses Ergebnis nicht zwingend erforderlich und überzeugt auch in der Sache nicht uneingeschränkt. Als eigenständige Rechtsquelle steht Gewohnheitsrecht dem geschriebenen Recht gleichrangig gegenüber,[10] unterscheidet sich von diesem jedoch notwendig in seinen Entstehungsvoraussetzungen. Zwar kann es durch späteres Gesetzesrecht verdrängt werden (lex posterior), doch bedürfte es hierfür hinreichend klarer Anhaltspunkte, an denen es im vorliegenden Zusammenhang fehlt. 82

2.3 Gleichwohl kann der Verweis auf das Eintragungserfordernis des § 873 BGB als Argument gegen die **Erwirkung** eines Wegerechts herangezogen werden. Die Erwirkung stellt als eigenständiges Institut gewissermaßen das Gegenstück zur Verwirkung dar und ermöglicht unter bestimmten Voraussetzungen im Einzelfall die Entstehung subjektiver Rechte.[11] Vor diesem Hintergrund hätte der BGH Anlass gehabt, sich mit diesem Institut auseinanderzusetzen; eine entsprechende Erörterung bleibt jedoch aus. 83

Voraussetzung der Erwirkung ist – in Anlehnung an die Grundsätze der Verwirkung –, dass über einen längeren Zeitraum hinweg eine tatsächliche Nutzung unter solchen Umständen erfolgt, die ein schutzwürdiges Vertrauen auf deren Fortbestand begründen.[12] Ob die langjährige Duldung der Nutzung eines Grundstücks hiernach ein Wegerecht zu begründen vermag, wird unterschiedlich beurteilt.[13] Die Entscheidung lässt jedoch erkennen, dass der BGH eine solche Nutzung jedenfalls nicht für ausreichend hält, um ein eintragungsbedürftiges Recht entstehen zu lassen.[14] 84

3.1 Allerdings kann sich ein Wegerecht auch kraft Gesetzes in Form des **Notwegerechts gemäß § 917 BGB** ergeben. Dieses begründet eine Duldungspflicht des Nachbarn im Sinne des § 1004 II BGB, wenn einem Grundstück die zur ordnungsmäßigen Benutzung erforderliche Verbindung mit einem öffentlichen Weg fehlt. Es wird dabei als Ausfluss 85

6 *Bydlinski*, Grundzüge der juristischen Methodenlehre, S. 131.
7 Siehe auch *Wank* Juristische Methodenlehre, § 6 Rn. 86, wonach zweifelhaft ist, ob außerhalb der Rechtsprechung heute überhaupt noch Gewohnheitsrecht entstehen kann.
8 BVerfGE 78, 214 (227) = NJW 1989, 666 (667).
9 *Bydlinski* JZ 1985, 149 (150).
10 BGH NJW 2014, 387 Rn. 17; BGH NJW 2016, 2418 Rn. 86.
11 MüKo-BGB/*Schubert*, § 242 Rn. 581 f.
12 Erman/*Böttcher*, BGB, § 242 Rn. 124 b.
13 Dafür OLG Saarbrücken BeckRS 2005, 448; OLG Celle BeckRS 1999, 12569; dagegen OLG Saarbrücken NJOZ 2018, 769 (770); MüKo-BGB/*Brückner*, § 917 Rn. 68.
14 So auch die Anm. von *Klose* zu BGH NJW 2020, 1360 (1364).

des Eigentums am verbindungslosen Grundstück verstanden.[15] Als Bestandteil des Eigentums nimmt es damit auch am Schutz des Eigentums nach § 1004 I BGB teil, sodass sich auch hieraus grundsätzlich ein Unterlassungsanspruch der Kläger gegen eine drohende Sperrung ergeben kann.[16]

86 **3.2** Neben einem entsprechenden Verlangen des Eigentümers des verbindungslosen Grundstücks gehört es zu den **Voraussetzungen des § 917 BGB**, dass dem Grundstück die erforderliche Verbindung zu einem öffentlichen Weg fehlt. Eine solche Notlage ist etwa bereits dann ausgeschlossen, wenn der Zugang über ein anderes Grundstück aufgrund einer schuldrechtlichen Gestattung möglich ist.[17]

87 Darüber hinaus muss die begehrte Verbindung zur ordnungsmäßigen Benutzung des Grundstücks erforderlich sein, was der BGH im vorliegenden Urteil konkretisiert. Die Prüfung dieses Tatbestandsmerkmals erfolgt dabei in zwei Schritten: Zunächst ist objektiv, also unabhängig vom konkreten Eigentümer, anhand der Umstände des Einzelfalls die ordnungsmäßige Benutzung des Grundstücks zu bestimmen. Maßgeblich sind hierbei insbesondere die Nutzungsart (etwa Wohn- oder Gewerbenutzung), die Größe sowie die Lage und Umgebung des Grundstücks (Rn. 22). Zu den Voraussetzungen einer ordnungsmäßigen Nutzung gehört ferner, dass diese im Einklang mit der Rechtsordnung steht (Rn. 27). Erforderlich ist daher insbesondere ihre öffentlich-rechtliche Zulässigkeit.[18]

88 In einem zweiten Schritt ist dann zu klären, ob die begehrte Verbindung über das Nachbargrundstück für diese ordnungsmäßige Nutzung tatsächlich erforderlich ist. Die Anforderungen hieran sind streng. So besteht eine Duldungspflicht des Nachbarn erst dann, „wenn die mit der Schaffung eines Zugangs auf dem eigenen Grundstück verbundenen Erschwernisse so groß sind, dass die Wirtschaftlichkeit der Grundstücksbenutzung aufgehoben oder in unzumutbarer Weise geschmälert wird".[19]

89 **3.3** Wegen der mit dem Notwegerecht verbundenen Beschränkung fremden Eigentums ist der Notweg so auszugestalten, dass die Interessen des duldungspflichtigen Nachbarn möglichst wenig beeinträchtigt werden. Der verbleibende Nachteil ist durch eine **Geldrente** nach § 917 II BGB auszugleichen, deren Höhe sich nach der Minderung des Verkehrswerts des gesamten Grundstücks bemisst.[20]

V. Vertiefungsfragen

90 1. Darf der Eigentümer eines Grundstücks die Duldung der Nutzung eines Nachbargrundstücks verlangen, wenn sein Grundstück etwa infolge einer Überschwemmung nur vorübergehend nicht anderweitig zugänglich ist?
   → siehe etwa BeckOK-BGB/*Fritzsche*, § 917 Rn. 5
2. Begeht der dem Grunde nach gemäß § 917 BGB berechtigte Eigentümer verbotene Eigenmacht im Sinne des § 858 I BGB, wenn er das Nachbargrundstück als Zufahrtsweg nutzt, bevor der Nachbar die Nutzung gestattet hat?
   → siehe etwa MüKo-BGB/*Brückner*, § 917 Rn. 51; *Selke* JA 2022, 461

15 BGH NJW-RR 2017, 210 Rn. 32; Erman/*Elzer*, BGB, § 917 Rn. 1.
16 Erman/*Elzer*, BGB, § 917 Rn. 8; *Selke* JA 2022, 461 (463 f.).
17 RGZ 157, 305 (308).
18 Die baurechtliche Zulässigkeit stellt dabei „nur eine notwendige, aber noch keine hinreichende Voraussetzung für ein Notwegerecht dar", BGH NJW-RR 2021, 738 Rn. 16.
19 BGH NJW 2006, 3426 Rn. 12.
20 BGH NJW 1991, 564 f.

3. Zwar verfügt das Grundstück des E über eine eigene Zufahrt. Allerdings kann es nur über das Grundstück seiner Nachbarin verlaufende Versorgungs- und Entsorgungsleitungen an das Wassernetz angeschlossen werden. Kann E von seiner Nachbarin die Duldung dieser Leitungsführung verlangen?
→ siehe etwa *Wellenhofer*, Sachenrecht, § 25 Rn. 44

Weitere Vertiefung und Wiederholung bei Jurafuchs auf jurafuchs.de oder in der Jurafuchs App:

Fall 5: Preußische Gärten und Parkanlagen

BGH, Urteil vom 17.12.2010 – V ZR 45/10 = NJW 2011, 749 (Preußische Gärten und Parkanlagen I), sowie BGH, Urteil vom 1.3.2013 – V ZR 14/12 = NJW 2013, 1809 (Preußische Gärten und Parkanlagen II)

Reichweite der Befugnisse des Eigentümers (§ 903 BGB) | Unterlassungsanspruch (§ 1004 I BGB) | Abgrenzung von Eigentum und Urheberrecht

I. Sachverhalt

91 S ist eine öffentlich-rechtliche Stiftung, deren gesetzlich übertragene Aufgabe es ist, rund 150 ehemals preußische Schlösser, Gartenanlagen sowie weitere historische Bauten zu pflegen und der Allgemeinheit zugänglich zu machen. Im Rahmen ihrer Aufgaben erhebt die Stiftung für bestimmte Nutzungen ihrer Liegenschaften Entgelte, insbesondere für Foto- und Filmaufnahmen mit gewerblichem Verwertungszweck. In diesem Zusammenhang wendet sich S gegen die Fotoagentur F, die ohne ihre Zustimmung Fotografien von Kulturgütern – insbesondere von Außenansichten historischer Gebäude, Skulpturen und Parkanlagen – anfertigte und anschließend gewerblich vertrieb. S macht geltend, dass sämtliche beanstandeten Fotografien innerhalb der von ihr verwalteten Liegenschaften und ohne ihre Erlaubnis aufgenommen worden seien. Sie sieht sich durch die gewerbliche Verwertung dieser Bilder in ihrem Eigentum beeinträchtigt. S verlangt daher von F, es zu unterlassen, Fotografien der in ihrem Eigentum stehenden Kulturgüter zu verwerten, soweit diese Fotografien auf dem Gelände ihrer Einrichtungen aufgenommen worden sind.

II. Zentrale Probleme

92 Die beiden Entscheidungen des BGH in der Sache „Preußische Gärten und Parkanlagen" haben in der juristischen Literatur überwiegend Kritik hervorgerufen. Die zugrunde liegende Frage lautete jeweils, ob sich die in § 903 BGB verankerte Befugnis, mit der Sache nach Belieben zu verfahren und andere von jeder Einwirkung auszuschließen, auch auf das äußere Erscheinungsbild der Sache erstreckt.

III. Die Entscheidung des BGH

93 Nach Ansicht des BGH hat S gegen F gemäß § 1004 I BGB einen Anspruch auf Unterlassung der Verwertung solcher Fotos ihrer Parkanlagen und Gärten, die ohne ihre Genehmigung auf ihrem Grundstück aufgenommen wurden. Dem liegt die Annahme zugrunde, dass F das Eigentum der S durch die Verwertung der Fotos beeinträchtigt. In der Entscheidung „Preußische Gärten und Parkanlagen I" führt der BGH hierzu aus:

> [10] aa) Das Fotografieren eines fremden Grundstücks, insbesondere eines darauf errichteten Gebäudes, lässt zwar dessen Sachsubstanz unberührt. Es hat keine Auswirkungen auf die Nutzung der Sache selbst, hindert den Eigentümer nicht daran, mit dem Grundstück weiterhin nach Belieben zu verfahren und stört ihn grundsätzlich auch nicht in seinem Besitz.
>
> [11] bb) Das Eigentum an einem Grundstück wird aber dann durch (das Aufnehmen und) die Verwertung von Fotografien von auf ihm errichteten Gebäuden und auf ihm angelegten Gartenanlagen und Parks beeinträchtigt, wenn das Grundstück zur Anfertigung solcher Fotografien betreten wird.

Der BGH knüpft die Eigentumsbeeinträchtigung damit nicht an das bloße Abbild als solches, sondern daran, dass die Fotografien unter Inanspruchnahme des Grundstücks angefertigt werden. Entscheidend ist nach seiner Auffassung also, dass der Zugang zum Grundstück der Disposition des Eigentümers unterliegt: 94

> [12] (1) Nach der Rechtsprechung des BGH stellen das ungenehmigte Fotografieren eines Gebäudes oder eines Gartens und die Verwertung solcher Fotografien allerdings nicht in jedem Fall eine Eigentumsbeeinträchtigung dar. An ihr fehlt es vielmehr, wenn ein Gebäude oder eine Gartenanlage von einer anderen Stelle aus als dem Grundstück, auf dem sie sich bleibend befinden, fotografiert wird […]. Das hat der BGH aus einer Parallelwertung zu § 59 UrhG abgeleitet. Die urheberrechtliche Freistellung soll nicht eigentumsrechtlich unterlaufen werden können.

> [13] (2) Dieser Gesichtspunkt greift aber nicht, wenn das Gebäude oder der Garten – wie hier – nicht von allgemein zugänglichen Stellen, sondern von dem Grundstück aus, auf dem sie sich befinden, fotografiert werden (sollen). Dann hängt die Möglichkeit, das Gebäude oder den Garten zu fotografieren, entscheidend davon ab, ob der Grundstückseigentümer den Zugang zu seinem Grundstück eröffnet und unter welchen Bedingungen dies geschieht. Die Entscheidung darüber steht, von noch zu erörternden Grenzen abgesehen, nach § 903 BGB im Belieben des Grundstückseigentümers. Er ist nicht gezwungen, den Zugang zu seinem Grundstück nur vollständig zu gestatten oder vollständig zu versagen. Er kann ihn auch eingeschränkt öffnen und sich etwa das Fotografieren seines Anwesens und die Verwertung solcher Fotografien vorbehalten. Diese Befugnis des Grundstückseigentümers erkennt der BGH in ständiger Rechtsprechung an […].

Der BGH betont damit, dass der Grundstückseigentümer nicht nur über das „Ob" des Zutritts entscheiden darf, sondern auch über dessen Bedingungen. Dazu soll insbesondere die Befugnis gehören, das Fotografieren und die spätere Verwertung der Aufnahmen zu untersagen oder von einer Zustimmung abhängig zu machen. Einen Widerspruch zum Urheberrecht vermag der BGH nicht zu erkennen: 95

> [16] (b) Entgegen der Auffassung des BerGer. lässt sich dem Umstand, dass bei einem urheberrechtlich geschützten Werk das Vervielfältigungs- und Verbreitungsrecht ausschließlich dem Urheber zugewiesen ist (vgl. §§ 16, 17 UrhG), nicht die gesetzliche Wertung entnehmen, das äußere Erscheinungsbild der Sache sei einer Nutzung durch den Eigentümer generell entzogen […]. Urheberrecht und Eigentum am Werkoriginal sind voneinander unabhängig und stehen selbstständig nebeneinander […]. Daraus ergibt sich, dass bei Werken, denen von vornherein kein urheberrechtlicher Schutz zukommt oder an denen zwischenzeitlich Gemeinfreiheit (§ 64 UrhG) eingetreten ist, einer Verwertung der Sachansicht durch den Eigentümer unter urheberrechtlichen Gesichtspunkten nichts entgegen steht […].

> [17] (c) Gegen die Rechtsprechung des BGH lässt sich entgegen der Ansicht der Revisionserwiderung auch nicht einwenden, verwertet würden nur die Abbilder von Gebäuden und Gärten auf den Grundstücken der Kl. Diese Abbilder ordne die Rechtsordnung aber nicht dem Grundstückseigentümer, sondern deren Urheber zu. Diese Zuordnung besagt nämlich nur etwas über die Rechte des Urhebers gegenüber Dritten. Sie ändert aber nichts daran, dass der Urheber das Grundstückseigentum schon dadurch beeinträchtigt, dass er überhaupt ungenehmigt Abbilder von Gebäuden und Gärten auf dem Grundstück anfertigt. Eine solche Beeinträchtigung setzt nämlich, anders als die Bekl. offenbar meint, keine Beschädigung des Grundstücks im physischen Sinne des Wortes voraus. Das Eigentum kann

vielmehr auch dadurch beeinträchtigt werden, dass es, ohne beschädigt zu werden, in einer dem Willen des Eigentümers widersprechenden Weise genutzt wird […].

IV. Rechtliche Einordnung

96 **1.** § 985 BGB und § 1004 BGB bilden ein komplementäres System verschuldensunabhängiger Abwehransprüche zugunsten des Eigentümers. Wird dem Eigentümer der Besitz an der Sache widerrechtlich entzogen, kann er vom Besitzer gemäß § 985 BGB die Herausgabe verlangen. In allen übrigen Fällen der Eigentumsbeeinträchtigung gewährt § 1004 I BGB einen Beseitigungsanspruch und – bei drohenden Eingriffen – einen **Unterlassungsanspruch** gegen den jeweiligen Störer.

97 Störer ist dabei jeder, dem die Beeinträchtigung zugerechnet werden kann. Diese Zurechnung ist zwar grundsätzlich im Wege einer wertenden Betrachtung im Einzelfall vorzunehmen.[1] Allerdings haben sich die Kategorien des Handlungs- und Zustandsstörers etabliert, welche diese Wertung vorstrukturieren. **Handlungsstörer** ist derjenige, der die Beeinträchtigung durch sein eigenes Verhalten, d. h. durch positives Tun oder pflichtwidriges Unterlassen, adäquat kausal herbeigeführt hat. Neben dem unmittelbaren Handlungsstörer, der die Beeinträchtigung selbst verursacht, gilt auch derjenige als Handlungsstörer, der lediglich mittelbar zur Eigentumsbeeinträchtigung beiträgt, etwa indem er die Handlung des unmittelbaren Störers willentlich provoziert oder jedenfalls unterstützt. **Zustandsstörer** ist demgegenüber, wer die Herrschafts- oder Einwirkungsbefugnis über die Ursache der Eigentumsbeeinträchtigung innehat, also den störenden Zustand beseitigen kann, und auf dessen Willensbetätigung die Eigentumsbeeinträchtigung zumindest mittelbar zurückzuführen ist.[2] Mangels einer entsprechenden Willensbetätigung scheidet eine solche Zurechnung insbesondere bei reinen Naturereignissen (z. B. Felssturz) aus.[3] Vorliegend steht die Störereigenschaft der F jedoch nicht zur Diskussion: Indem F die Fotografien selbst verwertet, ist sie unzweifelhaft als Handlungsstörerin zu qualifizieren.

98 **2.** Auch die nach § 1004 I S. 2 BGB erforderliche **Wiederholungsgefahr** steht dem von S geltend gemachten Unterlassungsanspruch nicht entgegen. Selbst wenn F die Verwertung der Fotografien zwischenzeitlich aufgegeben hätte, wird die Wiederholungsgefahr nach ganz herrschender Meinung vermutet, sofern es in der Vergangenheit bereits zu einer Beeinträchtigung kam.

99 **3.** Entscheidend ist hier allein, ob die Verwertung der Fotos das Eigentum der S beeinträchtigt. Eine **Beeinträchtigung** im Sinne des § 1004 BGB soll immer dann vorliegen, wenn ein dem Inhalt des Eigentums widersprechender tatsächlicher Zustand geschaffen oder aufrechterhalten wird. Maßgeblich ist mithin, welche Befugnisse dem Eigentümer zugewiesen sind. Nach § 903 S. 1 BGB kann der Eigentümer einer Sache, soweit nicht das Gesetz oder Rechte Dritter entgegenstehen, mit der Sache nach Belieben verfahren (positive Befugnis) und andere von jeder Einwirkung ausschließen (negative Befugnis). Über Eingriffe in die Sachsubstanz hinaus kann der Eigentümer nach § 1004 BGB grundsätzlich auch sonstige **positive Einwirkungen** abwehren, insbesondere Immissionen (z. B. Gase, Geräusche), die den ungehinderten Gebrauch der Sache einschränken.. Demgegenüber sind **ideelle Einwirkungen**, die allein das ästhetische oder moralische Empfinden des Eigentümers (z. B. die Errichtung eines Schrottplatzes neben einem Schloss-

1 BGH NJW-RR 2021, 610 Rn. 10.
2 BGH NJW-RR 2021, 671 Rn. 9.
3 BGH NJW 1985, 1773 (1774).

hotel)[4] verletzen, keine Beeinträchtigung im Sinne des § 1004 BGB. Gleiches soll nach überwiegender Ansicht für **negative Einwirkungen** gelten, durch welche insbesondere bei Grundstücken die natürliche Zuführung von Licht und Luft beeinträchtigt wird.[5] Zur Begründung wird insbesondere auf die nachbarrechtlichen Vorschriften, namentlich § 906 BGB, verwiesen. Danach kann der Eigentümer unter bestimmten Voraussetzungen nur die „Zuführung" von Imponderabilien und ähnlichen Einwirkungen untersagen. Hieraus wird geschlossen, dass allein positive, die Grenze überschreitende und im Allgemeinen sinnlich wahrnehmbare Wirkungen als relevante Einwirkungen im Sinne des § 1004 BGB verstanden werden sollen.[6]

4. Ob die Verwertung des **äußeren Erscheinungsbildes**, insbesondere in Form von Fotografien, eine Beeinträchtigung des Eigentums darstellt, ist seit Langem umstritten. Der BGH hat im Fall „Schloss Tegel" im Jahr 1974 zunächst entschieden, dass das Eigentum am Grundstück jedenfalls durch den Vertrieb von Postkarten beeinträchtigt wird, wenn das abgebildete Schloss, welches sich auf dem Grundstück (siehe § 94 I BGB) befindet und von öffentlichen Straßen nicht einsehbar ist, während einer erlaubten Besichtigung fotografiert wurde.[7] In der Entscheidung „Friesenhaus" aus dem Jahr 1989 stellte der BGH dann klar, dass das ungenehmigte Fotografieren eines fremden Hauses und die gewerbliche Verwertung der Aufnahme keine Eigentumsbeeinträchtigung darstellen, wenn die Fotografie von einer allgemein zugänglichen Stelle aus aufgenommen wurde.[8] 100

Diese Rechtsprechung wird durch die Urteile in Sachen „Preußische Gärten und Parkanlagen" bestätigt. Sie begegnet bereits deshalb Bedenken, weil der Vertrieb von Fotografien weder in die Substanz der fotografierten Sache eingreift noch ihren Gebrauch durch den Eigentümer einschränkt. Ob das Grundstück dafür betreten wird oder das Bauwerk von einer öffentlichen Straße aus fotografiert wird, ist hierfür ohne Belang. Zwar hat der BGH recht, wenn er (implizit) auf das **Hausrecht** verweist, aufgrund dessen der Eigentümer über den Zugang zum Grundstück disponieren kann (Rn. 13). Das Hausrecht ermöglicht es insbesondere, den Zutritt von bestimmten Bedingungen, etwa der Zahlung eines Entgeltes, abhängig zu machen. Dies hat S in den vorliegenden Fällen aber gerade versäumt, sodass kein vertragliches Fotografierverbot bestand. 101

Ein solches Fotografier- und Verwertungsverbot aus dem Eigentum herzuleiten, steht im **Widerspruch zum Urheberrecht**. Dieses weist gerade dem Schöpfer einer wahrnehmbaren Formgestaltung (z. B. Musikwerk, Sprachwerk, Bauwerk) die Befugnis zu, über ihre Nutzung zu disponieren (§§ 11, 15 ff. UrhG). Der urheberrechtliche Schutz setzt zum einen eine hinreichende Schöpfungshöhe voraus (§ 2 II UrhG), sodass nicht jede Gestaltung urheberrechtlich geschützt ist. Zum anderen ist er zeitlich begrenzt: Das Urheberrecht erlischt 70 Jahre nach dem Tod des Urhebers; das Werk wird folglich gemeinfrei, sodass es von jedermann erlaubnisfrei genutzt werden kann. Diese gesetzgeberische Entscheidung wird missachtet, wenn nun dem (jeweiligen) Eigentümer ein zeitlich unbeschränktes Recht am äußeren Erscheinungsbild seiner Sachen zugesprochen wird.[9] 102

4 BGH NJW 1970, 1541.
5 BGH NZM 2015, 793 Rn. 6, 12; kritisch aber etwa MüKo-BGB/*Rapatz*, § 1004 Rn. 140 ff.
6 BGH NJW 1984, 729.
7 BGH NJW 1975, 778.
8 BGH NJW 1989, 2251.
9 Umfassend zur Kritik an der Entscheidung „Preußische Gärten und Parkanlagen I" etwa *Stieper* ZUM 2011, 331; *Schack* JZ 2011, 375.

V. Vertiefungsfragen

103 1. Die erstmalige Eigentumsbeeinträchtigung begründet nach ganz herrschender Meinung eine Wiederholungsgefahr im Sinne des § 1004 I S. 2 BGB. Wie kann der Störer diese Wiederholungsgefahr ausräumen?
→ siehe BeckOK-BGB/*Fritzsche*, § 1004 Rn. 93 f.

2. X betreibt auf dem Grundstück der Y ein Drogenhilfezentrum. Die Eigentümerin des Nachbargrundstücks fühlt sich u. a. durch den von den Besuchern verursachten Lärm erheblich beeinträchtigt und verlangt die Einstellung des Betriebes. Sind X und Y Störer im Sinne des § 1004 I BGB?
→ siehe BGH NJW 2000, 2901

3. Was beinhaltet das sog. Hausrecht? Wer ist Inhaber des Hausrechts?
→ siehe BGH NJW 2012, 1725

Weitere Vertiefung und Wiederholung bei Jurafuchs auf jurafuchs.de oder in der Jurafuchs App:

Fall 6: Weltkriegsbombe

BGH, Urteil vom 5.7.2019 – V ZR 96/18 = NZM 2019, 893

Nachbarrechtlicher Ausgleichsanspruch (§ 906 II S. 2 BGB analog) | Begriff des Störers (§ 1004 I BGB)

I. Sachverhalt

R betreibt auf einem ihm gehörenden Grundstück ein Recyclingunternehmen für Bauschutt. Der angelieferte Bauschutt wird dort zunächst sortiert. Große Betonteile, die nicht in die vorhandene Schreddermaschine passen, werden zuvor mit einem Zangenbagger zerkleinert. 104

Als der bei R angestellte B eines Tages ein solches Betonteil zerkleinerte, detonierte eine Bombe aus dem Zweiten Weltkrieg, die in das Betonteil einbetoniert war. Durch die Explosion wurde das mehrere hundert Meter entfernte Gebäude des K erheblich beschädigt, das auf einem nicht unmittelbar an das Grundstück des R angrenzenden Grundstück steht.

Kann K von R Ersatz für den Schaden an seinem Gebäude verlangen, wenn weder R noch B ein Verschulden trifft?

II. Zentrale Probleme

In dem (hier vereinfachten) Sachverhalt scheiden deliktische Ansprüche – insbesondere aus § 823 I BGB, § 823 II BGB i. V. m. §308 I StGB oder § 831 BGB – mangels Verschuldens des R aus. 105

In Betracht kommt allein der verschuldensunabhängige Anspruch auf einen angemessenen Ausgleich in Geld gemäß § 906 II S. 2 BGB. Dieser setzt voraus, dass K gemäß § 906 II S. 1 BGB dazu verpflichtet ist, die Grobimmissionen in Form des herumfliegenden Bauschutts zu dulden, was jedoch mangels Ortsüblichkeit der Nutzung nicht der Fall ist. Die Rechtsprechung nimmt allerdings die analoge Anwendbarkeit von § 906 II S. 2 BGB an, wenn dem beeinträchtigten Grundstückseigentümer zwar keine rechtliche Duldungspflicht obliegt, er die Einwirkungen jedoch mangels rechtzeitiger Abwendbarkeit faktisch hinnehmen muss. Eine Haftung des R erscheint hier jedoch aus zwei Gründen zweifelhaft: Zum einen hat er die Recyclingarbeiten nicht selbst durchgeführt, sodass bereits insoweit fraglich ist, ob ihm die Immissionen überhaupt zugerechnet werden können. Zum anderen spricht vieles dafür, die Detonation einer Weltkriegsbombe als ein außergewöhnliches, unvorhersehbares Ereignis anzusehen, das als höhere Gewalt generell einer individuellen Zurechnung im Rahmen des § 906 II S. 2 BGB (analog) entzogen ist. 106

III. Die Entscheidung des BGH

Im Wege einer mustergültigen Prüfung des **nachbarrechtlichen Ausgleichsanspruchs aus § 906 II S. 2 BGB analog** kommt der BGH zu dem Ergebnis, dass K keinen Anspruch gegen R auf einen angemessenen Ausgleich in Geld hat. Diesem Ergebnis stellt er folgenden Obersatz voran: 107

> [22] a) Nach der ständigen Rechtsprechung des Senats ist ein nachbarrechtlicher Ausgleichsanspruch analog § 906 II 2 BGB gegeben, wenn von einem Grundstück im Rahmen privatwirtschaftlicher Benutzung rechtswidrige Einwirkungen auf ein anderes Grundstück

ausgehen, die der Eigentümer oder Besitzer des betroffenen Grundstücks nicht dulden muss, jedoch aus rechtlichen oder – wie hier – tatsächlichen Gründen nicht gem. §§ 1004 I, 862 I BGB unterbinden kann, sofern er hierdurch Nachteile erleidet, die das zumutbare Maß einer entschädigungslos hinzunehmenden Beeinträchtigung übersteigen [...].

108 Unschädlich ist hierfür im vorliegenden Fall, dass die Grundstücke nicht unmittelbar aneinandergrenzen:

[23] [...] Der Umstand, dass Grundstücke nicht aneinandergrenzen, steht einem nachbarrechtlichen Ausgleichsanspruch nicht entgegen [...]. Er kommt auch in Betracht, wenn die Beeinträchtigung eine zurechenbare Folge eines auf einem entfernter liegenden Grundstück eingerichteten Betriebs ist [...].

109 Der BGH verneint die Haftung des R auch nicht deshalb, weil die konkrete Handlung von dem Arbeitnehmer B vorgenommen wurde. Vielmehr qualifiziert er R als Handlungsstörer:

[25] aa) Unmittelbarer Handlungsstörer ist derjenige, der die Beeinträchtigung des Nachbarn adäquat kausal durch eine eigene Handlung verursacht. Ein adäquater Ursachenzusammenhang besteht dann, wenn eine Tatsache im Allgemeinen und nicht nur unter besonders eigenartigen, unwahrscheinlichen und nach dem gewöhnlichen Verlauf der Dinge außer Betracht zu lassenden Umständen geeignet ist, einen Erfolg dieser Art herbeizuführen [...]. Wer die Beeinträchtigung seines Nachbarn durch eine eigene Handlung verursacht, ist Störer iSv § 1004 I BGB. [...]

[26] Daran ändert sich nichts, wenn die störende Handlung in einem Gewerbebetrieb und nicht von dem Inhaber des Betriebs selbst, sondern von seinen weisungsabhängigen Beschäftigten vorgenommen wird. Hierdurch wird der Betriebsinhaber nicht zu einem sog. mittelbaren Störer, dessen Qualifikation als Störer von dem Vorliegen entsprechender Sachgründe dafür abhängig ist, ihm die Verantwortung für das Geschehen aufzuerlegen [...]. Beschäftigte können nämlich selbst unmittelbare Handlungsstörer nur sein, wenn ihnen ein eigener Entschließungsspielraum mit entsprechendem Verantwortungsbereich verbleibt, aber nicht, wenn sie weisungsgebunden sind [...].

[27] bb) Gemessen daran ist [R] unmittelbarer Handlungsstörer. Er hat die Zerkleinerungsarbeiten zur Weiterverarbeitung des angelieferten Betonteils zwar nicht selbst durchgeführt. Der Baggerführer, den er damit beauftragt hatte, war aber weisungsabhängig und hatte keinen eigenen Entscheidungsspielraum, sodass die von ihm durchgeführten Arbeiten rechtlich als Handlungen des [R] zu behandeln sind.

110 Dem Grunde nach hätte K gegen R also einen Abwehranspruch aus § 1004 I BGB gehabt. Wegen der plötzlich eintretenden Explosion war dieser Anspruch jedoch faktisch nicht rechtzeitig durchsetzbar. Der für den nachbarrechtlichen Ausgleichsanspruch erforderliche faktische Duldungszwang lag daher vor.

111 Auch den erforderlichen Grundstücksbezug der störenden Handlung bejaht der BGH:

[32] (1) Der Anwendungsbereich des Ausgleichsanspruchs ist allerdings nur eröffnet, wenn das beeinträchtigende Verhalten dem Bereich der konkreten Nutzung des Grundstücks zuzuordnen ist und einen sachlichen Bezug zu diesem aufweist. Nicht in den Anwendungsbereich des nachbarrechtlichen Ausgleichsanspruchs fallen demgegenüber diejenigen störenden Verhaltensweisen, die zwar auf dem Grundstück stattfinden, durch die jedoch die spezifische Beziehung der Grundstückseigentümer oder -nutzer zueinander nicht berührt

> wird. Dies kann etwa deshalb der Fall sein, weil eine Handlung nur gelegentlich des Aufenthalts auf dem Grundstück, wenn auch durch den Eigentümer oder Nutzer, vorgenommen wird, genauso gut aber an anderer Stelle vorgenommen werden könnte. [...]
>
> [33] (2) Gemessen daran besteht hier der erforderliche Grundstücksbezug. Die Explosion der Bombe ist durch die Zerkleinerungsarbeiten des – bei dem Vorfall zu Tode gekommenen – Baggerführers des (R) ausgelöst worden. Diese Arbeiten waren typisch für die konkrete Nutzung des Grundstücks durch den (R), der auf dem Grundstück ein Unternehmen zur Weiterverarbeitung von Bauschutt betreibt. Sie hätten aus Sicht des [R] nicht ebenso gut an beliebiger anderer Stelle vorgenommen werden können.

Trotzdem verneint der BGH im Ergebnis einen Anspruch des K. Bei genauerer Betrachtung wird deutlich, dass der BGH im konkreten Fall die Voraussetzungen der analogen Anwendung des § 906 II S. 2 BGB, insbesondere die vergleichbare Interessenlage, als nicht gegeben ansieht: 112

> [37] (1) Der nachbarrechtliche Ausgleichsanspruch beruht maßgeblich auf der Wertung, dass der Eigentümer oder Besitzer des Grundstücks, von dem die rechtswidrige Beeinträchtigung der Nachbargrundstücke ausgeht, der Beeinträchtigung und ihren Folgen näher steht als die Nachbarn. Er ist gegeben, wenn sich ein zu erwartendes oder auch eher ungewöhnliches Risiko verwirklicht, das in der Nutzung oder in dem Zustand des Grundstücks angelegt ist. In solchen Fällen führt der nachbarrechtliche Ausgleichsanspruch zu einer sachgerechten Verantwortungszuweisung. [...]
>
> [38] (2) Ist die Explosion eines Blindgängers aus dem Zweiten Weltkrieg aber nicht in der Nutzung des Grundstücks angelegt, stehen der Eigentümer oder Besitzer des Grundstücks, auf dem ein Blindgänger explodiert, dem verwirklichten Risiko nicht näher oder ferner als die übrigen Beteiligten. Eine solche Explosion ist dann nämlich nicht mehr Ausdruck der Situationsbezogenheit des Grundstückseigentums oder Folge der in dem Zustand oder in der Nutzung des Grundstücks angelegten Risiken. Sie trifft die Beteiligten gleichermaßen zufällig und schicksalhaft. Ihre Folgen lassen sich generell und gerade auch in dem hier gegebenen Fall einer Verlagerung des Explosionsrisikos mit dem nachbarrechtlichen Ausgleichsanspruch nicht sachgerecht bewältigen. Müsste der Eigentümer – hier der Besitzer – des Grundstücks, auf dem ein solcher Blindgänger explodiert, für die dadurch verursachten Beeinträchtigungen analog § 906 II 2 BGB ohne Rücksicht auf Verschulden einstehen, würde ihm allein ein – letztlich als Spätfolge des Zweiten Weltkriegs gesamtgesellschaftliches – Risiko angelastet, das ihn nur zufällig trifft.

IV. Rechtliche Einordnung

1. Sofern ein Eigentümer eine wesentliche Beeinträchtigung nach § 906 II S. 1 BGB zu dulden hat und Abwehransprüche daher gemäß § 1004 II BGB ausgeschlossen sind, kann dieser gemäß § 906 II S. 2 BGB immerhin einen angemessenen Ausgleich in Geld verlangen, wenn die Einwirkung eine ortsübliche Benutzung seines Grundstücks oder dessen Ertrag über das zumutbare Maß hinaus beeinträchtigt. Entsprechend dem Aufopferungsgedanken soll ein Anspruch aus § 906 II S. 2 BGB analog – sowohl des Eigentümers als auch des Besitzers – auch dann in Betracht kommen, wenn die Störung aus sonstigen tatsächlichen oder rechtlichen (z. B. aufgrund entgegenstehender Vorgaben des Naturschutzes)[1] Gründen nicht unterbunden werden kann (siehe Rn. 22). Der Anspruch 113

1 Siehe BGH NJW 2004, 3701.

aus § 906 II S. 2 BGB analog dient damit der **Kompensation** für einen dem Grunde nach bestehenden primären Abwehranspruch aus § 1004 I BGB oder § 862 I BGB. Vor diesem Hintergrund leuchtet auch ein, warum der BGH vorliegend die Qualifikation des R als Störer im Sinne des § 1004 I BGB thematisiert, obgleich § 906 II S. 2 BGB an sich allein an den Benutzer anknüpft, also diejenige Person, welche die Nutzungsart des beeinträchtigenden Grundstücks bestimmt.[2]

114 **2.** Problematisch an dem richterrechtlich entwickelten Ausgleichsanspruch ist, dass dessen Grenzen zu einer allgemeinen Gefährdungshaftung kraft Eigentums fließend erscheinen, die jedoch ihrerseits der spezialgesetzlichen Ausgestaltung der Gefährdungshaftung widersprechen würde.[3] Es bedarf daher einer hinreichenden Anspruchsbegrenzung: Zum einen ist dieser **subsidiär** gegenüber abschließenden Sonderregelungen.[4] Zum anderen setzt der nachbarrechtliche Ausgleichsanspruch einen **Grundstücksbezug** insbesondere des beeinträchtigenden Grundeigentums[5] voraus. Gerade bei einer Haftung als Handlungsstörer wie hier ist somit erforderlich, dass das beeinträchtigende Verhalten dem Bereich der konkreten Nutzung des Grundstücks zugeordnet werden kann. Hieran fehlt es etwa im Falle des Zündens einer Silvesterrakete, weil dies im Regelfall nur bei Gelegenheit des Aufenthalts auf dem jeweiligen Grundstück erfolgt und ebenso an anderer Stelle vorgenommen werden könnte.[6] Im vorliegenden Fall hat der BGH einen solchen Grundstücksbezug hinsichtlich der Recyclingarbeiten bejaht (Rn. 32). Gleichzeitig nimmt der BGH jedoch an, dass die Explosion des Blindgängers gerade „nicht in der Nutzung des Grundstücks angelegt" war (Rn. 38), wie es etwa bei der gezielten Nutzung des Grundstücks zur Entschärfung von Bomben der Fall wäre. Vor diesem Hintergrund scheint es auch gut vertretbar, bereits den geforderten Grundstücksbezug zu verneinen.[7]

115 **3.** Eingeschränkt wird der Anwendungsbereich auch insoweit, als die Einwirkung **grenzüberschreitend** erfolgen muss. Damit scheidet eine Haftung gemäß § 906 II S. 2 BGB analog beispielsweise für solche Einwirkungen auf eine Mietwohnung aus, die von einer anderen Mietwohnung innerhalb desselben Grundstücks ausgehen.[8] Allerdings stellt der BGH im vorliegenden Urteil erneut klar, dass die Grundstücke keineswegs unmittelbar aneinandergrenzen müssen (Rn. 23). Zwar setzt der Anspruch schließlich voraus, dass die ortsübliche Benutzung des geschädigten Grundstücks **über das zumutbare Maß hinaus beeinträchtigt** wird.[9] In der Rechtsprechung erweist sich dieser Korrekturmechanismus jedoch kaum von Relevanz.

116 **4.** Auf der Rechtsfolgenseite ist zu beachten, dass § 906 II S. 2 BGB (analog) keinen Anspruch auf Schadensersatz begründet. Der Störer schuldet daher grundsätzlich keine Naturalrestitution nach § 249 I BGB. Vielmehr ist ein **angemessener Ausgleich in Geld** geschuldet, dessen Umfang sich an den Grundsätzen der Enteignungsentschädigung orientiert. Faktisch nähert sich dieser Anspruch dem Schadensersatz allerdings häufig an.[10] Das gilt insbesondere bei gewerblich genutzten Grundstücken, weil hier auch Ertragsein-

2 BGH NJW 2010, 3158 Rn. 16.
3 Kritisch etwa auch *Wellenhofer*, Sachenrecht, § 25 Rn. 28 f.; Staudinger/*Roth*, BGB, § 906 Rn. 69.
4 BGH NJW 2009, 762 Rn. 23; BeckOK-BGB/*Fritzsche*, § 906 Rn. 99.
5 Erforderlich soll aber auch ein Grundstücksbezug hinsichtlich des beeinträchtigten Grundeigentums sein, siehe BGH NJW 2009, 3787 Rn. 17; MüKo-BGB/*Brückner*, § 906 Rn. 222.
6 BGH NJW 2009, 3787 Rn. 20 f.
7 So auch *Schwab* JuS 2020, 272 (274).
8 BGH NJW 2004, 775.
9 BGH NJW 2011, 3294 Rn. 21; Staudinger/*Roth*, BGB, § 906 Rn. 73.
10 So auch BGH NJW 1999, 3633 (3635).

bußen auszugleichen sind. Gleichwohl bleibt die Höhe des Anspruchs Ergebnis einer wertenden Gesamtbetrachtung der durch die Beeinträchtigung verursachten Nachteile.[11]

V. Vertiefungsfragen

1. Kommt ein nachbarrechtlicher Ausgleichsanspruch auch zwischen verschiedenen 117
Wohnungseigentümern in Betracht, wenn das Sondereigentum (§ 5 WEG) durch Einwirkungen beeinträchtigt wird, die von einem anderen Sondereigentum ausgehen?
→ siehe BGH NJW 2014, 458 Rn. 11 ff.
2. Sind nach § 906 II S. 2 BGB analog auch Schäden an beweglichen Sachen auszugleichen, die sich auf dem beeinträchtigten Grundstück befinden?
→ siehe BGH NJW 2008, 992
3. B betreibt einen Steinkohlebergbau, durch den es regelmäßig zu Erderschütterungen kommt. K leidet hierdurch an Schlaflosigkeit und Angstzuständen. Kann K hierfür Ausgleich in Geld gemäß § 906 II S. 2 BGB analog verlangen?
→ siehe BGH NJW 2010, 3160

Weitere Vertiefung und Wiederholung bei Jurafuchs auf jurafuchs.de oder in der Jurafuchs App:

11 BGH NJW 2003, 2377 (2380).

Fall 7: Videogerätesysteme

BGH, Urteil vom 18.3.2016 – V ZR 89/15 = BGHZ 209, 270 = NJW 2016, 3235

Anwendbarkeit der §§ 280 I, III, 281 BGB auf dingliche Ansprüche

I. Sachverhalt

118 B betreibt einen Getränkemarkt. Mit C schloss sie einen Kooperationsvertrag, der C das Recht einräumte, insgesamt 15 Videogerätesysteme in einem Markt der B aufzustellen. Die Geräte blieben im Eigentum der C. Der Vertrag endete zum 30.9.2011. Nach dem Vertragsende veräußerte und übereignete C die Geräte an den Geschäftsführer der K, der sie seinerseits an die K weiterveräußerte. K verlangte daraufhin von B die Herausgabe der Geräte. Nachdem B dies unter Hinweis auf die unklare Eigentumslage verweigert hatte, verlangt K von B nunmehr Schadensersatz in Höhe von 7.500 Euro. Sie macht geltend, sie hätte die Geräte jeweils für 500 Euro weiterveräußern können.

II. Zentrale Probleme

119 Mangels einer vertraglichen Beziehung zwischen B und K kam für das ursprüngliche Herausgabebegehren allein § 985 BGB als Anspruchsgrundlage in Betracht. Nachdem B die Herausgabe verweigert hat, verlangt K nunmehr jedoch Schadensersatz.

120 Naheliegend erscheint zunächst ein Anspruch aus §§ 989, 990 BGB. Dieser scheitert hier aber bereits daran, dass nach diesen Vorschriften nur solche Schäden zu ersetzen sind, die dadurch entstehen, dass die Sache verschlechtert wird, untergeht oder aus einem anderen Grund nicht herausgegeben werden kann. Daran fehlt es im vorliegenden Fall, weil die Herausgabe der Geräte durch B weiterhin möglich ist.

121 In Betracht kommt daher ein Schadensersatzanspruch statt der Leistung aus §§ 280 I, III, 281 BGB. Problematisch ist jedoch, ob diese Vorschriften des allgemeinen Leistungsstörungsrechts überhaupt auf den dinglichen Herausgabeanspruch aus § 985 BGB anwendbar sind.

III. Die Entscheidung des BGH

122 Der BGH bejaht diese Frage im Einklang mit der wohl überwiegenden Auffassung in Rechtsprechung und Literatur:

> [16] […] Der Eigentümer einer Sache kann, wenn der bösgläubige oder verklagte Besitzer seine Herausgabepflicht nach § 985 BGB nicht erfüllt, unter den Voraussetzungen der §§ 280 I und III, 281 I und II BGB Schadensersatz statt der Leistung verlangen.

123 Zur Begründung stützt sich der BGH zunächst auf systematische Erwägungen. Danach seien auch andere Vorschriften des allgemeinen Leistungsstörungsrechts auf dingliche Ansprüche anwendbar (Rn. 17). Hinzu tritt ein historisches Argument:

> [18] bb) Auf den Herausgabeanspruch nach § 985 BGB hat der BGH – in Übereinstimmung mit der nahezu einhelligen Auffassung in der Literatur – die Vorschrift des § 283 BGB in der Fassung vor dem Inkrafttreten des Schuldrechtsmodernisierungsgesetzes am 1.1.2002 angewandt; sie gab dem Gläubiger die Möglichkeit, dem Schuldner nach rechtskräftiger Verurteilung zur Herausgabe der Sache eine angemessene Leistungsfrist mit Ablehnungsandrohung zu setzen und nach Fristablauf (nur noch) Schadensersatz wegen Nichterfüllung

zu verlangen [...]. Diese Meinung konnte sich auf die Motive zu dem Entwurf eines BGB stützen, in denen davon ausgegangen wurde, dass die allgemeinen Vorschriften des Schuldrechts, insbesondere diejenigen über die Folgen der Nichterfüllung, auf den Eigentumsherausgabeanspruch anwendbar seien. [...]

[19] cc) Anhaltspunkte dafür, dass mit der Einführung der §§ 280, 281 BGB, die an die Stelle von § 283 BGB aF getreten sind [...], ein Übergang vom Herausgabeanspruch nach § 985 BGB zum Schadensersatz mittels der Vorschriften des allgemeinen Leistungsstörungsrechts nicht mehr möglich sein soll, finden sich in den Gesetzgebungsmaterialien nicht. Hiergegen spricht vielmehr, dass mit der Einfügung von § 281 BGB die Gläubigerrechte gerade gestärkt werden sollten; die bis dahin gültige Gesetzeslage wurde als unübersichtlich, umständlich und für den Gläubiger als zu ungünstig empfunden [...].

Den Einwand der Gegenansicht, die Anwendung der §§ 280 I, III, 281 BGB auf § 985 BGB führe zu einem „Zwangskauf", lässt der BGH nicht gelten: 124

[21] Der Schuldner wird rechtlich nicht gezwungen, die Sache zu erwerben. Gibt er sie nach einer – für einen Anspruch aus §§ 280, 281 BGB grundsätzlich erforderlichen – Fristsetzung nicht freiwillig heraus, läuft er allerdings Gefahr, dass der Gläubiger schon vor einer rechtskräftigen Entscheidung über den Anspruch aus § 985 BGB Schadensersatz statt der Leistung verlangt; er kann seine Verpflichtung aus § 985 BGB dann nicht mehr durch die Herausgabe der Sache erfüllen. [...]

An der Anwendbarkeit der §§ 280 I, III, 281 BGB soll auch ein „praktisches Bedürfnis" bestehen: 125

[23] [...] Der Eigentümer hat gleichermaßen wie ein obligatorischer Herausgabegläubiger, insbesondere bei Ungewissheit über die Erfolgsaussichten der Vollstreckung des Herausgabeanspruchs, ein Interesse an der Möglichkeit eines rechtssicheren Übergangs zum Schadensersatz [...]. Diesen könnte der Eigentümer andernfalls, von dem Tatbestand des § 992 BGB abgesehen, bei einer bloßen Herausgabeverweigerung mit gleichzeitiger Unauffindbarkeit der Sache für den Gerichtsvollzieher nicht verlangen. Bei fehlgeschlagener Vollstreckung des Herausgabetitels bliebe ihm nur ein neuer, nunmehr auf die §§ 989, 990 BGB gestützter (Schadensersatz-)Prozess [...].

Schließlich trifft der BGH aber noch eine entscheidende Einschränkung: 126

[24] ff) Allerdings darf die Anwendung der §§ 280, 281 BGB auf den vindikatorischen Herausgabeanspruch nicht dazu führen, dass die verschärften Haftungsvoraussetzungen der §§ 989, 990 BGB mit ihrer Privilegierung des gutgläubigen, unverklagten Besitzers unterlaufen werden. Deren Wertungen sind vielmehr einschränkend zu berücksichtigen, sodass Schadensersatz gem. §§ 280 I und III, 281 BGB nur im Fall der Rechtshängigkeit des Herausgabeanspruchs oder der Bösgläubigkeit des Besitzers gewährt werden kann [...].

IV. Rechtliche Einordnung

1. Aus der Perspektive der §§ 280 I, III, 281 BGB wirkt die Diskussion um ihre **Anwendbarkeit auf dingliche Ansprüche**, wie insbesondere § 985 BGB, zunächst überraschend. 127
§ 280 I BGB verlangt lediglich die Verletzung einer Pflicht aus einem (gesetzlichen oder vertraglichen) Schuldverhältnis. Ein Schuldverhältnis liegt wiederum vor, wenn der Gläubiger vom Schuldner eine Leistung oder ein Unterlassen verlangen kann (§ 241 I BGB).

128 Im vorliegenden Fall konnte K aufgrund der Veräußerungskette von C über den Geschäftsführer der K an K selbst Eigentum an den Geräten erwerben. Die Übereignung erfolgte jeweils gemäß §§ 929 S. 1, 931 BGB. Als Eigentümerin konnte K daher von B nach § 985 BGB die Herausgabe der Geräte verlangen. Da B die Herausgabe verweigert hat, liegt eine Pflichtverletzung im Sinne des § 280 I BGB vor. Dennoch wird seit Langem diskutiert, ob die Anwendbarkeit der §§ 280 I, III, 281 BGB auf den dinglichen Herausgabeanspruch aus systematischen Gründen einzuschränken ist.

129 **2.** Zum Teil wird die Anwendbarkeit der §§ 280 I, III, 281 BGB mit dem Argument abgelehnt, der Vindikationsanspruch erfülle eine **andere Funktion als schuldrechtliche Verschaffungsansprüche.**[1] So diene der Anspruch aus § 985 BGB nur der Verwirklichung des Eigentums, indem er dieses mit dem Besitz zusammenführt. Damit ist der Herausgabeanspruch aber zwingend an das Eigentum gebunden. Vor diesem Hintergrund könne es nicht überzeugen, wenn der Herausgabeanspruch in eine Schadensersatzforderung umgewandelt werden könnte, die auf die Zahlung des Wertes der Sache gerichtet ist. Hinzu kommt, dass mit der Geltendmachung des Schadensersatzanspruchs statt der Leistung gemäß § 281 IV BGB der bisherige Primäranspruch aus § 985 BGB untergehen würde. Insoweit würde das Eigentum aufseiten des Gläubigers somit ohne einen entsprechenden Rechtsverwirklichungsanspruch fortbestehen.

130 **3.** Der BGH lässt diese Einwände hingegen nicht durchgreifen. Mit dem wohl überwiegenden Teil der Literatur[2] bejaht er vielmehr grundsätzlich die Anwendbarkeit der §§ 280 I, III, 281 BGB. Hierfür stützt er sich insbesondere auf den intendierten Schutz der Gläubigerrechte (Rn. 19) und daran anknüpfende praktische Erwägungen (Rn. 23). Im Einklang mit den **Wertungen der §§ 989, 990 BGB** soll der Eigentümer jedoch nur von einem verklagten oder bösgläubigen Besitzer Schadensersatz verlangen dürfen. Gegen den gutgläubigen Besitzer bleibt es mithin beim Anspruch aus § 985 BGB. Zwar verlangt § 281 I BGB ohnehin grundsätzlich eine Fristsetzung, was im Regelfall die Bösgläubigkeit des Besitzers auslösen wird. Allerdings ist gemäß § 281 II BGB eine Fristsetzung ausnahmsweise entbehrlich, wenn der Besitzer die Herausgabe ernsthaft und endgültig verweigert oder wenn besondere Umstände vorliegen. Gerade in solchen Konstellationen behält die Privilegierung des gutgläubigen Besitzers somit ihre praktische Bedeutung.

131 **4.** Verlangt der Eigentümer Schadensersatz statt der Leistung, so erlischt gemäß § 281 IV BGB sein Anspruch auf Herausgabe der Sache. Daran anknüpfend wird vertreten, der Eigentümer sei in entsprechender Anwendung des § 255 BGB verpflichtet, die Sache Zug um Zug an den zum Schadensersatz verpflichteten Besitzer zu übereignen.[3] Diese Lösung erscheint im Ergebnis auch mit Blick auf das schadensrechtliche Bereicherungsverbot überzeugend. Allerdings wird eingewandt, dass eine isolierte Übereignung des Vindikationsobjektes nicht in jedem Fall rechtlich möglich sei. Dies gelte insbesondere in Konstellationen, in denen sich der Herausgabeanspruch auf einzelne Räume innerhalb eines Gebäudes bezieht, die nicht als selbstständige Sachen übereignet werden können.[4] In solchen Fällen bedarf es damit im Ausgangspunkt einer einzelfallabhängigen Korrektur, die etwa in § 242 BGB verortet werden kann. Im Ergebnis wird dieses Problem allerdings dadurch abgeschwächt, dass in solchen Fallgestaltungen regelmäßig ohnehin

1 Siehe etwa MüKo-BGB/*Rapatz*, § 985 Rn. 264 ff.; *Westermann/Gursky/Eickmann*, Sachenrecht, § 30 Rn. 23.
2 Siehe etwa BeckOK-BGB/*Fritzsche*, § 985 Rn. 29 f.; *Prütting*, Sachenrecht, Rn. 524 a; *Vieweg/Lorz*, Sachenrecht, § 7 Rn. 36.
3 OLG Brandenburg NJOZ 2013, 1253 (1254 f.); BeckOK-BGB/*Fritzsche*, § 985 Rn. 29; Grüneberg/*Herrler*, BGB, § 985 Rn. 14.
4 *Westermann/Gursky/Eickmann*, Sachenrecht, § 30 Rn. 23.

kein Interesse des Eigentümers an der Geltendmachung von Schadensersatz statt der Leistung anstelle der Herausgabe zu erwarten ist.[5]

5. Beachtenswert ist schließlich, dass der BGH die Anwendbarkeit der §§ 280 I, III, 281 BGB auf den Herausgabeanspruch aus § 985 BGB im vorliegenden Fall auch damit begründet, dass „der dingliche Gläubiger [...] bei seiner Rechtsverfolgung nicht schlechter zu stellen [ist] als der schuldrechtliche" (Rn. 23). Zu einer solchen Schlechterstellung würde es gerade kommen, wenn der dingliche Gläubiger zunächst darauf verwiesen wäre, einen Herausgabetitel zu erwirken, dessen Durchsetzbarkeit ungewiss erscheint. Daher solle auch der dingliche Gläubiger die Möglichkeit haben, nach Setzung einer angemessenen Frist unmittelbar Schadensersatz zu fordern. 132

Demgegenüber formuliert der BGH in einem Urteil aus dem Jahr 2023 in Bezug auf die parallele Frage nach der **Anwendbarkeit der §§ 280 I, III, 281 BGB auf den Beseitigungsanspruch aus § 1004 I BGB**, dass es „keinen Grundsatz des Inhalts [gibt], dass der dingliche Gläubiger stets dem schuldrechtlichen Gläubiger (mindestens) gleichzustellen sei; der dingliche Gläubiger steht anders als der schuldrechtliche Gläubiger und nicht notwendig ebenso gut oder besser".[6] Vor diesem Hintergrund kommt der BGH dort zu dem Ergebnis, dass die §§ 280 I, III, 281 BGB auf § 1004 I BGB nicht anwendbar sind. Dies rechtfertigt der BGH, der hier nur geringen Widerspruch erfahren hat,[7] mit den dogmatischen Unterschieden zwischen dem Anspruch aus § 985 BGB und jenem aus § 1004 I BGB. Diese zeigen sich insbesondere daran, dass der Beseitigungsanspruch – anders als der Herausgabeanspruch – durch das Schadensersatzbegehren entgegen § 281 IV BGB nicht endgültig erlöschen würde. Vielmehr würde der Anspruch aus § 1004 I BGB bei fortbestehender Beeinträchtigung sofort neu entstehen, was einem Schadensersatzanspruch statt der Leistung widersprechen würde.[8] Schließlich soll es in Bezug auf § 1004 I BGB auch an einem praktischen Bedürfnis fehlen, die §§ 280 I, III, 281 BGB anzuwenden: Will der Gläubiger die Beeinträchtigung selbst beseitigen, kann er vom Störer im Wege der Zwangsvollstreckung des Anspruchs aus § 1004 I BGB gemäß § 887 II ZPO einen Vorschuss verlangen.[9] 133

V. Vertiefungsfragen

1.1 B befindet sich im Besitz eines Chorarchivs, das im Eigentum der E steht. Ein Recht zum Besitz besteht nicht. E möchte nun gerichtlich gegen B vorgehen, der sich hartnäckig weigert, das Archiv herauszugeben. Ist es prozessual zulässig, wenn E in einer Klage sowohl die Herausgabe des näher bezeichneten Chorarchivs gemäß § 985 BGB als auch – für den Fall, dass B das Chorarchiv nicht innerhalb von vier Wochen nach Rechtskraft des Urteils herausgibt – hilfsweise Schadensersatz statt der Leistung nach §§ 280 I, III BGB i. V. m. § 985 BGB verlangt? 134
→ siehe §§ 255, 259 ZPO sowie § 260 ZPO

1.2 B wurde durch rechtskräftiges Urteil verpflichtet, E das konkret bezeichnete Chorarchiv innerhalb von vier Wochen nach Rechtskraft herauszugeben. Zugleich wurde er für den Fall des fruchtlosen Fristablaufs zur Zahlung von 10.000 Euro nebst Zinsen

5 Vgl. *Lüke*, Sachenrecht, Rn. 272 a.
6 BGH NJW 2023, 3722 Rn. 32.
7 Vorsichtig etwa Staudinger/*Thole*, BGB, § 1004 Rn. 418 f.
8 BGH NJW 2023, 3722 Rn. 28.
9 BGH NJW 2023, 3722 Rn. 30.

verurteilt. Kann E nach Ablauf der Frist dennoch aus dem titulierten Herausgabeanspruch vollstrecken?
→ siehe § 281 IV BGB

1.3 Hätte sich E trotz der Klagehäufung das Wahlrecht zwischen Herausgabe und Schadensersatz noch wirksam vorbehalten können?
→ siehe BGH NJW 2018, 786

2. Kann der Eigentümer bei Unmöglichkeit der Herausgabe der Sache gemäß § 285 BGB die Herausgabe des Ersatzes verlangen?
→ siehe etwa BeckOK-BGB/*Rapatz*, § 985 Rn. 273 ff.

3. Die gutgläubige B erwirbt von D einen gestohlenen Pkw. E, die Eigentümerin des Pkw (beachte § 935 I BGB), verlangt nun Herausgabe von B, welche die Herausgabe jedoch verweigert. Kurz darauf zieht B mitsamt dem Pkw von München nach Hamburg um. An welchem Ort hat B den Herausgabeanspruch der E aus § 985 BGB zu erfüllen?
→ siehe BGH NJW 1981, 752; kritisch hierzu etwa MüKo-BGB/*Rapatz*, § 985 Rn. 189 ff.

Weitere Vertiefung und Wiederholung bei Jurafuchs auf jurafuchs.de oder in der Jurafuchs App:

Fall 8: Koks auf Geheiß

BGH, Urteil vom 30.10.1961 – VII ZR 218/60 = BGHZ 36, 56 = NJW 1962, 299

Geheißerwerb (§ 929 S. 1 BGB) | Scheingeheißerwerb (§§ 929 S. 1, 932 BGB)

I. Sachverhalt

Im Sommer 1958 bestellte B bei dem Kohlenhändler H acht Tonnen Koks (ein Brennstoff). H sagte die Lieferung zu, bat jedoch um Vorauszahlung. B überwies daraufhin den Rechnungsbetrag. Die Lieferung sollte zu einem späteren Zeitpunkt telefonisch abgerufen werden. Im September 1958 stellte H seinen Geschäftsbetrieb ein und trat in die Dienste der Kohlenhandlung des K ein, für die er fortan als Provisionsvertreter tätig war. Er blieb jedoch in seinen bisherigen Geschäftsräumen, von denen aus er nun für K arbeitete. B erfuhr von diesen Änderungen nichts. 135

Am 8.1.1959 rief B bei H an und forderte die Lieferung des zuvor bestellten Kokses an. H sagte die Lieferung daraufhin für den 13. oder 14.1.1959 zu und wies den K entsprechend zur Auslieferung an.

Am 14.1.1959 lieferte K den Koks aus. Vor Ort traf er lediglich den Hauswart W an, der die Lieferung entgegennahm und den Empfang quittierte. Am 16.1.1959 erhielt B eine Rechnung von K. Noch am selben Tag verweigerte sie die Zahlung mit der Begründung, sie habe den Koks nicht bei K, sondern bei H bestellt und diesen bereits vollständig bezahlt. In der Folgezeit verbrauchte B den gelieferten Koks zur Beheizung ihres Hauses. Kann K von B Zahlung verlangen?

II. Zentrale Probleme

K könnte gegen B einen Anspruch auf Zahlung des Kaufpreises für die Kohlen aus einem Kaufvertrag gemäß § 433 II BGB haben, was einen wirksamen Kaufvertrag zwischen K und B voraussetzt. Als (konkludente) Willenserklärung des K könnte hier allenfalls auf die Lieferung des Kokses abgestellt werden. Allerdings fehlt es insoweit schon an einer entsprechenden Annahme seitens B: Einerseits wurde die Lieferung lediglich durch W entgegengenommen, der seinerseits keine Vollmacht zum Abschluss eines Kaufvertrages hatte. Andererseits hat sich B selbst unmittelbar nach Erhalt der Rechnung darauf berufen, dass sie bei K nichts bestellt habe. B wollte mithin keinen Kaufvertrag mit K schließen. 136

Mit Blick darauf, dass B den Koks bereits verheizt hat, könnte K aber ein Anspruch auf Schadensersatz gegen B aus §§ 990 I, 989 BGB zustehen. Dies verlangt eine Vindikationslage im Zeitpunkt des schädigenden Ereignisses. Der Anspruch ist daher ausgeschlossen, wenn B durch die Lieferung Eigentum am Koks erworben hat. Eine Übereignung von K an B gemäß § 929 S. 1 BGB scheidet allerdings aus, da sich die Lieferung aus der Perspektive der B lediglich als Erfüllung des zwischen ihr und H geschlossenen Kaufvertrages darstellt. Insoweit fehlt es nach dem maßgeblichen objektiven Empfängerhorizont[1] schon an einer dinglichen Erklärung des K. Hieran anknüpfend kommt jedoch eine Übereignung durch H an B in Betracht. Die nach § 929 S. 1 BGB erforderliche Einigung zwischen H und B könnte bereits in dem Moment erfolgt sein, in dem B am 8.1.1959 die Lieferung des Kokses bei H abgerufen und H dieser Aufforderung zugestimmt hat. 137

1 NK-BGB/*Meller-Hannich*, § 929 Rn. 25.

Zweifelhaft ist jedoch, ob die zu liefernde Ware zu diesem Zeitpunkt bereits hinreichend bestimmt war. Vor dem Hintergrund des Bestimmtheitsgrundsatzes spricht einiges dafür, dass die dingliche Einigung zwischen H und B – ggf. unter Mitwirkung des W – erst mit der tatsächlichen Lieferung zustande kam. Diese lässt sich aus Sicht eines objektiven Empfängers wiederum als eine entsprechende konkludente Erklärung des H verstehen.

138 Im Anschluss ist aber fraglich, ob H den Koks überhaupt im Sinne des § 929 S. 1 BGB an B übergeben hat. Dies ist deshalb problematisch, weil H hier niemals unmittelbaren Besitz an dem gelieferten Koks hatte. Auch ein mittelbarer Besitz seitens H gemäß § 868 BGB scheidet jedenfalls wegen des fehlenden Besitzmittlungswillens des K aus. Allerdings könnte die Übergabe hier im Wege des Geheißerwerbs erfolgt sein.

139 Sofern man hiermit eine Übergabe im Sinne des § 929 S. 1 BGB konstruieren kann, stellt sich im Anschluss das Problem, dass H nicht verfügungsbefugt war. Es kommt daher lediglich ein gutgläubiger Erwerb nach §§ 929 S. 1, 932 I BGB in Betracht. Dieser setzt grundsätzlich einen Rechtsscheinträger in Form des Besitzes voraus. Auch hier könnte argumentiert werden, dass K immerhin auf Geheiß des H handelte. Problematisch ist allerdings, dass K den Koks in der Annahme lieferte, eine eigene Verpflichtung zu erfüllen. K erschient somit lediglich aus der Perspektive des B als Geheißperson. Der BGH musste sich im vorliegenden Fall daher zu der umstrittenen Frage positionieren, ob die Übergabe durch eine solche *Scheingeheißperson* zur Legitimation des Veräußerers im Rahmen der §§ 929 S. 1, 932 I BGB genügt.

III. Die Entscheidung des BGH

140 Der BGH gelangt zu dem Ergebnis, dass B von H grundsätzlich gutgläubig Eigentum gemäß §§ 929 S. 1, 932 BGB erwerben konnte:

> Erforderlich für einen solchen Eigentumserwerb ist allerdings – neben der Einigung und dem guten Glauben der Bekl. – eine Übergabe seitens H.`s. Die Übergabe braucht jedoch nicht notwendig dadurch zu geschehen, daß der veräußernde Nichteigentümer selbst dem Erwerber den Besitz überträgt. Es genügt auch, wenn der Besitz von einem Dritten als unmittelbarem Besitzer, z. B. von dem Lieferanten des Veräußerers, auf Geheiß des Veräußerers übertragen wird; dabei ist auch nicht notwendig, daß der unmittelbare Besitzer Besitzmittler des Veräußerers ist. Das ist die fast allgemeine Ansicht in der Rechtslehre […]. (juris, Rn. 40)

141 Nach Auffassung des BGH setzt die Übergabe im Sinne des § 929 S. 1 BGB also nicht voraus, dass der nichtberechtigte Veräußerer selbst unmittelbaren Besitz hat oder die Sache eigenhändig übergibt. Es genügt vielmehr, dass die Besitzverschaffung durch einen Dritten auf seine Weisung erfolgt.

142 Auch aus § 932 BGB ergeben sich nach Ansicht des BGH keine Bedenken:

> Die Vorschrift des § 932 BGB schützt den Erwerber, der aufgrund der Besitzlage an das Eigentum des Veräußerers glauben darf […]. Vom Erwerber aus gesehen übt aber nicht nur derjenige die tatsächliche Gewalt über die Sache (§ 854 BGB) aus, der sie selbst dem Erwerber übergibt, sondern auch derjenige, auf dessen Weisung die Sache dem Erwerber durch einen Dritten ausgefolgt wird. In beiden Fällen braucht und verdient der Erwerber Schutz. (juris, Rn. 42)

Im Ergebnis lässt der BGH dennoch offen, ob B Eigentum am Koks erworben hat. Grund hierfür ist, dass es an hinreichenden Feststellungen seitens des Berufungsgerichts dazu gefehlt habe, ob B tatsächlich gutgläubig war. Der BGH hat die Sache daher nach § 563 I ZPO an das Berufungsgericht zurückverwiesen. 143

IV. Rechtliche Einordnung

1. Entsprechend dem Traditionsprinzip verlangt die Übereignung beweglicher Sachen gemäß § 929 S. 1 BGB neben der dinglichen Einigung auch die **Übergabe** der Sache. Dies setzt voraus, dass der Erwerber unmittelbaren oder mittelbaren Besitz auf Veranlassung des Veräußerers erlangt, welcher seinerseits jeglichen Besitz an der Sache aufgeben muss. Nicht ausreichend ist damit etwa, wenn der Erwerber neben dem Veräußerer lediglich Mitbesitz erlangt.[2] Die Einschaltung von Dritten ist hierbei grundsätzlich unproblematisch. So kann die Übergabe etwa auch durch die Aushändigung der Sache durch einen Besitzdiener (§ 855 BGB) des Veräußerers an einen Besitzdiener des Erwerbers bewirkt werden. Ebenso lässt sich die Übergabe durch Zwischenschaltung eines Besitzmittlers (§ 868 BGB) aufseiten eines oder beider Beteiligten vollziehen. 144

2. Der hier relevante **Geheißerwerb** unterscheidet sich von diesen Konstellationen dadurch, dass der Veräußerer weder unmittelbaren noch mittelbaren Besitz an der Sache hat. Nach herrschender Meinung steht dies der Übergabe jedoch nicht entgegen. Es genügt, dass die Sache auf Veranlassung des Veräußerers durch einen Dritten in den Besitz des Erwerbers gelangt.[3] Begründet wird dies mit der Erwägung, dass der Veräußerer in diesem Fall immerhin die tatsächliche Macht hat, dem Erwerber durch eine entsprechende Anweisung an einen Dritten den Besitz zu verschaffen; die Besitzverschaffungsmacht wird insoweit dem Besitz selbst gleichgestellt. Dasselbe gilt spiegelbildlich auf Erwerberseite. Für eine Übergabe kann es daher auch ausreichen, wenn der Veräußerer die Sache auf Geheiß des Erwerbers an einen Dritten ausliefert, obwohl der Erwerber selbst dadurch keinen Besitz erlangt. 145

In der Praxis ist der Geheißerwerb vor allem für **Streckengeschäfte** von erheblicher Bedeutung.[4] So lässt sich im Falle einer Veräußerungskette von der Produzentin (P) über die Händlerin (H) hin zum Endkunden (E) die direkte Auslieferung der veräußerten Sache von P an E juristisch in zwei Übereignungstatbestände aufspalten: (1) In der Lieferung der Sache an E liegt zunächst eine Übergabe von P an H, sodass diese – ggf. nur für eine juristische Sekunde – Eigentümerin der Sache wird. (2) Zugleich liegt in der Lieferung durch P auch eine Übergabe von H an E. Zwar ließe sich auch daran denken, in der Auslieferung der Sache unmittelbar eine Übereignung durch P an E anzunehmen. Dies hätte jedoch zur Folge, dass ein etwaig vereinbarter Eigentumsvorbehalt im Verhältnis zwischen H und E obsolet würde. Vor diesem Hintergrund kann nicht angenommen werden, dass P die Sache unmittelbar an E übereignen will. Vielmehr ist davon auszugehen, dass sie lediglich ihre schuldrechtliche Verpflichtung gegenüber H erfüllen will.[5] 146

3. Fehlt dem Veräußerer, der eine Geheißperson einsetzt, die Verfügungsbefugnis, ergeben sich zunächst keine Besonderheiten. Die Übereignung erfolgt hier unzweifelhaft nach §§ 929 S. 1, 932 I BGB. Problematisch sind jedoch solche Konstellationen, in denen 147

2 BGH NJW 1979, 714 (715).
3 Siehe etwa MüKo-BGB/*Oechsler*, § 929 Rn. 68 ff.
4 Siehe etwa *Vieweg/Lorz*, Sachenrecht, § 4 Rn. 32.
5 MüKo-BGB/*Oechsler*, § 929 Rn. 71.

der nicht berechtigte Veräußerer den wahren Eigentümer durch Täuschung zur Lieferung veranlasst. In einem solchen Fall des **Scheingeheißerwerbs** ordnet sich der Dritte gerade nicht der Weisung des Veräußerers unter, sondern handelt vielmehr im eigenen Namen. Fraglich ist hier, ob es genügt, dass sich die Lieferung aus der Sicht des Erwerbers als eine Lieferung des Veräußerers darstellt. Der Streit wurzelt darin, dass die §§ 932 ff. BGB den Schutz des guten Glaubens an das Eigentum des Veräußerers grundsätzlich an die Besitzlage knüpfen (vgl. auch § 1006 BGB). Ob es einen hinreichenden Rechtsscheinträger darstellt, wenn sich der Dritte allein aus der Sicht des Erwerbers dem Geheiß des Veräußerers unterordnet, ist umstritten.

148 Die Möglichkeit des gutgläubigen Eigentumserwerbs von einer Scheingeheißperson wird teilweise mit dem Argument abgelehnt, dass der Erwerber lediglich an das Vorhandensein eines Rechtsscheinträgers (Besitzverschaffungsmacht) seitens des Veräußerers vertraut. Dieser müsse jedoch gerade objektiv vorliegen.[6]

149 Demgegenüber bejaht der BGH im vorliegenden Fall die Anwendbarkeit des § 932 I BGB auf den Scheingeheißerwerb unter Hinweis auf die Schutzbedürftigkeit des Erwerbers. Diese Erwägungen bestätigte der BGH später im sog. „Hemden-Fall".[7] In der Literatur wird zudem darauf verwiesen, dass der Veräußerer tatsächlich in der Lage ist, dem Erwerber den Besitz zu verschaffen. Aber auch wenn man dies als Rechtsscheinträger nicht genügen lassen wollte, kann § 934 Alt. 2 BGB entnommen werden, dass ein gutgläubiger Erwerb von einem besitzlosen Veräußerer nicht per se ausgeschlossen ist. Schließlich soll auch § 935 I S. 1 BGB belegen, dass die Scheingeheißperson nicht schutzwürdig ist, wenn diese die Sache selbst aus der Hand gibt.[8]

150 **4.** Im Zusammenhang mit dem Scheingeheißerwerb stellt sich in der Fallbearbeitung regelmäßig die Frage nach **kondiktionsrechtlichen Ansprüchen** des wahren Eigentümers. Vorliegend könnte K gegen B etwa ein Anspruch aus § 812 I S. 1 Alt. 1 BGB (Leistungskondiktion) zustehen. Unter einer Leistung wird eine bewusste und zweckgerichtete Vermehrung fremden Vermögens verstanden. Aus der Perspektive des K kann eine derartige Vermögensmehrung der B durch K durchaus angenommen werden. Indes kommt es auf seine Perspektive nach der ganz herrschenden Meinung gerade nicht an. Maßgeblich ist vielmehr, als wessen Leistung sich die Zuwendung bei objektiver Betrachtungsweise aus der Sicht des Zuwendungsempfängers, also der B, darstellt.[9] Nach diesem Maßstab lag hier eine Leistung des H vor. Eine Leistungskondiktion des K scheidet mithin aus.

151 In Betracht kommt somit allenfalls ein Anspruch des K aus § 812 I S. 1 Alt. 2 BGB (Eingriffskondiktion). Dieser Anspruch scheitert allerdings aufgrund des Vorrangs der Leistungsbeziehung zwischen B und H.

152 Ohnehin kommt ein Kondiktionsanspruch des K gegen B nicht in Betracht, wenn man – in Übereinstimmung mit der Rechtsprechung des BGH – die Möglichkeit eines Scheingeheißerwerbs bejaht und die Voraussetzungen der §§ 929 S. 1, 932 BGB erfüllt sind. In diesem Fall hat B das Eigentum wirksam erworben, sodass es an einem Erwerb ohne rechtlichen Grund fehlt; das gutgläubig erworbene Eigentum ist kondiktionsfest.[10]

6 *Medicus/Petersen*, Bürgerliches Recht, Rn. 564.
7 BGH NJW 1974, 1132 (1134).
8 Siehe zum Ganzen etwa MüKo-BGB/*Oechsler*, § 932 Rn. 17.
9 BGH NJW 1974, 1132 (1133).
10 *Wellenhofer*, Sachenrecht, § 8 Rn. 42.

V. Vertiefungsfragen

1. Im vorliegenden Fall hat W die Lieferung für B entgegengenommen. Auf wessen guten Glauben kommt es im Rahmen des § 932 BGB an? 153
   → siehe *Vieweg/Lorz*, Sachenrecht, § 5 Rn. 29
2. Die 16-jährige M veräußert an den 18-jährigen B ein Skateboard, das M sich von ihrer Freundin geliehen hatte. Hat B gemäß §§ 929 S. 1, 932 BGB Eigentum erworben, wenn B hinsichtlich der Eigentümerstellung der M gutgläubig war?
   → siehe *Wellenhofer*, Sachenrecht, § 8 Rn. 27
3. V veräußert einen E-Scooter der E an den gutgläubigen G und behauptet dabei, der E-Scooter gehöre dem D. Tatsächlich befindet sich der E-Scooter im Besitz des D, welcher der Veräußerung zustimmt und den E-Scooter an G übergibt. Hat G das Eigentum an dem E-Scooter von V gemäß §§ 929 S. 1, 932 BGB erworben?
   → siehe *Vieweg/Lorz*, Sachenrecht, § 5 Rn. 20

Weitere Vertiefung und Wiederholung bei Jurafuchs auf jurafuchs.de oder in der Jurafuchs App:

Fall 9: Probefahrt

BGH, Urteil vom 18.9.2020 – V ZR 8/19 = NJW 2020, 3711

Gutgläubiger Eigentumserwerb (§§ 929 S. 1, 932 BGB) | Sorgfaltsanforderungen beim Erwerb eines gebrauchten Pkw (§ 932 II BGB) | Ausschluss des gutgläubigen Erwerbs (§ 935 BGB) | Besitzdiener (§ 855 BGB)

I. Sachverhalt

154 A betreibt ein Autohaus. Ende August 2017 erschien dort I und gab vor, sich für einen von A als Vorführwagen genutzten Pkw zu interessieren. Er bat um eine Probefahrt und legte täuschend echt gefälschte Ausweisdokumente (Führerschein und Personalausweis) vor. Auf dieser Grundlage schlossen A und I einen „Fahrzeug-Benutzungsvertrag", der eine unbegleitete Probefahrt von 11:30 Uhr bis 12:30 Uhr vorsah. A übergab I das Fahrzeug samt passendem Schlüssel sowie eine Kopie des Fahrzeugscheins. I brachte den Pkw jedoch nicht zurück, sondern bot ihn kurz darauf über eine Online-Plattform zum Verkauf an.

Bei einem telefonisch vereinbarten Treffen am Hauptbahnhof übergab I der gutgläubigen B die auf seinen (falschen) Namen ausgestellten Zulassungsbescheinigungen Teil I und II. Diese waren auf gestohlenen Originalvordrucken gefälscht, enthielten aber die zutreffende Fahrzeug-Identifikationsnummer. B erkannte die Fälschung nicht und erwarb das Fahrzeug für 46.500 Euro. Einige Tage später wurde ihr die Zulassung verweigert, weil A das Fahrzeug inzwischen als gestohlen gemeldet hatte.

Kann A von B die Herausgabe des Pkw verlangen?

II. Zentrale Probleme

155 Ausgangspunkt bildet ein möglicher Anspruch des A gegen B aus § 985 BGB. Dieser setzt voraus, dass A noch Eigentümer des Pkw ist. Das ist zweifelhaft, weil B das Eigentum möglicherweise gutgläubig von I nach §§ 929 S. 1, 932 BGB erworben hat. Neben einer dinglichen Einigung setzt dies zunächst die Übergabe des Pkw voraus, was hier unproblematisch ist. Mangels Berechtigung des I muss B im Zeitpunkt des Besitzerwerbs zudem gutgläubig in Bezug auf das Eigentum des I gewesen sein. Angesichts des Umstands, dass es sich um ein Geschäft über 46.500 Euro handelte, das an einem Bahnhof abgewickelt wurde, bestehen daran zumindest Zweifel. Jedenfalls haben sich für den Erwerb eines gebrauchten Kraftfahrzeugs besonders hohe Sorgfaltsanforderungen etabliert, die auch im vorliegenden Fall zu beachten sind.

156 Nimmt man die Gutgläubigkeit der B an, könnte ein Eigentumserwerb an § 935 I S. 1 BGB scheitern. Danach ist ein gutgläubiger Eigentumserwerb nach den §§ 932 ff. BGB ausgeschlossen, wenn die Sache dem A abhandengekommen war. Dies ist der Fall, wenn A seinen unmittelbaren Besitz an dem Pkw unfreiwillig verloren hat. Vor diesem Hintergrund stellt sich die Frage, wie die Besitzlage bei einer unbegleiteten Probefahrt rechtlich zu beurteilen ist.

III. Die Entscheidung des BGH

Der BGH gelangt zu dem Ergebnis, dass B das Eigentum an dem Pkw wirksam von I gemäß §§ 929 S. 1, 932 BGB erworben hat. Hierfür begründet er zunächst ausführlich, weshalb der Pkw dem A nicht im Sinne des § 935 I S. 1 BGB abhandengekommen ist: 157

> [9] [...] Eine bewegliche Sache kommt ihrem Eigentümer abhanden, wenn dieser den Besitz an ihr unfreiwillig verliert [...]. [A] hat ihren unmittelbaren Besitz nicht deshalb unfreiwillig verloren, weil der vermeintliche Kaufinteressent über seine wahren Absichten getäuscht hat. Eine Besitzaufgabe ist nicht unfreiwillig, wenn sie durch Täuschung bestimmt worden ist [...].
>
> [10] b) Rechtsfehlerfrei geht das BerGer. allerdings davon aus, dass [A] die tatsächliche Gewalt über das Fahrzeug bei dessen Überlassung zum Zwecke der Probefahrt nicht nur gelockert, sondern auf den (vermeintlichen) Kaufinteressenten übertragen hat. Die Überlassung eines Kraftfahrzeugs durch den Verkäufer zu einer unbegleiteten und auch nicht anderweitig überwachten Probefahrt eines Kaufinteressenten auf öffentlichen Straßen für eine gewisse Dauer (hier eine Stunde) ist keine Besitzlockerung, sondern führt [...] zu einem freiwilligen Besitzverlust. [...]
>
> [13] Wird der Schlüssel für eine kurze Probefahrt ausgehändigt, kann dies gegen eine Übertragung des unmittelbaren Besitzes und für eine bloße Besitzlockerung sprechen, weil nur die auf eine gewisse Dauer angelegte Sachherrschaft als Besitz angesehen wird [...]. Für eine unbegleitete und auch nicht durch technische Vorrichtungen, die einer Begleitung vergleichbar sind, gesicherte Probefahrt von einer Stunde kann das indessen nicht gelten. Denn in diesem Fall bleibt der Verkäufer weder in einer engen räumlichen Beziehung zu dem Fahrzeug noch ist die Sachherrschaft des Probefahrers so flüchtig, dass ihm die Einwirkungsmöglichkeit auf die Sache nach der Verkehrsanschauung abzusprechen wäre. Vielmehr kann dieser während der Probefahrt beliebig auf das Fahrzeug einwirken, während dem Verkäufer schon wegen der Distanz, die in einer Stunde zurückgelegt werden kann, jede Kontrolle über das Fahrzeug fehlt. Die Überlassung des Fahrzeugs kann daher nicht mit einer nur kurzfristigen Aushändigung eines Gegenstands zur Ansicht innerhalb der Sphäre des bisherigen Besitzers oder ähnlichen lediglich flüchtigen Sachbeziehungen, die den unmittelbaren Besitz nicht aufheben [...], gleichgesetzt werden.

Eine andere Bewertung wäre nur dann denkbar, wenn I Besitzdiener des A im Sinne des § 855 BGB gewesen wäre. Der BGH erinnert insoweit zunächst daran, dass ein Abhandenkommen unter Umständen auch durch das eigenmächtige Verhalten eines Besitzdieners eintreten kann: 158

> [16] aa) Im Ausgangspunkt geht das BerGer. in Einklang mit der Rechtsprechung des Senats allerdings zutreffend davon aus, dass ein unfreiwilliger Besitzverlust iSd § 935 I BGB – unter im Einzelnen streitigen Bedingungen – auch durch das eigenmächtige Handeln eines Besitzdieners eintreten kann [...].

Die eigentliche Kernfrage lautet daher, ob ein Kaufinteressent bei einer Probefahrt als Besitzdiener des Verkäufers anzusehen ist. Dies verneint der BGH ausführlich: 159

> [21] cc) Der Senat hat die Frage bisher offengelassen [...]. Er entscheidet sie dahin, dass in Fällen wie dem vorliegenden weder eine unmittelbare noch eine entsprechende Anwendung des § 855 BGB in Betracht kommt. Ein Kaufinteressent, der eine Probefahrt mit einem Kraftfahrzeug unternimmt, ist nicht Besitzdiener des Verkäufers. Ist – wie hier – mit

der Überlassung des Fahrzeugs keine bloße Besitzlockerung verbunden, liegt daher kein Abhandenkommen iSd § 935 BGB vor, wenn das Fahrzeug nicht zurückgegeben wurde.

[22] (1) Besitzdiener ist nach § 855 BGB, wer die tatsächliche Gewalt über eine Sache für einen anderen in dessen Haushalt oder Erwerbsgeschäft oder in einem ähnlichen Verhältnis ausübt, vermöge dessen er den sich auf die Sache beziehenden Weisungen des anderen Folge zu leisten hat. Auch für das hier nur in Betracht kommende „ähnliche Verhältnis" muss ein nach außen erkennbares soziales Abhängigkeitsverhältnis begründet werden, das dem Besitzherrn zumindest faktisch die Möglichkeit gibt, seinen Willen gegenüber dem Besitzdiener durchzusetzen. Besitzdiener ist nicht jeder, der Weisungen des Eigentümers der Sache zu befolgen hat, sondern nur derjenige, demgegenüber der Eigentümer die Einhaltung seiner Weisungen im Nichtbefolgungsfall aufgrund eines Direktionsrechts oder vergleichbarer Befugnisse unmittelbar selbst durchsetzen kann [...]. Dies geht nicht nur in eindeutiger Weise aus dem Wortlaut der Vorschrift hervor, sondern auch aus der Gesetzgebungsgeschichte. Die von dem Gesetz genannten Fälle – Ausübung der unmittelbaren Gewalt über die Sache im Haushalt des Besitzherrn oder in dessen Erwerbsgeschäft – machen deutlich, dass das Weisungsrecht seine Grundlage in einem Rechtsverhältnis finden und diesem Rechtsverhältnis das Gepräge geben muss [...]. Die sich aus dem Gesetz ergebenden Erfordernisse der Fremdnützigkeit und der Weisungsgebundenheit stehen dabei in einer inneren Abhängigkeit und stellen die Abgrenzungskriterien zu einem Besitzmittlungsverhältnis dar [...]. An einem solchen sozialen Abhängigkeitsverhältnis fehlt es zwischen einem Kaufinteressenten und dem Verkäufer [...].

[23] (2) Auch kommt eine analoge Anwendung des § 855 BGB nicht in Betracht.

[24] (a) Dabei kann offenbleiben, ob § 855 BGB, der in seinem Tatbestand mit dem „ähnlichen Verhältnis" bereits eine Erweiterung gegenüber den anderen beiden genannten Fällen enthält, überhaupt analogiefähig ist. Die Vorschrift begründet eine Ausnahme von dem Grundsatz, dass derjenige, der die tatsächliche Gewalt über eine Sache ausübt, als deren unmittelbarer Besitzer anzusehen ist [...]. Sie stellt eine besondere Zurechnungsnorm für den Fall dar, dass sich der Besitzer bei der Ausübung der tatsächlichen Gewalt Hilfspersonen bedient [...]. Als Ausnahmevorschrift erfordert sie grundsätzlich ein enges Verständnis. Die Frage bedarf hier aber keiner Entscheidung, da eine entsprechende Heranziehung der Vorschrift allenfalls in den Fällen in Betracht kommt, in denen sich eine Person aus Gefälligkeit – mithin nicht aufgrund eines Rechtsverhältnisses [...] – den Weisungen des Besitzers unterwirft [...]. Ein solcher Fall ist hier nicht gegeben.

[25] (b) Die Überlassung eines Kraftfahrzeugs an einen Kaufinteressenten zum Zweck einer Probefahrt stellt kein derartiges Gefälligkeitsverhältnis dar. [...]

[26] [...] Vielmehr wird dem Kaufinteressenten das Fahrzeug im Rahmen der Vertragsanbahnung anvertraut (vgl. § 311 II Nr. 2 BGB). Es liegt somit ein gesetzliches Schuldverhältnis vor [...], aus dem sich nach § 241 II BGB zwischen den Beteiligten Rechte und Pflichten ergeben. Dieses gesetzliche Schuldverhältnis begründet kein Direktionsrecht des Verkäufers gegenüber dem Kaufinteressenten. Dass Letzterer in Bezug auf das Fahrzeug Weisungen bzw. Vorgaben zum Umgang mit der Sache unterworfen ist, ändert hieran nichts. Denn sie entspringen – nicht anders als bei einem Mieter, Entleiher oder Verwahrer – einem allein auf die Sache bezogenen Rechtsverhältnis, welches zugleich ein – von der Besitzdienerschaft abzugrenzendes – Besitzmittlungsverhältnis (§ 868 BGB) begründet. Das Vertragsanbahnungsverhältnis stellt sich, wenn dem Kaufinteressenten die Sache zur Ansicht oder Probe außerhalb der Sphäre des Verkäufers anvertraut wurde, als ein den in § 868 BGB angeführten Beispielen der Miete und Verwahrung ähnliches Verhältnis dar.

> Demgegenüber folgt die Weisungsunterworfenheit eines Besitzdieners aus einem über den rechtlichen Bezug zur Sache hinausgehenden Verhältnis zum Besitzherrn [...]. Anders als für ein Gefälligkeitsverhältnis typisch, ist die Probefahrt eines Kaufinteressenten auch nicht für einen der Beteiligten in erster Linie fremdnützig. Sowohl der Probefahrer als auch der Verkäufer verfolgen allein eigene Interessen; der Probefahrer will das Fahrzeug im Straßenverkehr auf dessen Fahreigenschaften und Funktionalität prüfen; der Verkäufer möchte mit dem Fahrer über kurz oder lang einen Vertrag abschließen.

Da § 935 I S. 1 BGB somit nicht eingreift, hängt der Eigentumserwerb der B nur noch 160
davon ab, ob sie im Sinne des § 932 II BGB gutgläubig war. Das bejaht der BGH auf der Grundlage der tatrichterlichen Feststellungen. Insbesondere habe B nicht grob fahrlässig gehandelt. Grobe Fahrlässigkeit setzt voraus, dass die im Verkehr erforderliche Sorgfalt nach den gesamten Umständen in besonders hohem Maße verletzt wurde, also unbeachtet blieb, was sich einem verständigen Menschen in der konkreten Situation geradezu aufdrängen musste. Für den Erwerb gebrauchter Kraftfahrzeuge hat die Rechtsprechung hierzu konkrete Maßstäbe entwickelt:

> [29] [...] Danach begründet der Besitz des Fahrzeugs allein nicht den für den Gutglaubenserwerb nach § 932 BGB erforderlichen Rechtsschein. Vielmehr gehört es regelmäßig zu den Mindesterfordernissen für einen gutgläubigen Erwerb eines gebrauchten Kraftfahrzeugs, dass sich der Erwerber den Kraftfahrzeugbrief (§ 25 IV 2 StVZO aF) bzw. die Zulassungsbescheinigung Teil II (§ 12 VI FZV a. F.) vorlegen lässt, um die Berechtigung des Veräußerers zu prüfen. Auch wenn der Veräußerer im Besitz des Fahrzeugs und des Briefs ist, kann der Erwerber gleichwohl bösgläubig sein, wenn besondere Umstände seinen Verdacht erregen mussten und er diese unbeachtet lässt. Eine allgemeine Nachforschungspflicht des Erwerbers besteht hingegen nicht [...].

Diese Anforderungen hat die B nach Auffassung des BGH erfüllt. Sie ließ sich die Zulas- 161
sungsbescheinigung Teil II vorlegen; dass es sich um eine Fälschung handelte, war für sie nicht erkennbar. Auch die Abwicklung des Geschäfts am Hauptbahnhof soll für sich genommen nicht genügen, um weitergehende Nachforschungspflichten zu begründen:

> [30] [...] Das BerGer. verneint auch ohne Rechtsfehler das Vorliegen besonderer Umstände, die eine weitergehende Nachforschungspflicht der Bekl. hätten begründen können. Zwar gebietet der Straßenverkauf im Gebrauchtwagenhandel besondere Vorsicht, weil er erfahrungsgemäß das Risiko der Entdeckung eines gestohlenen Fahrzeugs mindert. Ein Straßenverkauf führt aber als solcher noch nicht zu weitergehenden Nachforschungspflichten, wenn er sich für den Erwerber als nicht weiter auffällig darstellt [...].

Im Ergebnis hat B damit gutgläubig Eigentum an dem Fahrzeug erworben. A ist nicht 162
mehr Eigentümer und kann von B deshalb keine Herausgabe nach § 985 BGB verlangen.

IV. Rechtliche Einordnung

1. Für juristische Laien mag es zunächst erstaunlich wirken, dass die Rechtsordnung 163
nach §§ 932 ff. BGB den **Erwerb von Eigentum auch von einem Nichtberechtigten** zulässt. Da der wahre Eigentümer dadurch sein Eigentum verliert, handelt es sich um ein Rechtsgeschäft zulasten Dritter, was jedenfalls im Schuldrecht grundsätzlich nicht geduldet wird.[1] Die Bevorzugung des gutgläubigen Erwerbers gegenüber dem früheren

1 Siehe etwa BeckOK-BGB/*Janoscheck*, § 328 Rn. 5.

Eigentümer wird dabei mit dem Schutz des Rechtsverkehrs begründet: Könnte Eigentum nur vom Berechtigten übertragen werden, wäre jedes auf Übereignung gerichtete Geschäft mit erheblichen Unsicherheiten belastet. Der Erwerber müsste sich stets darüber vergewissern, dass der Veräußerer tatsächlich Eigentümer ist. Dieser Aufwand wäre mit den Anforderungen eines funktionierenden Wirtschaftslebens kaum vereinbar. Die Vorschriften über den gutgläubigen Erwerb gemäß §§ 932 ff. BGB dienen daher der **Verkehrssicherheit** und tragen dazu bei, den Handel mit beweglichen Sachen praktikabel zu gestalten.[2]

164 **2.** Der Schutz der Verkehrssicherheit ist allerdings nur bei einem **Verkehrsgeschäft** erforderlich.[3] Dieses verlangt nicht nur einen rechtsgeschäftlichen Erwerb, sondern auch, dass auf Erwerberseite wirtschaftlich betrachtet mindestens eine Person beteiligt ist, die nicht zugleich auf Veräußererseite steht. Daran fehlt es etwa, wenn zwei Gesellschaften bürgerlichen Rechts miteinander kontrahieren, die aus denselben Gesellschaftern bestehen. Selbst eine etwaige Bösgläubigkeit einzelner Gesellschafter würde dem gutgläubigen Erwerb nicht zwingend entgegenstehen. So ist gemäß § 166 I BGB allein der gute Glaube des Stellvertreters maßgeblich. Gleichwohl besteht in diesem Fall kein Bedürfnis, den Rechtsverkehr zu schützen. Der Anwendungsbereich der §§ 932 ff. BGB ist daher in solchen Fällen teleologisch zu reduzieren.

165 **3.1** Ein Schutzbedürfnis aufseiten des Erwerbers entfällt zudem, wenn dieser hinsichtlich der fehlenden Eigentümerstellung des Veräußerers bösgläubig ist. Anders als im Immobiliarsachenrecht (§ 892 BGB), wo das Grundbuch einen besonders starken Rechtsschein vermittelt, scheidet ein gutgläubiger Erwerb beweglicher Sachen gemäß § 932 II BGB bereits dann aus, wenn dem Erwerber infolge grober Fahrlässigkeit unbekannt geblieben ist, dass der Veräußerer nicht Eigentümer ist.

166 Der **gute Glaube** an eine bloße Verfügungsbefugnis – etwa an eine Einwilligung des Eigentümers nach § 185 I BGB – ist grundsätzlich nicht geschützt. § 366 I HGB enthält jedoch eine bedeutsame Ausnahme. Sie trägt dem Umstand Rechnung, dass im Handelsverkehr häufig bekannt ist, dass der Veräußerer nicht selbst Eigentümer ist, sondern etwa als Kommissionär im eigenen Namen für fremde Rechnung handelt. Um gleichwohl schnelle und sichere Geschäftsabschlüsse zu ermöglichen, erstreckt § 366 HGB den Gutglaubensschutz auf die Verfügungsbefugnis.

167 **3.2** Der BGH bestätigt im vorliegenden Fall, dass beim **Gebrauchtwagenkauf** grobe Fahrlässigkeit erst dann ausscheidet, wenn sich der Erwerber den Kfz-Brief (Zulassungsbescheinigung Teil II) vorlegen lässt und diese den Veräußerer ausweist (Rn. 29). Zwar verbrieft diese Bescheinigung nicht unmittelbar das Eigentum an einem Fahrzeug. Nichtsdestoweniger dient sie der Sicherung des Eigentums oder anderer Rechte am Fahrzeug.[4] So hat die Zulassungsbehörde nach § 6 III FZV bei der Anmeldung eines Fahrzeugs die Vorlage der Zulassungsbescheinigung Teil II zu verlangen. Diese wird gemäß § 14 I S. 1 FZV wiederum nur ausgestellt, wenn die Verfügungsberechtigung des Antragstellers nachgewiesen ist. Die Bescheinigung stellt damit zumindest ein Indiz für das Eigentum dar. Lässt sich der Erwerber diese Bescheinigung vorlegen und erkennt – wie hier – eine gefälschte Urkunde nicht als solche, so trifft ihn keine weitergehende Nachforschungspflicht, sofern keine weiteren Verdachtsmomente vorliegen.

---

2 MüKo-BGB/*Oechsler*, § 932 Rn. 1; *Baur/Stürner*, Sachenrecht, § 52 Rn. 8.

3 Siehe etwa *Wellenhofer*, Sachenrecht, § 8 Rn. 2 f.; *Wilhelm*, Sachenrecht, Rn. 925; kritisch MüKo-BGB/*Oechsler*, § 932 Rn. 36; siehe hierzu auch Fall 20 – Lastenfreies Grundstück.

4 BGH NJW 1975, 735 (736); BGH NJW 2013, 1946 Rn. 14.

3.3 Besonderheiten gelten beim **gewerblichen Autohandel**: Hier soll die fehlende Eintragung des Veräußerers in der Bescheinigung für sich allein keine Bösgläubigkeit des Erwerbers begründen. Hintergrund ist, dass es im Gebrauchtwagenhandel nicht ungewöhnlich ist, Fahrzeuge ohne vorherige Umschreibung weiterzuveräußern.[5] 168

4. Neben der Gutgläubigkeit des Erwerbers setzt der gutgläubige Erwerb nach den §§ 932 ff. BGB in objektiver Hinsicht zudem einen auf Besitz beruhenden **Rechtsschein** voraus. Maßgeblich ist insoweit, ob der gute Glaube des Erwerbers auch schutzwürdig ist. Die Vorschriften knüpfen dabei an unterschiedliche Besitzkonstellationen zwischen Veräußerer und Erwerber an. Ihnen ist jedoch gemeinsam, dass der Erwerber eine eigene Besitzposition erlangen und der Veräußerer den Besitz vollständig aufgeben muss.[6] 169

5. Selbst im Falle der (berechtigten) Gutgläubigkeit des Erwerbers setzt sich das Interesse des bisherigen Eigentümers am Fortbestand seines Eigentums gegenüber dem Verkehrsinteresse dann durch, wenn die Sache dem Eigentümer gestohlen worden, verloren gegangen oder sonst **abhandengekommen** war, § 935 I S. 1 BGB. Ein gutgläubiger Erwerb ist mithin immer dann ausgeschlossen, wenn der Eigentümer seinen unmittelbaren Besitz unfreiwillig verloren hat. Oder umgekehrt formuliert: Der Gesetzgeber hält den ursprünglichen Eigentümer immer dann nicht für schutzwürdig, wenn er seine Sache selbst „aus den Händen gegeben" hat. 170

War der Eigentümer nur mittelbarer Besitzer, greift § 935 I S. 2 BGB ein. Dann ist der gutgläubige Erwerb nur ausgeschlossen, wenn die Sache dem unmittelbaren Besitzer abhandengekommen ist. 171

5.1 Ob der Besitzverlust **freiwillig** war, richtet sich grundsätzlich nach dem tatsächlichen Willen des bisherigen Besitzers. Unbeachtlich ist damit, ob der Wille auf einem Irrtum beruht (Rn. 9). 172

Umstritten ist allerdings, ob dasselbe auch bei einer Herausgabe unter widerrechtlicher Drohung gilt. Teilweise wird in solchen Fällen stets ein Abhandenkommen angenommen.[7] Andere wollen die Freiwilligkeit nur dann verneinen, wenn der seelische Zwang einer unwiderstehlichen körperlichen Gewalt gleichkommt.[8] 173

Streit besteht auch in Fällen, in denen geschäftsunfähige oder beschränkt geschäftsfähige Personen die Sache herausgeben. Nach wohl überwiegender Ansicht ist die Weggabe durch einen Geschäftsunfähigen stets unfreiwillig; bei beschränkt Geschäftsfähigen soll hingegen entsprechend § 828 III BGB auf die Einsichtsfähigkeit im Einzelfall abzustellen sein.[9] 174

5.2 Unproblematisch liegt ein Abhandenkommen vor, wenn die Sachherrschaft aufseiten eines **Besitzdieners** des Eigentümers unfreiwillig aufgehoben wird. Streit besteht hingegen darüber, wie Fälle zu behandeln sind, in denen der Besitzdiener die Sache freiwillig, aber ohne den Willen des Eigentümers aus der Hand gibt. Teilweise wird vertreten, der Besitzdiener sei im Rahmen des § 935 BGB wie ein Besitzmittler zu behandeln, sodass gemäß § 935 I S. 2 BGB allein auf dessen Willen abzustellen sei.[10] Der BGH lehnt diese Auffassung jedoch ab und folgt damit der wohl überwiegenden Ansicht: 175

---

5 OLG Braunschweig BeckRS 2019, 814.

6 *Baur/Stürner*, Sachenrecht, § 52 Rn. 3; siehe auch Fall 10 – Fräsmaschine.

7 BeckOK-BGB/*Kindl*, § 935 Rn. 9; *Baur/Stürner*, Sachenrecht, § 52 Rn. 43.

8 MüKo-BGB/*Oechsler*, § 935 Rn. 7.

9 BeckOK-BGB/*Kindl*, § 935 Rn. 8; Erman/*Bayer*, BGB, § 935 Rn. 3; *Wellenhofer*, Sachenrecht, § 8 Rn. 29; a. A. *Wilhelm*, Sachenrecht, Rn. 963, wonach insgesamt auf die §§ 104 ff. BGB abzustellen ist.

10 MüKo-BGB/*Oechsler*, § 935 Rn. 10; einschränkend auch Staudinger/*Heinze*, BGB, § 935 Rn. 14.

Nach seiner Auffassung (Rn. 16) bleibt es vielmehr dabei, dass der Besitzdiener keinen Besitz hat (§ 855 BGB), sodass es auf seinen Willen nicht ankommen kann.[11] Vor diesem Hintergrund überzeugt es, dass sich der BGH eingehend mit der Frage auseinandersetzt, ob I im Rahmen der Probefahrt als Besitzdiener des A anzusehen war – und diese Frage im Ergebnis verneint (Rn. 21 ff.).

176 **5.3** Eine **Ausnahme** vom Ausschluss des gutgläubigen Erwerbs sieht § 935 II BGB für Geld und Inhaberpapiere vor, da diesbezüglich ein gesteigertes Interesse an der Umlauffähigkeit besteht. Aus diesem Zweck folgt zugleich, dass Sammlermünzen nicht unter § 935 II BGB fallen. Als Geld im Sinne dieser Vorschrift gilt nur ein von einem in- oder ausländischen Staat anerkanntes Zahlungsmittel, das zum Umlauf im öffentlichen Zahlungsverkehr bestimmt und geeignet ist.[12]

177 § 935 II BGB erweitert die Erwerbsmöglichkeiten auch auf Fälle öffentlicher Versteigerungen. Erfasst sind damit solche Versteigerungen, die durch einen öffentlich bestellten und vereidigten Versteigerer oder einen Gerichtsvollzieher im Sinne des § 383 II BGB durchgeführt werden. Internetversteigerungen fallen hingegen nicht unter diese Ausnahme, da es an der erforderlichen öffentlichen Bestellung der Plattform fehlt.

V. Vertiefungsfragen

178 **1.** Schadet es der Besitzdienerschaft, wenn sich ein Angestellter den Weisungen der Arbeitgeberin unterwirft, obgleich der Arbeitsvertrag unwirksam ist? Warum (nicht)?
→ siehe Rn. 22 des Urteils

2. Kann B, die gutgläubig das Eigentum an dem Pkw erworben hat, die Herausgabe der Original-Zulassungspapiere und des Zweitschlüssels von A verlangen?
→ siehe Rn. 32 f. des Urteils

3. E und F sind Miteigentümer und Mitbesitzer eines Pkw. F veräußert und übergibt das Auto ohne Wissen des E an den gutgläubigen D. Hat D das Eigentum gemäß §§ 929 S. 1, 932 BGB erworben? Wie wäre der Fall zu beurteilen, wenn E und F zwar Mitbesitzer, F jedoch Alleineigentümerin des Pkw ist?
→ siehe BGH NJW 2014, 1524

Weitere Vertiefung und Wiederholung bei Jurafuchs auf jurafuchs.de oder in der Jurafuchs App:

11 Erman/*Bayer*, BGB, § 935 Rn. 7; *Wilhelm*, Sachenrecht, Rn. 965; *Baur/Stürner*, Sachenrecht, § 52 Rn. 39.
12 BGH NJW 2013, 2888 Rn. 7.

Fall 10: Fräsmaschine

BGH, Urteil vom 27.3.1968 – VIII ZR 11/66 = BGHZ 50, 45 = NJW 1968, 1382

Gutgläubiger Eigentumserwerb (§§ 929 ff., 932 ff. BGB) | Nebenbesitz

I. Sachverhalt

V veräußerte im Dezember 1960 eine Fräsmaschine an K unter Vereinbarung eines 179
Eigentumsvorbehalts.

Im September 1961 nahm K bei D ein Darlehen über 50.000 DM auf. Zur Sicherung dieses Darlehens vereinbarten K und D, dass das Eigentum an der Fräsmaschine auf D übergehen soll. Zugleich sollte K die Fräsmaschine weiterhin nutzen dürfen; sie verblieb daher in ihren Geschäftsräumen. D wusste weder von dem zwischen V und K vereinbarten Eigentumsvorbehalt noch davon, dass die Maschine noch nicht vollständig bezahlt war.

Im August 1962 trat D seine Rechte aus dem Vertrag mit K an B ab. Gleichzeitig vereinbarten D und B, dass das Eigentum an der Fräsmaschine auf B übergehen soll.

Wer ist Eigentümer der Fräsmaschine?

II. Zentrale Probleme

Der Sachverhalt ist durch die Veräußerungskette V → K → D → B gekennzeichnet. Zu 180
prüfen ist, ob auf den einzelnen Stufen dieser Kette jeweils wirksam Eigentum an der Fräsmaschine übertragen wurde.

Im Verhältnis zwischen V und K ist dies eindeutig zu verneinen. Zwar kam es zu 181
einer dinglichen Einigung im Sinne von § 929 S. 1 BGB. Diese stand jedoch unter der aufschiebenden Bedingung der vollständigen Kaufpreiszahlung (§ 158 I BGB). Da diese Bedingung nicht eingetreten ist, verblieb das Eigentum bei V.

Auch zwischen K und D liegt kein wirksamer Eigentumsübergang vor. Dass K im 182
Besitz der Maschine bleiben sollte, ist zunächst unschädlich. Die nach § 929 S. 1 BGB grundsätzlich erforderliche Übergabe kann gemäß § 930 BGB durch ein Besitzkonstitut – hier in Form der Sicherungsabrede – ersetzt werden, durch das D mittelbaren Besitz erlangte. Als Nichtberechtigte konnte K dem D das Eigentum aber allenfalls nach §§ 929 S. 1, 930, 933 BGB verschaffen. Nach § 933 BGB erwirbt der gutgläubige Erwerber das Eigentum jedoch erst dann, wenn ihm die Sache von dem Veräußerer übergeben wird. Dies setzt jedenfalls voraus, dass der Veräußerer den Besitz an der Sache vollständig aufgibt. Daran fehlt es hier. Da K unmittelbare Besitzerin der Fräsmaschine blieb, konnte D kein Eigentum nach §§ 929 S. 1, 930, 933 BGB erwerben.

Fraglich ist, ob B von D das Eigentum erworben hat. Die Übergabe sollte hier gemäß 183
§ 931 BGB durch die Abtretung des Herausgabeanspruchs gegen K ersetzt werden. Da D mangels wirksamer Übereignung Nichtberechtigter war, kommt hier allenfalls eine Übereignung nach §§ 929 S. 1, 931, 934 BGB in Betracht. § 934 Alt. 1 BGB ist dann einschlägig, wenn D mittelbarer Besitzer war. Dies liegt aufgrund der Sicherungsabrede zwischen D und K zwar nahe. Der BGH hatte sich trotzdem mit der Frage auseinanderzusetzen, ob die fehlgeschlagene Übereignung von K an D gemäß § 139 BGB dazu führt, dass auch die entsprechende Sicherungsabrede nichtig ist.

184 Nimmt man das Fortbestehen des Besitzmittlungsverhältnisses zwischen K und D an, hätte B gemäß §§ 929 S. 1, 931, 934 Alt. 1 BGB schon mit der Abtretung des Herausgabeanspruchs des D gegen K gutgläubig Eigentum erworben. Dieses Ergebnis erscheint auf den ersten Blick widersprüchlich: Während D durch die bloße Erlangung des mittelbaren Besitzes gerade kein Eigentum erwarb, soll B durch Übernahme desselben Besitzmittlungsverhältnisses Eigentum erhalten. B ist damit nicht näher an die Sache herangerückt als D. Dies wirft die Frage auf, ob § 934 Alt. 1 BGB insoweit teleologisch zu reduzieren ist, um einen Eigentumserwerb auch in diesem Fall auszuschließen.

III. Die Entscheidung des BGH

185 Der BGH bestätigt die Entscheidung des Berufungsgerichts, wonach B das Eigentum an der Fräsmaschine durch D gemäß §§ 929 S. 1, 931, 934 Alt. 1 BGB erworben hat. Im Zeitpunkt der Übereignung an B soll D auch mittelbarer Besitzer gewesen sein:

> Diese Ansicht, daß der gutgläubige Erwerber vom Nichteigentümer nicht nur kein Eigentum, sondern durch Besitzkonstitut auch keinen mittelbaren Besitz erlange, wird im Schrifttum unter Berufung auf § 139 BGB [...] vertreten. Wäre sie richtig, so wäre [D] nicht in der Lage gewesen, den mittelbaren Besitz zu übertragen, so daß ein gutgläubiger Eigentumserwerb schon am Fehlen der Voraussetzungen des § 934 Halbs. 1 BGB hätte scheitern müssen. Der erkennende Senat hat in einem früheren Urteil offengelassen, ob dieser Meinung gefolgt werden kann [...]. Die Frage bedarf nunmehr der Entscheidung. Sie ist zumindest für Fälle der vorliegenden Art zu verneinen. Der Sicherungsübereignungsvertrag zwischen [K und D] entspricht dem Regelfall eines solchen Vertrages, in dem der Sicherungsgeber trotz Übereignung des Sicherungsgutes weiter im Besitz der Sachen bleiben und sie benutzen und verwahren soll. Wäre der Sicherungsübereignungsvertrag nichtig, so könnte zweifelhaft sein, ob sich das Besitzmittlungsverhältnis aufrechterhalten ließe. Hiervon kann aber nach dem unstreitigen Sachverhalt keine Rede sein. [D] hatte der [K] ein beträchtliches Darlehen gegeben und hatte daher ein schutzwürdiges Interesse daran, eine Sicherung zu erhalten. Wenn auch die Eigentumsverschaffung mißlang, so lag es dennoch im Interesse und im Willen beider Parteien, daß [D] jedenfalls das Anwartschaftsrecht auf Erlangung des Vorbehaltseigentums erhalten sollte [...]. Das hatte zur Folge, daß er mit der Zahlung des Restkaufpreises ohne Weiteres und insbesondere ohne Mitwirkung seines Rechtsvorgängers unmittelbar Eigentümer des Sicherungsgutes werden konnte [...]. War aber die Übertragung des Anwartschaftsrechts wirksam, so besteht kein Grund dafür, daß das Besitzmittlungsverhältnis nichtig sein könnte. (juris, Rn. 12)

186 Gemäß § 934 Alt. 1 BGB konnte B damit vorliegend das Eigentum an der Fräsmaschine durch D schon im Wege der Abtretung des Herausgabeanspruchs gegen K erlangen. Einer teleologischen Korrektur des § 934 Alt. 1 BGB bedürfe es nicht, da bei genauerer Betrachtung kein Wertungswiderspruch zu § 933 BGB bestehe:

> Die Bestimmungen der §§ 933, 934 BGB werden von dem Prinzip beherrscht, daß der Gesetzgeber die Schaffung des mittelbaren Besitzes zum gutgläubigen Erwerb nicht ausreichen läßt, wohl aber seine Übertragung [...]. Da die Vereinbarung des Besitzkonstituts nicht den Besitz des Veräußerers auf den Erwerber überträgt, muß als Voraussetzung für einen gutgläubigen Eigentumserwerb vom Nichteigentümer nach § 933 BGB die Erlangung des unmittelbaren Besitzes hinzutreten. Demgegenüber überträgt die Abtretung des aus einem Besitzmittlerverhältnis fließenden Herausgabeanspruches gemäß § 870 BGB sofort den Besitz des Veräußerers, wenn auch einen mittelbaren. Das Gesetz geht aber von der

> Gleichstellung des mittelbaren mit dem unmittelbaren Besitz aus […]. Dieser Grundsatz der Gleichstellung und der Umstand, daß sich der Veräußerer im Falle der §§ 931, 934 Halbsatz 1 BGB von seinem Besitz vollständig löst, während die Veräußerung im Wege des Besitzkonstituts den Besitz bei dem Veräußerer beläßt, sind der gesetzgeberische Grund dafür, daß das Gesetz in § 934 Halbsatz 1 BGB abweichend von der Regelung des § 933 BGB von dem Sichtbarkeitsprinzip abweicht. Es entspricht dem Willen des Gesetzgebers, daß das Vertrauen eines gutgläubigen Erwerbers, das er dem durch ein Besitzmittlerverhältnis ausgewiesenen mittelbaren Besitz entgegenbringt, ebenso geschützt werden soll wie das Vertrauen auf den unmittelbaren Besitz der Sache selbst, wenn nur, wie das in beiden Fällen vorausgesetzt wird, der Veräußerer sich seines Besitzes völlig entäußert […]. (juris, Rn. 14)

Dabei erkennt der BGH aber durchaus an, dass ähnliche Sachverhalte unterschiedlich beurteilt werden: 187

> […] Es ist in der Tat auffallend, daß wirtschaftlich gleichliegende Sachverhalte verschieden beurteilt werden müssen, je nach dem, ob die eine oder die andere Bestimmung (§ 933 oder § 934 Halbsatz 1 BGB) zur Anwendung kommt, daß also die Anwendung des geltenden Rechts zu unterschiedlichen Ergebnissen führt, deren Berechtigung nicht ohne Weiteres einsichtig ist. In einem Falle wie dem vorliegenden fällt dies besonders auf, weil hier der zweite Sicherungsnehmer, dem die Bestimmung des § 934 Halbsatz 1 BGB zugute kommt, der Vorbehaltssache fernergerückt war als der erste, der gemäß § 933 BGB kein Eigentum erwerben konnte. (juris, Rn. 19)

Allerdings beruht diese Ungleichbehandlung im Ergebnis auf einem hinreichenden Sachgrund: 188

> Entscheidend ist aber, daß der Gesetzgeber bei dieser unterschiedlichen Regelung nicht willkürlich verfahren ist. Beiden Regelungen liegt, wie oben dargelegt ist, das Prinzip zugrunde, daß der unmittelbare Besitz dem mittelbaren gleichzusetzen ist und daß es für den gutgläubigen Eigentumserwerb genügt, wenn sich der Veräußerer seines Besitzes vollständig entledigt, gleichgültig, ob es sich hierbei um mittelbaren oder unmittelbaren Besitz handelt. Diese Regelung ist jedenfalls nicht willkürlich, so daß der Richter nicht in der Lage ist, von dem vom Gesetzgeber klar zum Ausdruck gebrachten Willen abzuweichen. (juris, Rn. 20)

IV. Rechtliche Einordnung

1. Die dargestellten Ausführungen des BGH zum Fortbestehen des Besitzmittlungsverhältnisses im Falle einer gescheiterten Übereignung überzeugen. Insoweit besteht – soweit ersichtlich – kein Widerspruch mehr. 189

2. Die Frage nach dem Verhältnis zwischen § 933 BGB und **§ 934 Alt. 1 BGB** wird hingegen nach wie vor kontrovers diskutiert. Bedenken an der Anwendbarkeit des § 934 Alt. 1 BGB im vorliegenden Fall bestehen deshalb, weil der Erwerber (B) nicht näher an die Sache als der wahre Eigentümer (V) heranrückt, zu dessen Lasten der Eigentumserwerb führen würde; beide sind mittelbare Besitzer. 190

2.1 Als Lösungsansatz wird teilweise die Figur des **mittelbaren Nebenbesitzes** herangezogen. Dieser beruht auf der Annahme, dass die Begründung eines neuen Besitzmittlungsverhältnisses (hier zwischen K und D) nicht per se zum Ende des alten Besitzmittlungsverhältnisses (hier zwischen V und K) führt. Zu berücksichtigen seien vielmehr die tatsächlichen Einwirkungsmöglichkeiten beider Oberbesitzer, die durchaus parallel 191 bestehen können, etwa wenn der Besitzmittler den Überblick verliert oder seine Lage schlicht vertuschen will.[1] In einem solchen Fall eines gleichstufigen mittelbaren Besitzes mehrerer Personen, der auf voneinander unabhängigen Besitzmittlungsverhältnissen beruht,[2] soll § 934 Alt. 1 BGB aber nicht anwendbar sein. Dieser verlange vielmehr mittelbaren Alleinbesitz des Veräußerers: Im Falle des Nebenbesitzes könne es nicht gerechtfertigt werden, einen Nebenbesitzer (Erwerber) gegenüber dem anderen (ursprünglicher Eigentümer) zu privilegieren.[3]

192 **2.2** Gegen die Lehre vom Nebenbesitz wird eingewandt, dass bereits die Figur des Nebenbesitzes nicht anerkannt werden kann.[4] Aus dem Numerus clausus des Sachenrechts folge, dass die aufgezählten Besitzformen in den §§ 866, 868, 871 BGB abschließend seien. Eine Gesetzeslücke fehle daher. Zudem setzen sowohl § 937 BGB (Ersitzung) als auch § 1006 III BGB (Eigentumsvermutung für den mittelbaren Besitzer) die Einheitlichkeit und Ausschließlichkeit des mittelbaren Besitzes voraus.

193 **2.3** Unabhängig von der grundsätzlichen Kritik am Nebenbesitz wird zudem bestritten, dass im vorliegenden Fall überhaupt zwei Besitzmittlungsverhältnisse nebeneinander bestehen.[5] So wird argumentiert, dass K mit Begründung des Besitzmittlungsverhältnisses mit D zugleich das ursprüngliche Besitzmittlungsverhältnis mit V aufgegeben habe. Es entspricht der ganz herrschenden Meinung, dass der mittelbare Besitz – neben den Fällen des Wegfalls des unmittelbaren Besitzes und dem Erlöschen des Herausgabeanspruchs – insbesondere durch eine objektiv erkennbare Änderung des Besitzmittlungswillens endet.[6] Irrelevant ist hierbei, ob die nach außen manifestierte Änderung dieses Willens gerade dem bisherigen bzw. angehenden mittelbaren Besitzer gegenüber zum Ausdruck gebracht wird.[7] Im Einzelfall ist aber fraglich, ob die Anerkennung eines neuen Oberbesitzers tatsächlich zur Beendigung des früheren Besitzmittlungsverhältnisses führt. Das Fortbestehen des Besitzmittlungswillens gegenüber dem früheren Oberbesitzer V könnte sich vorliegend etwa darin zeigen, dass K die Kaufpreisraten weiterzahlt.

194 **2.4** Lehnt man die Lehre vom Nebenbesitz ab, stellt sich die Frage, ob § 934 Alt. 1 BGB im Hinblick auf einen möglichen Wertungswiderspruch zu § 933 BGB teleologisch zu reduzieren ist. Ein solcher Widerspruch lässt sich jedoch mit dem BGH verneinen: Der Gesetzgeber hat den §§ 933, 934 BGB bewusst das Prinzip zugrunde gelegt, dass die bloße Begründung mittelbaren Besitzes für einen gutgläubigen Erwerb nicht ausreichen soll, wohl aber dessen Übertragung. Zur Begründung lässt sich mit dem BGH darauf verweisen, dass es für den gutgläubigen Erwerb insoweit genügt, dass sich der Veräußerer vollständig seines Besitzes entledigt. Diese Voraussetzung ist bei §§ 931, 934 Alt. 1 BGB erfüllt, da durch die Abtretung des Herausgabeanspruchs aus dem Besitzmittlungsverhältnis der mittelbare Besitz übergeht. Dagegen fehlt es im Fall der §§ 930, 933 BGB an einer Besitzaufgabe des Veräußerers. Ein korrekturbedürftiger Wertungswiderspruch lässt sich daher mit guten Gründen verneinen.

195 **3.** Lehnt man den Eigentumserwerb von B gemäß §§ 929 S. 1, 931, 934 Alt. 1 BGB im Einklang mit der Lehre vom Nebenbesitz ab, ist im Anschluss zu fragen, ob B das Eigentum gemäß **§§ 929 S. 1, 931, 934 Alt. 2 BGB** erworben hat. Dies setzt voraus,

1 Vgl. MüKo-BGB/*Oechsler*, § 934 Rn. 8.
2 *Vieweg/Lorz*, Sachenrecht, § 2 Rn. 39.
3 *Medicus/Petersen*, Bürgerliches Recht, Rn. 561.
4 Zum Streit etwa *Vieweg/Lorz*, Sachenrecht, § 2 Rn. 40.
5 *Wilhelm*, Sachenrecht, Rn. 508 ff.
6 *Baur/Stürner*, Sachenrecht, § 7 Rn. 56 ff.
7 BGH NJW 2005, 359 (364).

dass B den Besitz erlangt, wofür grundsätzlich sowohl der unmittelbare als auch der mittelbare Besitz genügt. Den unmittelbaren Besitz hat B nicht erlangt, wohl aber den mittelbaren. Folgt man jedoch der Lehre vom Nebenbesitz, wäre ein Eigentumserwerb auch hier abzulehnen. Es bliebe nämlich dabei, dass B der Sache nicht näherstehet als V. Konsequenterweise müsste daher auch für § 934 Alt. 2 BGB verlangt werden, dass der Erwerber alleinigen Besitz erlangt.

V. Vertiefungsfragen

1. Wie wäre der Fall zu entscheiden, wenn zwischen K und D ein Abtretungsverbot vereinbart worden wäre? 196
   → siehe MüKo-BGB/*Oechsler*, § 934 Rn. 3
2. E veräußert im Rahmen einer laufenden Geschäftsbeziehung Zucker unter Eigentumsvorbehalt an K und lagert diesen im eigenen Namen bei dem Lagerhalter H ein. Als K in finanzielle Schwierigkeiten gerät, tritt er einen vermeintlichen Anspruch auf Herausgabe des Zuckers an den gutgläubigen W ab. H stellt daraufhin einen Lagerschein auf W aus, bestätigt jedoch zugleich gegenüber E, dass er den Zucker weiterhin für E verwahre. Wer ist Eigentümer des Zuckers?
   → siehe RGZ 135, 75
3. S übereignet im Jahr 1970 drei auf einer Baustelle eingesetzte Kompressoren zur Sicherung vertraglicher Ansprüche an die Bank B. Zwei Jahre später übereignet sie dieselben Geräte erneut zur Sicherung an G, für den S Bauarbeiten an einem Gebäude ausführen soll. Nach dem Vertrag ist G im Falle einer Pflichtverletzung berechtigt, die Kompressoren in Besitz zu nehmen. Nachdem S die Bauarbeiten einstellt, nimmt G die Geräte an sich. Hat G Eigentum an den Kompressoren erlangt?
   → siehe BGH NJW 1977, 42

Weitere Vertiefung und Wiederholung bei Jurafuchs auf jurafuchs.de oder in der Jurafuchs App:

Fall 11: Rohstofflieferung

BGH, Urteil vom 3.3.1956 – IV ZR 334/55 = BGHZ 20, 159 = NJW 1956, 788

Verbindung (§ 947 BGB) | Verarbeitung (§ 950 BGB) | antizipierte Sicherungsübereignung

I. Sachverhalt

197 S stellt elektromedizinische Hochfrequenzgeräte her. Zugleich fertigt S passende Gehäuse, wofür sie sich von K mit Aluminiumblechen, Aluminiumprofilen und Aluminiumnieten beliefern lässt. In der entsprechenden Vereinbarung heißt es u. a.:

> *„Der Lieferer behält sich das Eigentumsrecht an der Ware bis zur Erfüllung sämtlicher dem Lieferer gegen den Besteller zustehenden Forderungen ausdrücklich vor. Wird die Ware mit anderen Gegenständen vermischt oder verbunden, so wird der Lieferer entsprechend Miteigentümer. Der Besteller tritt dem Lieferer schon im Voraus das Eigentums- oder Miteigentumsrecht an den vermischten Gegenständen oder dem neuen Gegenstand ab und verwahrt diese mit kaufmännischer Sorgfalt für den Lieferer. Soweit die gelieferte Ware vor der Bezahlung be- oder verarbeitet wird, bleibt sie in jeder Be- oder Verarbeitungsstufe und auch als fertige Ware Eigentum des Lieferers. Eigentumserwerb des Bestellers gemäß § 950 BGB wird ausgeschlossen, da der Besteller das Eigentum für den Lieferer erwirbt und alles Material für diesen lediglich verwahrt. Die Ware darf bis zur vollständigen Bezahlung ohne schriftliche Zustimmung des Lieferers weder verpfändet noch sicherungshalber übereignet werden. Erfolgt Weiterveräußerung, und zwar gleichgültig, ob unbearbeitet, bearbeitet oder verarbeitet, vor der vollständigen Bezahlung, so darf dies nur unter Eigentumsvorbehalt erfolgen. Auf jeden Fall gilt gleichzeitig vereinbart, dass mit der Weiterveräußerung alle Ansprüche des Bestellers gegen seine Abnehmer, insbesondere auf Zahlung des Kaufpreises, an den Lieferer abgetreten sind.“*

Obgleich sich die finanzielle Lage der S zunehmend verschlechterte, bezog sie weiterhin unter den genannten Bedingungen entsprechende Materialien von K, die S zu Gehäusen verarbeitete und anschließend mit den Geräten verband.

S nahm zudem ein Darlehen bei B auf. Zur Sicherung der Darlehensforderung übereignete S die hergestellten Geräte samt Gehäusen an B. Da S in der Folge auch die Forderungen der B aus dem Darlehensvertrag nicht mehr bedienen konnte, ließ sich B die Geräte von S zum Zweck der Verwertung übergeben und veräußerte sie. K verlangt hierfür von B unter Berufung auf ihr Eigentum an den von ihr gelieferten Aluminiumteilen Schadensersatz.

II. Zentrale Probleme

198 K stützt den von ihr geltend gemachten Schadensersatzanspruch – im hier stark vereinfachten Sachverhalt – auf eine Verletzung ihres Eigentums. Als Verletzungshandlung kommt die Veräußerung der Geräte durch B in Betracht. Eine darauf beruhende Eigentumsverletzung setzt jedoch voraus, dass K im Zeitpunkt der Veräußerung überhaupt Eigentümerin der Geräte bzw. der mit ihnen verbundenen Gehäuse war. Damit ist die zentrale Frage aufgeworfen, ob und gegebenenfalls welche Eigentumsposition K nach der Weiterverarbeitung der von ihr gelieferten Aluminiumteile durch S sowie der anschließenden Verbindung der hergestellten Gehäuse mit den Hochfrequenzgeräten innehatte. Im Mittelpunkt steht dabei die Wirkung der zwischen K und S vereinbarten

Verarbeitungsklausel. Darüber hinaus ist zu klären, welchen Einfluss die von S und B beabsichtigte Sicherungsübereignung auf ein etwaiges Eigentum der K hat.

III. Die Entscheidung des BGH

Zwar sind die gelieferten Aluminiumteile zunächst zu Gehäusen verarbeitet worden, 199
sodass es chronologisch eigentlich zunächst darauf ankäme, wem das Eigentum an diesen Gehäusen zusteht. Der BGH setzt jedoch an einem späteren Prüfungspunkt an und untersucht zuerst auf Grundlage von § 947 BGB, ob K ihr – an dieser Stelle unterstelltes – Eigentum an den Gehäusen durch deren Verbindung mit den übrigen Bestandteilen der Geräte verloren hat.

Unproblematisch ist dabei, dass die von S hergestellten Produkte jeweils einheitliche 200
Sachen darstellen, die aus den Geräten und den zugehörigen Gehäusen zusammengesetzt sind. Fraglich ist jedoch, ob die Gehäuse gemäß § 947 I BGB wesentliche Bestandteile im Sinne des § 93 BGB dieser einheitlichen Sachen geworden sind:

> Die Klägerin hatte behauptet, die Geräte könnten durch Lösen weniger Schrauben wieder aus den Gehäusen ausgebaut werden, ohne daß diese oder der Restapparat dadurch zerstört würden. Trifft diese Behauptung zu, dann wären die Gehäuse nach § 93 BGB nur wesentlicher Bestandteil, wenn sie oder die restlichen Bestandteile durch die Trennung in ihrem Wesen verändert würden. Es ist grundsätzlich unerheblich, ob der ganze Apparat durch die Lösung aus dem Gehäuse in seinem Wesen verändert wird, insbesondere, ob das Restgerät nach dem Ausbau aus dem Gehäuse wie bisher weiter genutzt werden kann. Es kommt vielmehr grundsätzlich allein darauf an, ob die verschiedenen Bestandteile durch die Trennung in ihrem Wesen verändert werden. Das hängt davon ab, ob sie nach der Trennung noch in der bisherigen Art wirtschaftlich genutzt werden können, sei es auch erst, nachdem sie zu diesem Zweck wieder mit anderen Sachen verbunden worden sind. (juris, Rn. 68)

An diese Überlegungen anknüpfend arbeitet der BGH die maßgeblichen Kriterien weiter 201
heraus:

> Falls es zutrifft, daß das Gerät aus dem Gehäuse durch Lösen der Verbindungsschrauben entfernt werden kann, ohne daß das Gerät oder das Gehäuse beschädigt wird, dann hätte das Gehäuse, allgemein wirtschaftlich betrachtet, ein Wesen, das ihm selbst auch weiterhin anhaftet, nachdem das Gerät in das Gehäuse eingebaut ist. Dieses Wesen geht nicht in dem Ganzen auf, und es können daher nach einer Trennung Wesen und Zweck des Restgeräts nicht dem Wesen und Zweck des ganzen Apparates gleichgesetzt werden. Eine Veränderung der Eigentumsverhältnisse durch den Einbau des Geräts in das Gehäuse wäre daher nur eingetreten, wenn das Gehäuse selbst durch die Trennung in seinem Wesen verändert wurde. Das könnte der Fall sein, wenn das Gehäuse überhaupt nur für die von der S. hergestellten Geräte verwandt werden könnte, so daß es durch die Trennung wirtschaftlich wertlos würde und nur noch Schrottwert hätte. In diesem Falle wäre das Gehäuse wesentlicher Bestandteil des ganzen Apparats. […] (juris, Rn. 72)

Erweisen sich die Gehäuse nach diesen Maßstäben als wesentliche Bestandteile, stellt 202
sich im Anschluss die Frage nach der Eigentumszuordnung gemäß § 947 BGB. Dabei ist insbesondere zu klären, ob K gemäß § 947 I BGB Miteigentum erworben hat oder ob

nach § 947 II BGB eine Hauptsache vorliegt, sodass deren Eigentümer Alleineigentümer der Gesamtsache wird:

> […] Die Klägerin wäre nach § 947 Abs. 1 BGB Miteigentümerin geworden, wenn nicht gemäß § 947 Abs. 2 BGB der eine Bestandteil gegenüber dem anderen als Hauptsache anzusehen ist. Ob der eigentliche Apparat die Hauptsache gegenüber dem Gehäuse ist, muß das BerGer. noch prüfen. Für die Frage, was als Hauptsache und Nebensache einer aus mehreren Sachen bestehenden einheitlichen Sache anzusehen ist, kommt es auf die Verkehrsanschauung an. Weder das Wertverhältnis noch das Verhältnis des räumlichen Umfangs sind für sich allein entscheidend. Von einer Hauptsache kann nach der Verkehrsauffassung nur dann gesprochen werden, wenn die übrigen Bestandteile fehlen könnten, ohne daß das Wesen der Sache dadurch beeinträchtigt würde […]. Ein solches Verhältnis könnte anzunehmen sein, wenn das Gehäuse im wesentlichen dazu dienen würde, dem Apparat ein besseres Aussehen zu geben, wenn der Apparat auch ohne das Gehäuse seinen eigentlichen und Hauptzweck erfüllen könnte. Hat dagegen das Gehäuse noch andere Aufgaben, soll es insbes. den Apparat und die Personen, die den Apparat bedienen, schützen, oder macht der Einbau des Apparates in das Gehäuse dessen praktische Bedienung erst möglich, dann kann nach der Verkehrsauffassung nicht davon gesprochen werden, daß das Gehäuse im Verhältnis zu den übrigen Bestandteilen nach dem Einbau nur eine Nebensache ist. Dem würde in diesen Fällen nicht entgegenstehen, wenn der Apparat an sich auch ohne das Gehäuse technisch in Betrieb gesetzt werden könnte. Es kommt vielmehr darauf an, ob er im praktischen Gebrauch ohne das Gehäuse gleichfalls verwendbar ist. (juris, Rn. 72)

203 Da auf dieser Grundlage nicht ausgeschlossen werden kann, dass K ihr Eigentum infolge der Verbindung vollständig verloren hat, hat der BGH das Berufungsurteil aufgehoben und die Sache zurückverwiesen (§ 563 I ZPO).

204 Für die erneute Entscheidung des Berufungsgerichts gibt der BGH jedoch weitere Hinweise. Diese beruhen auf der Annahme, dass sich das Eigentum der K an den gelieferten Materialien gemäß § 950 BGB zunächst in den hergestellten Gehäusen fortgesetzt hat. Grundlage hierfür ist ein gesetzlicher Eigentumserwerb kraft Verarbeitung gemäß § 950 I BGB. Obwohl die Gehäuse tatsächlich von S gefertigt wurden, sieht der BGH K als Herstellerin im Sinne dieser Vorschrift an:

> Die Klägerin hat das Eigentum an den von ihr gelieferten Aluminiumblechen nicht etwa schon vorher dadurch verloren, daß diese zu den Gehäusen verarbeitet wurden. Die Frage, wer Hersteller der Gehäuse im Sinne des § 950 BGB war, ist auch hier nach der Lebensanschauung zu entscheiden […]. Maßgebend ist der Standpunkt eines objektiven mit den Verhältnissen vertrauten Beurteilers. Es ist allerdings möglich, daß die Organe der S., als die Aluminiumbleche verarbeitet wurden, überhaupt nicht an das Bestehen des Eigentumsvorbehalts gedacht haben und daß sie sogar der Ansicht waren, der Eigentumsvorbehalt gehe durch die Verarbeitung unter. Dadurch werden sie nicht zum Hersteller im Sinne des § 950 BGB. Werden Rohstoffe unter Eigentumsvorbehalt geliefert und ist dabei vereinbart, daß die Verarbeitung für die Lieferfirma zu erfolgen hat, dann ist vom Standpunkt eines objektiven Beurteilers in der Regel diese Firma Hersteller im Sinne des § 950 BGB. Der Stoff-Lieferant ist nur dann nicht mehr Hersteller, wenn sich die durch die Vereinbarung geschaffene Lage hinsichtlich der Verwahrung und Verarbeitung des Stoffes in solcher Weise geändert hat, daß jetzt von dem bezeichneten Standpunkt aus eine andere Person als Hersteller anzusehen ist. In dem hierzu entscheidenden Rechtsstreit wurden die gelieferten Aluminiumbleche von der Firma, der sie geliefert waren, in der Weise verarbeitet, wie dies

> bei der Vereinbarung des Eigentumsvorbehalts erwartet und vorausgesetzt wurde. Unter diesen Umständen würde selbst der Wille der S., die Bleche entgegen der getroffenen Vereinbarung für sich selbst zu verarbeiten, die Lage nicht so weitgehend ändern, daß allein deswegen die S. als Herstellerin angesehen werden könnte. Dieser Wille wäre ebenso unbeachtlich wie der Wille des im Betrieb angestellten Arbeiters, die ihm aufgetragene Arbeit nicht für den Betriebsinhaber, sondern für sich selbst zu verrichten [...]. Irgendwelche weiteren Umstände, die dazu führen könnten, die S. als Herstellerin anzusehen, sind nicht beigebracht. (juris, Rn. 73)

Schließlich stellt der BGH klar, dass K ihr Eigentum auch nicht durch die Sicherungsübereignung der Geräte an B verloren hat. Da S insoweit nicht verfügungsbefugt war, kommt nur ein gutgläubiger Erwerb nach §§ 929 S. 1, 930, 933 BGB in Betracht. An einen solchen Erwerb stellt der BGH jedoch strenge Anforderungen: 205

> [...] Dazu ist nach § 933 BGB erforderlich, daß die Beklagte in dem Augenblick, als ihr die Apparate übergeben wurden, gutgläubig war. Grob fahrlässig handelt der Erwerber, wenn er die im Verkehr erforderliche Sorgfalt in ungewöhnlich großem Maße verletzt und das unbeachtet gelassen hat, was im gegebenen Fall jedem einleuchten muß [...]. Der Erwerber muß insbesondere, wenn bestimmte Verdachtsgründe dafür vorliegen, daß der Veräußerer nicht Eigentümer oder nicht verfügungsberechtigt ist, diesen Gründen nachgehen und sorgfältige Nachforschungen über die Eigentumsverhältnisse oder die Verfügungsberechtigung anstellen [...]. Da die Beklagte die wirtschaftliche Lage der S. genau kannte, spricht viel dafür, daß ihr bekannt war, daß diese ihre Rohstoffe auf Kredit kaufte und daß in dem Augenblick, als die Wechselsperre eintrat, größere Mengen der bereits verarbeiteten Rohstoffe noch nicht bezahlt waren. Als Bankinstitut dürfte ihr auch bekannt gewesen sein, daß Lieferanten, die Rohstoffe auf Kredit liefern, sich regelmäßig durch einen verlängerten Eigentumsvorbehalt sichern. Falls die Beklagte diese Kenntnis gehabt haben sollte, hätte sie sich nicht mit der Versicherung der Vertreter der S. begnügen dürfen, daß diese Firma über die übereigneten Fertig- und Halbfertigwaren habe verfügen dürfen. Die Beklagte hätte dann vielmehr selbst nachforschen müssen, wie weit das verarbeitete Material tatsächlich bezahlt war und wie weit etwaige Eigentumsvorbehalte reichten. Sie könnte sich schwerlich darauf berufen, daß sie angenommen habe, die S. habe Eigentum durch Verarbeitung erlangt und sei deswegen befugt gewesen, über die ganzen Apparate zu verfügen. Die Beklagte hätte damit rechnen müssen, daß die S. aufgrund des verlängerten Eigentumsvorbehalts die Bleche nur für die Lieferfirmen verarbeiten durfte. Falls die Beklagte sich überhaupt darüber Gedanken gemacht haben sollte und falls sie ähnlich wie die Vorinstanzen angenommen haben sollte, die S. habe mindestens durch den Zusammenbau der Geräte nach § 947 Abs. 2 BGB das Eigentum an den Gehäusen erworben, würde sie gleichfalls nicht gutgläubig sein. In den Allgemeinen Lieferungsbedingungen der Klägerin, die sich die Beklagte hätte vorlegen lassen müssen, war unter Nr. 9 bestimmt, daß die Ware bis zur vollständigen Bezahlung des Kaufpreises nicht zur Sicherheit übereignet werden durfte. Die rechtliche Tragweite dieser Bestimmung und der weiter getroffenen Abreden über die Verarbeitung, Verbindung und Vermischung war immerhin so zweifelhaft, daß die Beklagte grob fahrlässig gehandelt hätte, wenn sie sich einfach über diese Zweifel hinweggesetzt hätte und sie sich die ganzen Geräte sicherungsweise hätte übereignen lassen. (juris, Rn. 74)

IV. Rechtliche Einordnung

1. Der BGH verortet die zentrale Frage nach dem Eigentum an den hergestellten Gehäusen sowie an der durch Verbindung entstandenen Gesamtsache im Rahmen einer mögli- 206 chen deliktischen Haftung der B gegenüber K gemäß § 823 I BGB. Die Anwendbarkeit dieser Vorschrift könnte jedoch bereits im Ausgangspunkt ausgeschlossen sein, wenn zwischen K und B im maßgeblichen Zeitpunkt der Verwertung der Geräte durch B ein Eigentümer-Besitzer-Verhältnis bestand. In diesem Fall entfalten die §§ 987 ff. BGB als abschließende Sonderregelung grundsätzlich eine Sperrwirkung gegenüber deliktischen Ansprüchen (§ 993 I Hs. 2 BGB),[1] sodass vorrangig zu prüfen wäre, ob die Voraussetzungen eines Schadensersatzanspruchs aus §§ 989, 990 BGB vorliegen.

207 Unabhängig davon stellt sich sowohl im Rahmen des § 823 I BGB als auch bei einer Haftung aus §§ 989, 990 BGB dieselbe entscheidende Anspruchsvoraussetzung: K kann nur dann erfolgreich vorgehen, wenn sie im maßgeblichen Zeitpunkt noch eine **Eigentumsposition** an den betroffenen Gegenständen innehatte.

208 **2.1** Zunächst hat K die Materialien unter Eigentumsvorbehalt an S geliefert. Die dingliche Einigung im Sinne des § 929 S. 1 BGB zwischen K und S stand damit unter einer aufschiebenden Bedingung im Sinne des § 158 I BGB. Da S den Kaufpreis nicht vollständig entrichtet hat, blieb die dingliche Einigung somit unwirksam.

209 **2.2** In Betracht kommt jedoch, dass S das Eigentum kraft Gesetzes und damit unabhängig vom rechtsgeschäftlichen Willen der K („originär“) erworben hat. In chronologischer Hinsicht stellt sich zunächst die Frage, wem das Eigentum an den Gehäusen zusteht, die S aus den von K gelieferten Aluminiumteilen fertigte. Durch die Fertigung der Gehäuse aus den von K gelieferten Aluminiumteilen könnte K ihr Eigentum gemäß § 950 I BGB kraft **Verarbeitung** an S verloren haben.

210 Voraussetzung hierfür ist zunächst eine **Verarbeitungshandlung**. Auf die Unterscheidung zwischen Verarbeitung und Umbildung kommt es dabei nicht an. Es handelt sich jeweils um einen Realakt in Form der zweckgerichteten Einwirkung auf die Ausgangsstoffe. § 950 I S. 2 BGB bestimmt, dass hierzu auch das Schreiben, Zeichnen, Malen, Drucken, Gravieren oder eine ähnliche Bearbeitung der Oberfläche zählt.

211 Allerdings bedarf es zudem der Herstellung einer **neuen beweglichen Sache**, woran es in den Fällen des § 950 I S. 2 BGB regelmäßig fehlen wird.[2] Abzustellen ist hierbei auf die Verkehrsauffassung. Indizien für die Neuheit einer Sache sind die Bezeichnung des Produktes mit einem anderen Namen oder ein neuer Gebrauchszweck.

212 Schließlich setzt der Eigentumserwerb des Herstellers gemäß § 950 I BGB voraus, dass der **Wert der Verarbeitung** oder der Umbildung nicht erheblich geringer als der Wert des Stoffes ist. Der Wert der Verarbeitung ergibt sich aus der Differenz zwischen dem objektiven Wert der neuen Sache und dem objektiven Gesamtwert der Ausgangsstoffe. Unschädlich ist es, wenn der Verarbeitungswert nur geringfügig niedriger ist als der Wert der Ausgangsstoffe; ein Eigentumserwerb des Herstellers scheidet erst dann aus, wenn der Verarbeitungswert erheblich geringer als der Wert der Ausgangsstoffe ist. Nach gefestigter Rechtsprechung soll dies ab einem Wertverhältnis von 100:60 der Fall sein.[3]

▶ **Beispiel:** Die von K gelieferten Aluminiumteile haben einen Wert von 10.000 Euro. Der Wert der daraus gefertigten Gehäuse beträgt 15.000 Euro. Der Wert der Ausgangsstoffe steht damit zum Wert der Verarbeitung (5.000 Euro) im Verhältnis von 100:50, sodass der Verarbeitungswert als erheblich geringer einzustufen ist. Ein Eigentumserwerb des Herstellers scheidet in diesem Fall aus.

1 Siehe hierzu Fall 13 – Jungbullen.
2 MüKo-BGB/*Füller*, § 950 Rn. 6.
3 BGH NJW 1995, 2633.

2.3 Sofern die genannten Voraussetzungen erfüllt sind, erwirbt der Hersteller das Eigentum an der neuen Sache. Auf dessen guten oder bösen Glauben kommt es hierbei nicht an; auch ein Eigentumserwerb an gestohlenen Sachen ist nach § 950 BGB möglich. Streit besteht jedoch darüber, wer in solchen Fällen als **Hersteller** im Sinne des § 950 I BGB anzusehen ist. Schon der Wortlaut der Norm lässt erkennen, dass Verarbeiter und Hersteller nicht notwendigerweise identisch sein müssen. Nach überwiegender Auffassung ist Hersteller derjenige, der nach der Verkehrsauffassung die Organisationshoheit über den Produktionsprozess innehat. Entscheidend ist damit, in wessen Namen und in wessen wirtschaftlichem Interesse die Verarbeitung erfolgt.[4] Eine fremdwirkende Verarbeitung ist insoweit ohne Weiteres möglich, sodass insbesondere Arbeitnehmer keine Hersteller im Sinne des § 950 BGB sind. 213

2.4 Gerade für Lieferanten birgt die Rechtsfolge des § 950 BGB erhebliche Risiken, da sie trotz eines vereinbarten Eigentumsvorbehalts ihr Eigentum verlieren können. In der Praxis wird diesem Risiko häufig durch sogenannte **Verarbeitungsklauseln** begegnet. Im vorliegenden Fall heißt es in der Vereinbarung zwischen K und S etwa: „Soweit die gelieferte Ware vor der Bezahlung be- oder verarbeitet wird, bleibt sie in jeder Be- oder Verarbeitungsstufe und auch als fertige Ware Eigentum des Lieferers. Eigentumserwerb des Bestellers gemäß § 950 BGB wird ausgeschlossen, da der Besteller das Eigentum für den Lieferer erwirbt und alles Material für diesen lediglich verwahrt." Auch mit vergleichbaren Klauseln wird das Ziel verfolgt, den gesetzlichen Eigentumserwerb des Herstellers nach § 950 BGB entweder vollständig zu verhindern oder zugunsten des Lieferanten umzugestalten. Inhaltlich wird dabei regelmäßig vereinbart, dass das Eigentum an der neu hergestellten Sache – abweichend von der gesetzlichen Regelung – dem Lieferanten zustehen soll. 214

Die Wirkung derartiger Klauseln ist umstritten: Nach einer Ansicht ist § 950 BGB dispositives Recht. Der Zweck der Vorschrift bestehe darin, das Eigentum in arbeitsteiligen Produktionsverhältnissen gesetzlich zuzuordnen, sofern keine vertragliche Lösung besteht. Haben sich die Parteien hingegen einvernehmlich über die Eigentumsverhältnisse verständigt, bestehe kein Regelungsbedarf, sodass § 950 BGB abbedungen werden könne.[5] Dem wird entgegengehalten, dass die §§ 946 ff. BGB zwingendes Recht seien. So sollen die Vorschriften nicht nur der Interessenverteilung zwischen den unmittelbar Beteiligten dienen, sondern auch der Rechtssicherheit inter omnes sowie dem Schutz von Drittgläubigern, etwa im Fall der Insolvenz. Ein Abweichen von den gesetzlichen Eigentumserwerbstatbeständen würde die Publizitäts- und Klarheitsfunktion des Sachenrechts unterlaufen. 215

Um die Sicherungsinteressen des Lieferanten dennoch zu wahren, wird vielfach der Weg gewählt, die Verarbeitungsklausel als **antizipierte Sicherungsübereignung** der herzustellenden Sache an den Lieferanten auszulegen (§§ 929 S. 1, 930, 868 BGB). Dabei sollen sowohl die dingliche Einigung als auch das Besitzmittlungsverhältnis unter der auflösenden Bedingung der vollständigen Kaufpreiszahlung stehen.[6] Gleichwohl kommt es in solchen Fällen zu einem Durchgangserwerb des Verarbeiters, sodass der Lieferant das Risiko einer zwischenzeitlichen Insolvenz oder einer Belastung durch Ditte (z. B. durch ein Vermieterpfandrecht) trägt. Der BGH vermeidet dieses Ergebnis dadurch, dass er zwar nicht § 950 BGB insgesamt, wohl aber den Herstellerbegriff (mittelbar) 216

4 BGH NJW 1991, 1480 (1481).
5 *Baur/Stürner*, Sachenrecht, § 53 Rn. 15, 22.
6 *Wilhelm*, Sachenrecht, Rn. 1074 ff.; *Wieling/Finkenauer*, Sachenrecht, § 11 Rn. 25 ff.

für dispositiv hält.[7] Auch in der vorliegenden Entscheidung stellt er maßgeblich auf die Verkehrsanschauung zur Bestimmung des Herstellers ab. Diese könne jedoch die zwischen den Parteien getroffene Vereinbarung nicht unberücksichtigt lassen, sodass sich aus der privatautonomen Zuordnung zumindest mittelbar Rückschlüsse auf die Herstellereigenschaft ergeben können. Diesem Ansatz wird wiederum entgegengehalten, dass sich der BGH widersprüchlich verhalte, wenn er einerseits § 950 BGB für zwingend erkläre, andererseits aber den Herstellerbegriff der privatautonomen Gestaltung überlasse.[8]

217 **3.1** Zwar hat K nach Ansicht des BGH originär das Eigentum an den hergestellten Gehäusen erworben. Dieses Alleineigentum könnte sie jedoch gemäß § 947 BGB kraft **Verbindung** dadurch verloren haben, dass S die Gehäuse mit den Hochfrequenzgeräten zu einer einheitlichen Sache zusammengefügt hat. Grundsätzlich sieht § 947 I BGB den Erwerb von Miteigentum vor, wenn bewegliche Sachen derart miteinander verbunden werden, dass sie wesentliche Bestandteile (§ 93 BGB)[9] einer einheitlichen Sache bilden. Abweichendes gilt jedoch nach § 947 II BGB dann, wenn eine der Sachen als die Hauptsache anzusehen ist; in diesem Fall erwirbt ihr Eigentümer das Alleineigentum.

218 Ob eine Hauptsache vorliegt, richtet sich nach der Verkehrsauffassung. Maßgeblich ist, ob die übrigen Bestandteile fehlen könnten, ohne dass das Wesen oder die Funktion der einheitlichen Sache wesentlich beeinträchtigt würde. Zu fragen ist daher, ob sich die Eigenschaften der vermeintlichen Hauptsache durch die Verbindung derart ändern, dass sie einen anderen Gebrauchszweck hat. Im vorliegenden Fall zeigt sich der BGH anhand dieses Maßstabs skeptisch, die Hochfrequenzgeräte als Hauptsache und die Gehäuse lediglich als Nebensache einzuordnen. Eine Qualifikation der Hochfrequenzgeräte als Hauptsachen komme jedenfalls dann nicht in Betracht, wenn diese ohne das Gehäuse faktisch nicht einsetzbar sind. Der jeweilige Wert der verbundenen Bestandteile ist für die Bestimmung der Hauptsache hingegen grundsätzlich unbeachtlich. Fehlt es an einer Hauptsache im Sinne des § 947 II BGB, richtet sich das Verhältnis der Miteigentümer untereinander nach §§ 1008, 1009 I, 1011 BGB sowie nach den Vorschriften über die Gemeinschaft nach Bruchteilen gemäß §§ 741 ff. BGB.

219 **3.2** Auch im Hinblick auf den gesetzlichen Eigentumserwerb nach § 947 BGB stellt sich die Frage nach der Disponibilität. Zwar haben S und K im vorliegenden Fall vereinbart, dass K jedenfalls Miteigentum erwerben soll, wenn die von ihr gelieferten Waren mit anderen Gegenständen vermischt oder verbunden werden. Es besteht jedoch Einigkeit darüber, dass die Rechtsfolgen des § 947 BGB zwingender Natur sind. Eine vertragliche Abweichung – sei es hinsichtlich des Anteilsverhältnisses nach § 947 I BGB oder des Alleineigentumserwerbs nach § 947 II BGB – ist daher nicht möglich.[10] **Verbindungsklauseln** dieser Art können folglich allenfalls als antizipierte (Sicherungs-)Übereignung künftigen (Mit-)Eigentums gemäß §§ 929 S. 1, 930 BGB verstanden werden.

220 **4.** Eine antizipierte Übereignung wird regelmäßig auch außerhalb von Verarbeitungs- oder Verbindungskonstellationen dazu genutzt, eine Forderung – insbesondere eine solche des Kreditgebers – dinglich abzusichern (**antizipierte Sicherungsübereignung**). Sie findet sich häufig bei Warenlagern mit wechselndem Bestand, wobei sich die zu übereignenden Sachen zum Zeitpunkt der Einigung noch nicht im Besitz des Sicherungsge-

7 So auch in BGHZ 14, 114 (117); BGH NJW 1967, 34 (35); BGH NJW 1981, 816; BGH NJW 1991, 1480 (1481).
8 *Medicus/Petersen*, Bürgerliches Recht, Rn. 519.
9 Siehe hierzu Fall 1 – Photovoltaikanlage.
10 Staudinger/*Heinze*, BGB, § 947 Rn. 8; MüKo-BGB/*Füller*, § 947 Rn. 10.

bers befinden.[11] In diesen Fällen wird die dingliche Einigung im Sinne des § 929 S. 1 BGB vorweggenommen. Zusätzlich ist ein konkretes Besitzmittlungsverhältnis gemäß § 930 BGB i. V. m. § 868 BGB erforderlich. Dieses wird regelmäßig dadurch begründet, dass sich die Parteien bereits im Vorfeld darauf einigen, dass der Sicherungsgeber die jeweils neu erworbenen Sachen für den Sicherungsnehmer verwahrt.

Eine wirksame Übereignung nach §§ 929 S. 1, 930 BGB setzt allerdings voraus, dass 221
sowohl die dingliche Einigung als auch das Besitzmittlungsverhältnis noch in dem Zeitpunkt fortbestehen, in dem der Sicherungsgeber die betreffenden Waren in Besitz nimmt oder neu herstellt.[12] Insbesondere muss zu diesem Zeitpunkt auch ein entsprechender Besitzmittlungswille des Sicherungsgebers bestehen.[13] Dessen Fortbestehen wird zwar grundsätzlich vermutet.[14] Nach den Feststellungen des Landgerichts soll es hieran im vorliegenden Fall jedoch gerade gefehlt haben. K hat daher weder Eigentum an den Gehäusen noch an den Endprodukten, also den aus Gehäuse und Hochfrequenzgerät verbundenen Geräten, gemäß §§ 929 S. 1, 930 BGB erlangt.

V. Vertiefungsfragen

1. Die Goldschmiedin G fertigt aus dem von K angelieferten Altgold nach dessen Vorgaben neuen Goldschmuck. Welchem Vertragstyp lässt sich die Vereinbarung zwischen G und K zuordnen? Wer gilt als Hersteller im Sinne des § 950 BGB? 222
   → siehe BeckOK-BGB/*Kindl*, § 950 Rn. 12; MüKo-BGB/*Füller*, § 950 Rn. 21 f.
2. In welchem Verhältnis stehen mehrere Rohstofflieferanten zueinander, die sich jeweils über eine Verarbeitungsklausel mit dem Produzenten absichern möchten?
   → siehe BGH NJW 1967, 34
3. Welches Verhältnis besteht zwischen dem Eigentumserwerb kraft Verbindung (§ 947 BGB) und dem Eigentumserwerb kraft Verarbeitung (§ 950 BGB)?
   → siehe NK-BGB/*Mauch*, § 947 Rn. 14, § 950 Rn. 13

Weitere Vertiefung und Wiederholung bei Jurafuchs auf jurafuchs.de oder in der Jurafuchs App:

11 Siehe hierzu Fall 16 – Belastetes Warenlager.
12 BGH NJW 1952, 1169 (1170).
13 Jauernig/*Berger*, BGB, § 930 Rn. 17.
14 MüKo-BGB/*Oechsler*, § 930 Rn. 17.

Fall 12: Zurückgelassenes Auto

OLG Celle, Urteil vom 26.2.2025 – 14 U 53/24 = NJW-RR 2025, 722

Fund (§§ 965 ff. BGB) | Aneignung herrenloser Sachen (§ 958 BGB) | Schatzfund (§ 984 BGB)

I. Sachverhalt

223 In einem Industriegebiet befand sich seit zwei Jahren in einer Parkbucht einer öffentlichen Straße ein ordnungsgemäß abgestellter und verschlossener Pkw. F meldete dies am 13.1.2022 der Polizei, die ihn an die zuständige Fundbehörde B verwies. Mit E-Mail vom 9.2.2022 zeigte F auch gegenüber B das abgestellte Fahrzeug an und meldete vorsorglich unter Hinweis auf das Fundrecht Eigentumsansprüche an. Gleichwohl ließ B das Fahrzeug am 7.4.2022 auf ihren Betriebshof verbringen. Ein Berechtigter konnte in der Folge nicht ermittelt werden. Nach Ablauf von sechs Monaten verlangte F von B die Herausgabe des Pkw. B verweigert dies und begehrt vielmehr die Feststellung, dass sie zur Herausgabe des Fahrzeugs an F nicht verpflichtet ist.

II. Zentrale Probleme

224 Kern des Falles bildet die Frage, ob F Eigentum an dem Pkw erworben hat. Ein rechtsgeschäftlicher Eigentumserwerb scheidet aus. In Betracht kommt allenfalls ein originärer Eigentumserwerb, wobei sowohl an den Eigentumserwerb des Finders gemäß § 973 BGB als auch an die Aneignung herrenloser Sachen gemäß § 958 BGB zu denken ist. Nach § 973 I S. 1 BGB hat F dann Eigentum an dem Pkw erlangt, wenn innerhalb von sechs Monaten nach der Anzeige des Fundes bei der zuständigen Behörde kein Empfangsberechtigter bekannt wird oder sein Recht bei der zuständigen Behörde anmeldet. Auf den ersten Blick sind diese Voraussetzungen erfüllt. Allerdings wird nach § 965 I BGB als Finder nur diejenige Person angesehen, die eine verlorene Sache findet und an sich nimmt. Zweifel an einem Eigentumserwerb des F ergeben sich daher zum einen daraus, dass unklar ist, ob es sich bei dem Pkw überhaupt um eine verlorene Sache handelt, und zum anderen daraus, dass zweifelhaft ist, ob F den Pkw an sich genommen hat.

225 In ähnlicher Weise stellt sich im Hinblick auf einen Eigentumserwerb nach § 958 I BGB die Frage, ob F eine herrenlose Sache in Eigenbesitz genommen hat.

III. Die Entscheidung des OLG Celle

226 In prozessualer Hinsicht ist zunächst auffällig, dass B hier eine negative Feststellungsklage erhoben hat, die das OLG Celle als zulässig erachtet:

> [22] 1. Die von der Kl. erhobene negative Feststellungsklage ist nach § 256 I ZPO zulässig. Zutreffend hat das LG angenommen, dass die Parteien vorliegend über ein Rechtsverhältnis iSd § 256 ZPO streiten, sowie dass das für die Feststellungsklage erforderliche Feststellungsinteresse der Kl. gegeben ist. Das Feststellungsinteresse folgt – wie das LG ebenfalls zutreffend ausgeführt hat – in der Regel daraus, dass der Bekl. sich eines vom Kl. verneinten Anspruchs ausdrücklich oder durch schlüssiges Verhalten berühmt. So liegt es hier. Denn der Bekl. begehrt die Herausgabe des streitgegenständlichen Pkw, während die Kl. einen Herausgabeanspruch des Bekl. in Abrede nimmt. […]

Die negative Feststellungsklage ist begründet, wenn das streitige Rechtsverhältnis nicht besteht. Entscheidend ist daher, ob F von B die Herausgabe des Pkw verlangen kann. Dies wäre der Fall, wenn F Eigentum an dem Pkw erlangt hat. 227

Nach Ansicht des OLG Celle liegen die Voraussetzungen des Eigentumserwerbs des Finders nach § 973 I BGB aufseiten des F nicht vor. So habe F schon nicht hinreichend dargelegt, dass es sich bei dem Pkw um eine verlorene Sache im Sinne des § 965 I BGB handelt: 228

> [26] [...] Eine Sache ist verloren, wenn sie besitz-, aber nicht herrenlos ist. Die Beendigung des Besitzes erfolgt nach § 856 I BGB durch Aufgabe oder Verlust der tatsächlichen Sachherrschaft [...]. Auf die Gründe des Besitzverlusts, insbesondere eines unfreiwilligen, kommt es dabei nicht an [...].
>
> [27] Grundsätzlich hat derjenige, der Rechte aus § 973 I BGB geltend macht und unter Berufung auf seinen gesetzlichen Eigentumserwerb die Sache herausverlangt, die Voraussetzungen seines Eigentumserwerbs darzulegen und zu beweisen [...]. Der Bekl. hat hier also darzulegen und gegebenenfalls zu beweisen, dass es sich bei dem streitgegenständlichen Pkw Audi um eine verlorene Sache handelt, die nicht mehr im Besitz eines Dritten steht. [...]
>
> [29] [...] Dass sich der letzte Besitzer bis heute nicht gemeldet hat, lässt indes keinen zuverlässigen Schluss auf eine im Zeitpunkt des Auffindens erfolgte Besitzaufgabe des letzten Besitzers zu. Denkbar wäre stattdessen auch, dass der letzte Besitzer des streitgegenständlichen Pkw erst nach dessen Auffinden durch den Bekl. davon abgesehen hat, seinen Besitz weiter auszuüben, möglicherweise, weil er den Besitz selbst nicht rechtmäßig erlangt hatte [...]. Gleiches gilt für den Umstand, dass der Pkw ordnungsgemäß in einem Industriegebiet mit guter Erreichbarkeit des Fernverkehrs abgestellt wurde. Dass der letzte Besitzer den Pkw an einer gut erreichbaren statt an einer entlegenen Örtlichkeit abstellt, könnte ebenso dafür sprechen, dass er seinen Besitz an dem Pkw noch ausüben wollte.

Ob es sich bei dem Pkw um eine verlorene Sache handelt, lässt das Gericht im Ergebnis offen. Grund hierfür ist, dass F das Fahrzeug nach Ansicht des OLG Celle ohnehin nicht im Sinne des § 965 I BGB an sich genommen habe: 229

> [34] Der Definition des BGH [*BGHZ 8, 130 Rn. 10 = NJW 1953, 419*] entsprechend wird „Ansichnehmen" auch in der aktuellen Literatur als Besitzbegründung verstanden [...].
>
> [36] Sofern der Bekl. meint, die Definition des Tatbestandsmerkmals des Ansichnehmens durch den BGH sei überholt, was die Entscheidung des OLG Hamm vom 5.10.1987 [...] und die sich dieser Auffassung anschließende Entscheidung des LG Aachen vom 31.7.1989 [...] zeigten, kann dem nicht gefolgt werden. Denn selbst wenn man mit dem OLG Hamm und dem LG Aachen auch eine nicht mit der Besitzergreifung verbundene Art der Sicherstellung der verlorenen Sache für § 965 BGB genügen ließe, liegt der Fall hier anders. In der genannten Entscheidung des OLG Hamm benachrichtigte der Entdecker eines gestohlenen und vom Dieb stehen gelassenen Autobusses die Polizei und sorgte außerdem dafür, dass dieser Bus bis zur Abholung durch den Eigentümer bewacht wurde. In dem hier zu entscheidenden Fall hat der Bekl. hingegen lediglich die Polizei über den im Industriegebiet abgestellten Pkw informiert und diesen weder bspw. durch ein privates Unternehmen abschleppen noch bewachen lassen. Dritte hätten somit – anders als in den oben genannten, vom OLG Hamm und LG Aachen entschiedenen Fällen – weiterhin Zugriff auf den Pkw gehabt.

[37] (2) Der Bekl. hat auch keinen unmittelbaren Besitz an dem Pkw begründet. Besitz ist, wie aus § 854 I BGB folgt, zunächst nichts anderes als die tatsächliche Gewalt über die Sache, also die tatsächliche Sachherrschaft [...]. Das streitgegenständliche Fahrzeug war hier verschlossen und ordnungsgemäß abgestellt. Einen Schlüssel hatte der Bekl. nicht und somit keine Möglichkeit, das Fahrzeug in Eigenbesitz zu nehmen und fortzubewegen. Er hatte folglich keine tatsächliche Gewalt über die Sache und keinen unmittelbaren Besitz.

[38] (3) Der Bekl. hat auch keinen mittelbaren Besitz begründet. Denn hierfür fehlt es an einem Besitzmittlungswillen des Besitzmittlers iSv § 868 BGB. Zwar ist die Begründung mittelbaren Besitzes durch einen Besitzmittler des Finders möglich und kann zur Begründung der „Finderstellung" ausreichen [...]. Mittelbarer Besitz kommt aber nicht in Betracht, wenn der unmittelbare Besitzer die Sache als ihm gehörig, also als Eigenbesitzer besitzt. Um dem mittelbaren Besitzer die tatsächliche Sachherrschaft zu vermitteln, muss der unmittelbare Besitzer dessen Herausgabeanspruch anerkennen. Er muss (als Fremdbesitzer) den Willen haben, die tatsächliche Sachherrschaft in Anerkennung des Herausgabeanspruchs gleichsam für den mittelbaren Besitzer auszuüben [...].

[39] Ein Besitzmittlungswille der Kl. als zuständige Fundbehörde in diesem Sinn ist von dem Bekl. weder schlüssig dargelegt noch sind anderweitige Anhaltspunkte hierfür ersichtlich. Nach Anzeige des Fundes durch den Bekl. hat die Kl. dem Bekl. weder schriftlich noch mündlich bestätigt, den Pkw als Fundsache aufgenommen zu haben oder aufzunehmen zu wollen. Auch hat sie nicht erklärt, auf die Fundsache für den Bekl. achten zu wollen und insbesondere auf diese Weise seine potenziellen Rechte als Finder des Fahrzeugs zu wahren. Stattdessen hat die Kl. dem Bekl. mit E-Mail vom 9.2.2022 mitgeteilt, dass in der Sache gegen den Eigentümer ermittelt und der Vorgang „nicht als Fundsache" betrachtet werden könne. Sofern der Bekl. meint, ein Besitzmittlungswille der Kl. folge daraus, dass die Kl. selbst nicht behaupte, dass das Fahrzeug ihr „gehöre", verkennt er, dass die Kl. vielmehr – wie oben dargelegt – den Herausgabeanspruch des Bekl. (positiv) anerkennen müsste, um dem Bekl. die tatsächliche Sachherrschaft zu vermitteln. Die Kl. begehrt hier aber stattdessen die Feststellung, dass sie dem Bekl. nicht zur Herausgabe des Pkw verpflichtet ist. Ein Besitzmittlungswille der Kl. ist und war somit nicht gegeben, sodass der Bekl. auch keinen mittelbaren Besitz begründet haben kann.

230 Da F den Pkw danach nicht an sich genommen hat, ist er nicht Finder im Sinne des § 973 I BGB; ein Eigentumserwerb scheidet insoweit aus. Darüber hinaus sah das OLG Celle auch die Voraussetzungen einer Aneignung herrenloser Sachen gemäß § 958 I BGB als nicht erfüllt an:

[41] Gemäß § 958 BGB erwirbt das Eigentum, wer eine herrenlose bewegliche Sache in Eigenbesitz nimmt. Zwar handelt es sich – wie bereits dargelegt – bei dem Pkw um eine bewegliche Sache. Der Pkw war jedoch nicht herrenlos. Herrenlos ist eine Sache, an der kein Eigentum eines privaten Rechtsträgers besteht [...]. Hierfür trägt der Bekl. ebenfalls die Beweislast. Anhaltspunkte dafür, dass der frühere Eigentümer sein Eigentum vorliegend aufgegeben hat oder dieses anderweitig erloschen wäre, bestehen nicht. Stattdessen sprechen sowohl der Umstand, dass der Pkw ordnungsgemäß und verschlossen abgestellt wurde, als auch die Werthaltigkeit des Fahrzeugs dafür, dass der bisherige Eigentümer sein Eigentum auch künftig behalten und nicht wahllos einer potenziellen Aneignung durch Dritte preisgeben wollte [...].

231 Die Klage der B ist somit mangels Eigentums des F begründet; das OLG Celle hat festgestellt, dass B nicht zur Herausgabe des Pkw an F verpflichtet ist.

IV. Rechtliche Einordnung

1.1 Die Regelungen der §§ 965 ff. BGB über den Fund dienen vorwiegend der Begründung und Ausgestaltung eines **gesetzlichen Schuldverhältnisses** zwischen dem Finder und dem Eigentümer, auf das ergänzend die Regelungen der Geschäftsführung ohne Auftrag gemäß §§ 677 ff. BGB anzuwenden sind.[1] So ist der Finder insbesondere zur Anzeige des Fundes (§ 965 BGB), zur Verwahrung der Fundsache (§ 966 BGB) sowie zu deren Herausgabe an den Empfangsberechtigten (§ 969 BGB) verpflichtet. Umgekehrt hat der Berechtigte dem Finder etwaige Aufwendungen zu ersetzen (§ 970 BGB) und einen Finderlohn zu zahlen (§ 971 BGB). 232

1.2 Sachenrechtliche Bedeutung erlangt der Fund über die Möglichkeit zum Eigentumserwerb des Finders, wobei der **Erwerbstatbestand nach § 973 I BGB** heraussticht.[2] Danach erwirbt der Finder mit dem Ablauf von sechs Monaten nach der Anzeige des Fundes bei der zuständigen Behörde das Eigentum an der Sache, es sei denn, dass vorher ein Empfangsberechtigter dem Finder bekannt geworden ist oder sein Recht bei der zuständigen Behörde angemeldet hat. Finder ist dabei derjenige, der im Sinne des § 965 I BGB eine verlorene Sache findet und an sich nimmt.[3] Hinsichtlich der Frage des „Ansichnehmens" stellt das OLG Celle im Einklang mit der herrschenden Ansicht auf die Besitzbegründung ab,[4] an der es hier fehlt. Abseits des vorliegenden Sachverhalts folgt aus der Anknüpfung an die Besitzbegründung zugleich, dass nicht etwa der Besitzdiener im Sinne des § 855 BGB, sondern vielmehr der Besitzherr Finder ist, sobald der Besitzdiener die verlorene Sache für den Besitzherrn in Besitz nimmt.[5] 233

Besonderheiten gelten gemäß § 978 I BGB, sofern die Sache in den Räumen einer Behörde oder in öffentlichen Verkehrsmitteln gefunden wird (sog. **Verkehrsfund**). Ein Eigentumserwerb des Finders ist hier nach § 978 I S. 2 BGB ausgeschlossen. 234

Sofern die Voraussetzungen des § 973 I BGB (i. V. m. §965 I BGB) vorliegen, tritt der Eigentumserwerb unabhängig davon ein, ob der Finder die Sache nach § 967 BGB zwischenzeitlich bei der zuständigen Behörde abgeliefert hat. Befindet sich die Fundsache bei der zuständigen Behörde, erwirbt der Finder nach herrschender Ansicht mit dem Eigentum zugleich einen öffentlich-rechtlichen Herausgabeanspruch gegen die Behörde.[6] Für diesen ist nach § 40 II S. 1 VwGO der Rechtsweg zu den ordentlichen Gerichten eröffnet. 235

Zugleich erlöschen mit dem Eigentumserwerb des Finders gemäß § 973 I S. 2 BGB etwaige Rechte Dritter an der Sache, insbesondere das bisherige Eigentum. Gleichwohl ist der Finder für die Dauer von drei Jahren dem Kondiktionsanspruch aus § 977 BGB i. V. m. §§812 ff. BGB derjenigen Personen ausgesetzt, die infolge des §973 I BGB einen Rechtsverlust erlitten haben. Damit bleibt der Finder vorerst verpflichtet, die Sache herauszugeben oder, sofern dies nicht möglich ist, Wertersatz zu leisten (§ 818 II BGB). 236

2.1 Anders als der Eigentumserwerb des Finders nach § 973 I BGB setzt die **Aneignung nach § 958 BGB** eine herrenlose bewegliche[7] Sache voraus. Während bei verlorenen 237

1 *Vieweg/Lorz*, Sachenrecht, § 6 Rn. 31.
2 Siehe aber auch § 974 BGB (Eigentumserwerb nach Verschweigung) sowie § 976 BGB (Eigentumserwerb der Gemeinde).
3 Siehe etwa BeckOK-BGB/*Kindl*, § 965 Rn. 5.
4 Siehe etwa *Baur/Stürner*, Sachenrecht, § 53 Rn. 79.
5 BGH NJW 1953, 419 (420).
6 Staudinger/*Heinze*, BGB, § 973 Rn. 8; MüKo-BGB/*Oechsler*, § 973 Rn. 6; Erman/*Ebbing*, BGB, § 973 Rn. 5.
7 Zur Grundstücksdereliktion siehe § 928 BGB.

Sachen die Besitzlosigkeit maßgeblich ist, setzt Herrenlosigkeit voraus, dass die Sache in niemandes Eigentum steht. Eine solche Herrenlosigkeit kann ursprünglich (§ 960 I BGB: wilde Tiere) oder nachträglich entstehen. Letzteres kommt insbesondere durch eine Aufgabe des Eigentums nach § 959 BGB (sog. Dereliktion) in Betracht.[8] Diese erfordert eine nicht empfangsbedürftige Willenserklärung des ursprünglichen Eigentümers sowie die Aufgabe des Besitzes als Realakt.[9]

238 Ob der Pkw im vorliegenden Fall besitzlos war, konnte offenbleiben. Nach Auffassung des Gerichts fehlte es bereits an einer auf Eigentumsaufgabe gerichteten Willenserklärung. Das OLG Celle begründet dies plausibel mit den konkreten Umständen des Falles. Diese sind maßgeblich, weil sie Anhaltspunkte für die Auslegung liefern, die bei nicht empfangsbedürftigen Willenserklärungen gemäß § 133 BGB grundsätzlich am tatsächlichen Willen des Erklärenden auszurichten ist.[10]

239 **2.2** Neben der fehlenden Herrenlosigkeit des Fahrzeugs scheitert ein Eigentumserwerb des F auch daran, dass dieser keinen Eigenbesitz im Sinne des § 958 I BGB an dem Pkw begründet hat. Eigenbesitz liegt vor, wenn jemand eine Sache als ihm gehörend besitzt, § 872 BGB. Er bildet das Gegenstück zum Fremdbesitz, bei dem der Besitzer die Sache nicht wie ein Eigentümer besitzen will, sondern die tatsächliche Sachherrschaft für einen anderen ausübt – etwa als Mieter, Verwahrer oder Entleiher. Anders als die Dereliktion setzt die Begründung von Eigenbesitz keine Willenserklärung voraus. In der Folge bedarf es insbesondere auch keiner Geschäftsfähigkeit; es genügt ein natürlicher Besitzwille.[11]

240 **2.3** Ein Eigentumserwerb nach § 958 I BGB scheidet nach § 958 II Alt. 1 BGB aus, wenn die Aneignung gesetzlich verboten ist, wie dies etwa nach dem Tierschutzrecht der Fall sein kann.[12] Gleiches gilt nach § 958 II Alt. 2 BGB, wenn durch die Besitzergreifung das Aneignungsrecht eines anderen verletzt wird; in Betracht kommen insoweit insbesondere Jagd- oder Fischereirechte.[13]

241 **3.** Zu Recht hat das OLG Celle einen Eigentumserwerb des F nach § 984 BGB wegen eines **Schatzfundes** nicht thematisiert. Danach wird das Eigentum an einem Schatz zur Hälfte vom Entdecker, zur Hälfte vom Eigentümer der Sache erworben, in welcher der Schatz verborgen war. Voraussetzung hierfür ist, dass eine Sache entdeckt und infolge der Entdeckung in Besitz genommen wird, die so lange verborgen gelegen hat, dass der Eigentümer nicht mehr zu ermitteln ist. Die Regelung trägt einerseits dem Bedürfnis Rechnung, Rechtsunsicherheit in Bezug auf die dingliche Rechtslage zu vermeiden. Andererseits soll die Regelung einen Anreiz schaffen, den Schatz wieder in den Verkehr gelangen zu lassen.[14] Nach dem Wortlaut des § 984 BGB muss die lange Verborgenheit der Sache gerade der Grund dafür sein, dass ihr Eigentümer nicht mehr festgestellt werden kann. Werden andere Faktoren ursächlich, kommt regelmäßig ein Fund im Sinne des § 973 I BGB i. V. m. §965 I BGB in Betracht.[15] Eine Sache ist dabei dann verborgen, wenn eine Besitzergreifung unter normalen Umständen mangels Wahrnehmbarkeit nicht

8 Siehe aber auch § 960 II, III BGB (entflohene Wildtiere sowie gezähmte Tiere) sowie § 961 BGB (Bienenschwarm).
9 Siehe etwa BeckOK-BGB/*Kindl*, § 959 Rn. 1.
10 *Hirsch*, BGB AT, Rn. 155.
11 *Kainer*, Sachenrecht, § 14 Rn. 75.
12 Siehe etwa § 39 BNatSchG.
13 Siehe hierzu *Baur/Stürner*, Sachenrecht, § 27 Rn. 65 ff.
14 MüKo-BGB/*Oechsler*, § 984 Rn. 1.
15 Staudinger/*Heinze*, BGB, § 984 Rn. 4.

ohne Weiteres möglich ist.[16] Diese Voraussetzungen liegen bei einem Pkw, der an einer öffentlichen Straße geparkt war, offenkundig nicht vor.

V. Vertiefungsfragen

1. Steht dem Finder bereits innerhalb der Sechsmonatsfrist nach § 973 I BGB ein Recht an der gefundenen Sache zu? 242
→ siehe einerseits etwa *Vieweg/Lorz*, Sachenrecht, § 6 Rn. 30, sowie andererseits etwa MüKo-BGB/*Oechsler*, § 973 Rn. 5

2. B entdeckte bei Rodungsarbeiten auf einem Friedhofsgelände mehrere im Erdreich verborgene Kunststoffboxen mit Bargeld und Goldmünzen im Gesamtwert von über 500.000 Euro und verständigte die Polizei. Die Wertsachen wurden anschließend von der Stadt D in Verwahrung genommen. Stehen B aus diesem Fund Ansprüche gegen die Stadt D zu?
→ siehe OLG Oldenburg NJW-RR 2021, 272

3. K versorgt sich regelmäßig mit Lebensmitteln, indem sie vermeintlich „schlechte" Waren aus dem Abfallcontainer eines nahe gelegenen Supermarkts entnimmt. Erwirbt K hierdurch Eigentum an den Lebensmitteln gemäß § 958 I BGB?
→ siehe *Kainer*, Sachenrecht, § 14 Rn. 78

Weitere Vertiefung und Wiederholung bei Jurafuchs auf jurafuchs.de oder in der Jurafuchs App:

16 MüKo-BGB/*Oechsler*, § 984 Rn. 4.

Fall 13: Jungbullen

BGH, Urteil vom 11.1.1971 – VIII ZR 261/69 = BGHZ 55, 176 = NJW 1971, 612

Verarbeitung (§ 950 BGB) | Entschädigung für den Rechtsverlust (§ 951 BGB) | Sperrwirkung des Eigentümer-Besitzer-Verhältnisses

I. Sachverhalt

243 Der Dieb D entwendete dem Landwirt L zwei Jungbullen und verkaufte sie noch am selben Tag für insgesamt 1.701 DM an den gutgläubigen Metzger M. Dieser verarbeitete die Tiere umgehend zu Fleisch- und Wurstwaren.

Als L von dem Vorfall erfuhr, wandte er sich an M und verlangte Wertersatz in Höhe von 1.701 DM für die beiden Jungbullen. M verweigerte die Zahlung und berief sich darauf, er habe nicht gewusst, dass die Tiere nicht dem D gehörten. Zudem habe er selbst 1.701 DM an D gezahlt.

II. Zentrale Probleme

244 Der sog. Jungbullen-Fall ist ein zivilrechtlicher Klassiker an der Schnittstelle zwischen Sachen- und Bereicherungsrecht. Diese Schnittstelle ist deswegen besonders herausfordernd, weil § 993 I Hs. 2 BGB für den Fall eines Eigentümer-Besitzer-Verhältnisses im Sinne der §§ 985 ff. BGB eine Sperrwirkung gegenüber delikts- und bereicherungsrechtlichen Ansprüchen begründet.

245 Ausgangspunkt des Falles ist, dass M zum Zeitpunkt des Erwerbs der Tiere von D kein Eigentum erlangen konnte. Ein gutgläubiger Eigentumserwerb gemäß §§ 929 S. 1, 932 BGB an den Jungbullen war gemäß § 935 I S. 1 BGB ausgeschlossen, weil dem L die Tiere gestohlen wurden. M war daher gegenüber L zunächst unberechtigter Besitzer der Jungbullen. In der Folgezeit erlangte M jedoch durch Verarbeitung Eigentum an den hergestellten Fleisch- und Wurstwaren gemäß § 950 BGB. § 951 I BGB gewährt dem ursprünglichen Eigentümer L, der sein Eigentum infolge der Verarbeitung verloren hat, in dieser Konstellation einen Anspruch auf Vergütung in Geld nach den Vorschriften über die Herausgabe einer ungerechtfertigten Bereicherung (§§ 812 ff. BGB). Hieraus ergibt sich zunächst die grundlegende Frage, ob das Bereicherungsrecht insoweit trotz der Sperrwirkung des Eigentümer-Besitzer-Verhältnisses überhaupt anwendbar ist.

246 Darüber hinaus stellt sich die Frage, ob der gesetzlich angeordnete Eigentumserwerb nach § 950 BGB selbst einen Rechtsgrund im Sinne des § 812 I BGB darstellt. Wird dies bejaht, hätte M das Eigentum nicht nur formell, sondern auch wirtschaftlich mit Rechtsgrund erworben, sodass ein Bereicherungsanspruch des L ausgeschlossen wäre.

247 Sofern man sowohl die Anwendbarkeit des Bereicherungsrechts als auch die Rechtsgrundlosigkeit des Erwerbs seitens M bejaht, stellt sich schließlich die Frage, ob sich M gemäß § 818 III BGB auf Entreicherung berufen kann, weil er seinerseits 1.701 DM an D gezahlt hat.

III. Die Entscheidung des BGH

248 Der BGH stellt zunächst knapp fest, dass M das Eigentum an den hergestellten Fleisch- und Wurstwaren gemäß § 950 BGB kraft Verarbeitung erworben hat. L steht daher dem Grunde nach gemäß § 951 BGB ein Anspruch auf Vergütung in Geld nach den Vorschrif-

ten über die Herausgabe einer ungerechtfertigten Bereicherung zu. Hierbei soll es sich nach Ansicht des BGH um eine Rechtsgrundverweisung handeln:

> [...] Der Kläger hat deshalb einen Anspruch aus dieser Bestimmung gegen den Beklagten nur, wenn auch die allgemeinen Voraussetzungen eines Bereicherungsanspruchs vorliegen, insbesondere also der Beklagte das Eigentum an dem Fleisch im Verhältnis zum Kläger ohne rechtfertigenden Grund erlangt hat. [...] (juris, Rn. 3)

Im Anschluss nimmt der BGH an, dass M das Eigentum an den Fleisch- und Wurstwaren ohne Rechtsgrund erlangt hat: 249

> 2. Ein Grund, der es rechtfertigen könnte, daß der Beklagte das aufgrund des § 950 BGB erworbene Eigentum behalten dürfte, ohne einen Ausgleich an den Kläger zu zahlen (rechtfertigender Grund), kann insbesondere nicht in dem Vertrag mit dem Dieb gefunden werden. Die §§ 932 ff. BGB regeln abschließend den Interessenkonflikt, der entsteht, wenn ein Nichtberechtigter im eigenen Namen eine fremde Sache an einen Dritten veräußert, und zwar zugunsten des Dritten für den Fall, daß die Sache dem Eigentümer nicht abhanden gekommen und der Dritte nicht bösgläubig ist. In diesem Fall wird der Dritte gemäß §§ 932 ff. BGB Eigentümer und er darf das Eigentum behalten, ohne dem früheren Eigentümer ausgleichungspflichtig zu sein. Der Vertrag des Nichtberechtigten mit dem Dritten ist in diesem Fall der die Vermögensverschiebung rechtfertigende Grund. In allen anderen Fällen aber, so auch in dem hier gegebenen, daß die Sache dem Eigentümer abhanden gekommen ist, löst das Gesetz den Interessenkonflikt zugunsten des Eigentümers. Er behält das Eigentum und damit den Anspruch auf Herausgabe aus § 985 BGB gegen den Dritten als Besitzer. Wird dieser später infolge der Vorschriften der §§ 946 bis 948, 950 BGB Eigentümer, so wird dieser Eigentumserwerb nicht durch das Veräußerungsgeschäft, das der Nichtberechtigte mit dem Dritten geschlossen hat, gerechtfertigt. Der Eigentumserwerb des Dritten beruht nicht auf diesem Veräußerungsgeschäft, dem im Gegenteil § 935 BGB jede Rechtswirksamkeit abspricht, sondern allein auf den §§ 946 ff. BGB. Diese Bestimmungen geben aber für sich allein keinen rechtfertigenden Grund für die Vermögensverschiebung ab, wie aus § 951 Abs. 1 Satz 1 BGB zu entnehmen ist. (juris, Rn. 4)

Darauf aufbauend begründet der BGH, warum die Anwendung des Bereicherungsrechts hier auch nicht durch das Eigentümer-Besitzer-Verhältnis gesperrt ist: 250

> 3. Ein Anspruch aus § 951 Abs. 1 Satz 1 BGB wird nicht durch die Sonderregelung der §§ 987-993 BGB (vgl. § 993 Abs. 1 Halbsatz 2 BGB) ausgeschlossen. Zwar war bis zur Verarbeitung durch den Beklagten der Kläger Eigentümer und der Beklagte (nichtberechtigter) Besitzer der Tiere. Die Verarbeitung durch den Beklagten hatte zur Folge, daß dieser die Tiere nicht mehr herausgeben konnte. Hierfür würde der Beklagte dem Kläger auf Schadensersatz nur unter den Voraussetzungen der §§ 989, 990 BGB (Rechtshängigkeit, Bösgläubigkeit) haften (§ 993 Abs. 1 Halbsatz 2 BGB), die hier unstreitig nicht gegeben sind. Das steht jedoch einem Anspruch aus § 951 Abs. 1 Satz 1 BGB nicht entgegen, der kein Schadensersatzanspruch, sondern ein Bereicherungsanspruch ist. (juris, Rn. 5)
>
> Der Bundesgerichtshof hat für andere Bereicherungsansprüche wiederholt ausgesprochen, daß sie durch die Sonderregelung der §§ 987–993 BGB nicht ausgeschlossen werden. In BGHZ 14, 7 ff. ist dem früheren Eigentümer ein Bereicherungsanspruch in einem Fall zuerkannt worden, in dem der gutgläubige Besitzer die fremde Sache (Treibstoff) für sich verbraucht und dadurch Aufwendungen erspart hatte. Ein Bereicherungsanspruch wird ferner nach ständiger Rechtsprechung dem früheren Eigentümer auch in dem Fall zugebilligt,

daß der Besitzer eine fremde Sache veräußert und sich auf diese Weise ihren Wert zuführt. Nach § 816 Abs. 1 Satz 1 BGB hat er dann das durch die Veräußerung Erlangte herauszugeben […]. Das gilt auch bei der Veräußerung einer dem Eigentümer abhanden gekommenen Sache, wenn dieser die Veräußerung, insbesondere durch Erhebung des Anspruchs aus § 816 Abs. 1 Satz 1 BGB, gegenüber dem Veräußerer genehmigt. In all diesen Fällen wird der Bereicherungsanspruch des früheren Eigentümers gegenüber dem früheren Besitzer durch die §§ 987-993 BGB nicht ausgeschlossen. Der gemeinsame Grund dafür ist, daß der gutgläubige Besitzer durch die Regelung der §§ 987–993 BGB zwar – in gewissen Grenzen – von als unbillig angesehenen Schadensersatzansprüchen des Eigentümers freigestellt werden soll, nicht aber soll er den Wert der Sache behalten dürfen, soweit er sich ihn durch einen objektiv unberechtigten Eingriff in das Eigentum verschafft hat. Insoweit sind aber alle Fälle der Eingriffskondiktion gleich zu behandeln. Das gilt insbesondere auch für den hier zu entscheidenden Fall, daß der Besitzer eine dem Eigentümer abhanden gekommene Sache gemäß § 950 BGB verarbeitet und auf diese Weise dem Eigentümer das Eigentum entzogen hat. Auch der dann gegebene Bereicherungsanspruch aus § 951 Abs. 1 Satz 1 BGB wird durch die Sonderregelung der §§ 987–993 BGB nicht berührt […]. (juris, Rn. 6)

251 Zuletzt wird begründet, warum M dem Bereicherungsanspruch des L nicht den an D gezahlten Kaufpreis entgegenhalten kann:

4. Auch für den Umfang dieses Bereicherungsanspruchs gilt das gleiche wie für Bereicherungsansprüche bei unberechtigtem Verbrauch oder unberechtigter Veräußerung durch den Besitzer. In diesen Fällen kann nach gefestigter Rechtsprechung […] der aus § 812 oder § 816 BGB in Anspruch genommene frühere Besitzer die für den Erwerb der Sache einem Dritten erbrachte Leistung nicht gemäß § 818 BGB in Ansatz bringen. Denn der Bereicherungsanspruch ist an die Stelle des Herausgabeanspruchs nach § 985 BGB getreten. Diesem gegenüber könnte der Besitzer sich nicht auf die einem Dritten erbrachte Leistung berufen. Deshalb kann er es auch nicht gegenüber dem Bereicherungsanspruch […]. Er ist vielmehr darauf angewiesen, seine Leistung von dem, dem er sie erbracht hat, zurückzufordern. Dasselbe gilt für den Fall des § 951 Abs. 1 Satz 1 BGB […]. Der Beklagte kann deshalb die von ihm an den Dieb gezahlten 1.701 DM nur von diesem zurückfordern. Gegenüber dem Bereicherungsanspruch des Klägers begründet diese Zahlung keinen Einwand aus § 818 BGB. (juris, Rn. 7)

252 Im Ergebnis hat L daher einen Anspruch gegen M aus § 951 BGB auf Zahlung von 1.701 DM.

IV. Rechtliche Einordnung

253 **1.** Zwar bestand im Zeitpunkt der Verwertung der Tiere eine Vindikationslage zwischen L und M. Ein **Schadensersatzanspruch aus §§ 989, 990 BGB** scheidet jedoch aus: Zum einen fehlt es an der Rechtshängigkeit im Sinne des § 989 BGB, die gemäß §§ 253 I, 261 I ZPO erst mit der Erhebung der Herausgabeklage durch Zustellung der Klageschrift eintritt. Zum anderen war M im Zeitpunkt des schädigenden Ereignisses nicht bösgläubig im Sinne des § 990 BGB. Nach § 990 I S. 1 BGB ist maßgeblich, ob der Besitzer beim Besitzerwerb weiß oder infolge grober Fahrlässigkeit nicht weiß (vgl. § 932 II BGB), dass er gegenüber dem Eigentümer nicht zum Besitz berechtigt ist. War der Besitzer hingegen bei Besitzerwerb gutgläubig, so schadet der Gutgläubigkeit in der Folgezeit nach § 990 I S. 2 BGB nur noch positive Kenntnis.

2. Allerdings kommt ein Anspruch des L gegen M auf Schadensersatz wegen Verletzung seines Eigentums nach § 823 I BGB in Betracht. Fraglich ist jedoch bereits, ob § 823 I BGB im vorliegenden Fall überhaupt anwendbar ist. Nach § 993 I Hs. 2 BGB ist ein gutgläubiger unrechtmäßiger Besitzer außerhalb der §§ 987 ff. BGB weder zur Herausgabe von Nutzungen noch zum Schadensersatz verpflichtet. Diese Regelung begründet die sog. **Sperrwirkung des Eigentümer-Besitzer-Verhältnisses**, die verhindern soll, dass die in §§ 987 ff. BGB angelegte Privilegierung des gutgläubigen und unverklagten Besitzers durch Rückgriff auf andere Regelungsregime umgangen wird. Im Einklang damit gilt die Sperrwirkung grundsätzlich auch **gegenüber deliktischen Ansprüchen**, es sei denn, einer der gesetzlich oder richterrechtlich anerkannten Ausnahmetatbestände liegt vor. So ist etwa gemäß § 992 BGB die Anwendung der §§ 823 ff. BGB eröffnet, wenn der Besitzer den Besitz durch verbotene Eigenmacht (§ 858 BGB) oder durch eine Straftat erlangt hat. Darüber hinaus wird die Sperrwirkung nach allgemeiner Auffassung auch im Fall eines sog. Fremdbesitzerexzesses durchbrochen. Ein solcher liegt vor, wenn der Besitzer sein vermeintliches Besitzrecht überschreitet. 254

▶ **Beispiel:** Die Mieterin M beschädigt fahrlässig den Mietwagen der Eigentümerin E. Später stellt sich heraus, dass der zugrunde liegende Mietvertrag zwischen M und E unwirksam war. Mangels eines wirksamen Mietvertrages scheidet eine vertragliche Haftung aus. Allerdings wird eine deliktische Haftung nach § 823 I BGB allgemein bejaht, da es widersprüchlich erschiene, ausgerechnet die unrechtmäßige Besitzerin gegenüber der rechtmäßigen Fremdbesitzerin besserzustellen, die uneingeschränkt nach Vertrags- und Deliktsrecht haften würde.

Einen besonderen Fall des Fremdbesitzerexzesses regelt § 991 II BGB.[1] Danach haftet der in Bezug auf sein Besitzrecht gutgläubige Besitzer dem Eigentümer insoweit auf Schadensersatz, als er dem mittelbaren Besitzer verantwortlich ist. 255

▶ **Beispiel:** A ist Eigentümer eines Fahrrads. B entwendet das Fahrrad und überlässt es C leihweise. C hält B irrtümlich für die Eigentümerin. Bei der Nutzung beschädigt C das Fahrrad fahrlässig. C haftet gegenüber A auf Schadensersatz gemäß § 991 II BGB i. V. m. § 989 BGB. Diese Haftung lässt sich damit begründen, dass eine Privilegierung unbillig ist, wenn der Fremdbesitzer sein vermeintliches Besitzrecht überschreitet und insoweit ohnehin mit einer Haftung gegenüber dem mittelbaren Besitzer rechnen müsste.

Die wohl herrschende Ansicht nimmt an, dass § 991 II BGB nur Dreipersonenverhältnisse erfasst.[2] Gleichwohl besteht im Ergebnis Einigkeit darüber, dass entsprechend dem Rechtsgedanken des § 991 II BGB auch der Fremdbesitzerexzess im Zweipersonenverhältnis von der Sperrwirkung des § 993 I Hs. 2 BGB auszunehmen ist. Zur Begründung wird teils eine analoge Anwendung des § 991 II BGB,[3] teils eine restriktive Auslegung des § 993 I Hs. 2 BGB herangezogen.[4] 256

Im vorliegenden Fall hat M den Besitz jedoch weder durch verbotene Eigenmacht noch durch eine Straftat erlangt. Ebenso wenig liegt ein Fremdbesitzerexzess vor. § 823 I BGB ist daher nicht anwendbar; es verbleibt bei der Sperrwirkung nach § 993 I Hs. 2 BGB gegenüber deliktischen Ansprüchen. 257

---

1 *Wellenhofer*, Sachenrecht, § 22 Rn. 30.

2 Siehe etwa Schulze/*Schulte-Nölke*, BGB, § 991 Rn. 3; *Lüke*, Sachenrecht, Rn. 306 f.; für die Anwendbarkeit auch in Zweipersonenverhältnissen etwa MüKo-BGB/*Rapatz*, § 991 Rn. 22; NK-BGB/*Schanbacher*, § 991 Rn. 13.

3 So etwa *Baur/Stürner*, Sachenrecht, § 11 Rn. 32.

4 BeckOK-BGB/*Fritzsche*, § 991 Rn. 11; Grüneberg/*Herrler*, BGB, § 993 Rn. 4; *Lüke*, Sachenrecht, Rn. 307; *Wellenhofer*, Sachenrecht, § 22 Rn. 42.

258 **3.1** Die Frage nach der **Sperrwirkung des Eigentümer-Besitzer-Verhältnisses** stellt sich im Anschluss auch im Hinblick auf einen Anspruch des L gegen M aus **§ 951 I BGB i. V. m. §§ 812 ff. BGB.** Der BGH hat eine solche Sperrwirkung überzeugend abgelehnt. Zwar bezwecken die §§ 987–993 BGB den Schutz des gutgläubigen und unverklagten Besitzers vor Schadensersatzansprüchen des Eigentümers. § 951 BGB gewährt jedoch keinen Schadens-, sondern einen Wertersatzanspruch, der funktional als Rechtsfortwirkungsanspruch des § 985 BGB verstanden wird: So wie der gutgläubige, unrechtmäßige Besitzer nach § 985 BGB zur Herausgabe der Sache verpflichtet ist, schuldet er nach Verbindung, Vermischung oder Verarbeitung der Sache die Herausgabe ihres Wertes. Damit stellt § 951 BGB zugleich klar, dass die §§ 946 ff. BGB zwar das Eigentum (neu) zuweisen, jedoch keine Entscheidung über den Verbleib des wirtschaftlichen Wertes – zulasten des ursprünglichen Eigentümers – treffen. Gegen die Annahme einer Sperrwirkung spricht schließlich auch ein Erst-Recht-Schluss: Wenn § 993 I Hs. 1 BGB bereits im Fall der Nutzungsziehung über den gewöhnlichen Gebrauch hinaus (sog. Übermaßfrüchte) auf das Bereicherungsrecht verweist, muss dies bei einem vollständigen Verbrauch der Sachsubstanz erst recht gelten.

259 **3.2** Im vorliegenden Fall hat M durch die Verwertung der Jungbullen zu Fleisch- und Wurstwaren kraft Verarbeitung gemäß § 950 BGB[5] Eigentum an Letzteren erlangt; L hat infolgedessen sein Eigentum an den Jungbullen verloren. Die Voraussetzungen des § 951 I BGB sind damit erfüllt.

260 Da es sich bei § 951 BGB nach überwiegender Auffassung um eine **Rechtsgrundverweisung** handelt, setzt ein Anspruch zudem voraus, dass die Voraussetzungen der §§ 812 ff. BGB vorliegen. Umstritten ist insoweit, ob § 951 BGB lediglich auf die Nichtleistungskondiktion (§ 812 I S. 1 Alt. 2 BGB)[6] verweist oder auch die Leistungskondiktion (§ 812 I S. 1 Alt. 1 BGB)[7] erfasst. Dieser Streit bedarf hier jedoch keiner Entscheidung. Zwischen L und M besteht keine Leistungsbeziehung, sodass von vornherein nur eine Nichtleistungskondiktion in Betracht kommt.

261 Problematisch ist jedoch, dass zwischen D und M eine Leistungsbeziehung besteht, da D dem M die Jungbullen bewusst und zweckgerichtet geliefert hat. Nach ständiger Rechtsprechung des BGH kann ein Anspruch wegen Bereicherung in sonstiger Weise grundsätzlich nur entstehen, „wenn der Bereicherungsgegenstand dem Empfänger überhaupt nicht, also von niemandem geleistet worden ist".[8] Dieser **Vorrang der Leistungskondiktion** dient insbesondere dazu, dem Empfänger seine Einwendungen aus dem jeweiligen Leistungsverhältnis zu erhalten, ihn nicht mit Einwendungen aus fremden Rechtsverhältnissen zu belasten und ihm nur das Insolvenzrisiko seiner eigenen Vertragspartner aufzuerlegen. Gleichwohl bejaht die ganz herrschende Meinung in Fällen der vorliegenden Art die Anwendbarkeit der Nichtleistungskondiktion des ursprünglichen Eigentümers gegen den Verarbeiter. Maßgeblich ist insoweit die strikte Trennung zwischen Besitz- und Eigentumserwerb: Zwar hat M den Besitz an den Jungbullen durch Leistung des D erlangt, der Eigentumserwerb beruht jedoch nicht auf dieser Leistung, sondern ausschließlich auf § 950 BGB. Damit hat M das Eigentum in sonstiger Weise auf Kosten des L erlangt; ein Vorrang der Leistungskondiktion scheidet aus.

---

5 Zu den Voraussetzungen des § 950 BGB siehe Fall 11 – Rohstofflieferung.

6 So die wohl herrschende Ansicht, siehe etwa Staudinger/*Heinze*, BGB, § 951 Rn. 2; *Wilhelm*, Sachenrecht, Rn. 1080; *Westermann/Gursky/Eickmann*, Sachenrecht, § 54 Rn. 2.

7 BGH NJW 1989, 2745 (2746); *Prütting*, Sachenrecht, Rn. 467.

8 BGH NJW 1964, 399 (400).

3.3 M hat das Eigentum an den Fleisch- und Wurstwaren auch **rechtsgrundlos** erlangt. Im Rahmen der Nichtleistungskondiktion ist das Tatbestandsmerkmal des fehlenden Rechtsgrundes erfüllt, wenn die Rechtsordnung dem Empfänger keinen rechtlichen Grund zum Behalten des Erlangten zuweist. Ein solcher Behaltensgrund ist vorliegend nicht ersichtlich. Er ergibt sich insbesondere nicht aus dem zwischen M und D geschlossenen Kaufvertrag, da dieser lediglich inter partes wirkt und gegenüber dem ursprünglichen Eigentümer L keine rechtliche Wirkung entfaltet. Zwar kann eine rechtsgeschäftliche Übereignung gemäß §§ 929 S. 1, 932 ff. BGB einen tauglichen Rechtsgrund darstellen; gutgläubig erworbenes Eigentum ist insoweit kondiktionsfest.[9] Vorliegend hat M das Eigentum – wegen § 935 I BGB – jedoch nicht rechtsgeschäftlich, sondern kraft Gesetzes durch Verarbeitung gemäß § 950 BGB erlangt. Der BGH stellt insoweit zutreffend klar, dass die gesetzlichen Erwerbstatbestände der §§ 946–950 BGB selbst keinen Rechtsgrund im Sinne des § 812 I BGB darstellen können. Andernfalls liefe der durch § 951 BGB eröffnete Wertersatzanspruch systematisch ins Leere, da jeder gesetzliche Eigentumserwerb nach diesen Vorschriften zugleich als Rechtsgrund gewertet werden müsste – was dem Sinn und Zweck des bereicherungsrechtlichen Ausgleichs widerspräche. 262

3.4 Der Anspruch aus § 951 I BGB ist ausdrücklich auf **Vergütung in Geld** gerichtet. Der Gläubiger kann daher insbesondere nicht die Herausgabe des durch Verarbeitung erlangten Eigentums verlangen. Das ursprüngliche Eigentum des Berechtigten setzt sich somit lediglich in einem schuldrechtlichen Wertersatzanspruch fort. Die Höhe des Anspruchs bemisst sich dabei nach dem objektiven Wert der früheren Sache zum Zeitpunkt ihres Verlusts. Da der Anspruch aus § 951 I BGB funktional an die Stelle des § 985 BGB tritt, ist es konsequent, dass der BGH dem M im vorliegenden Fall die Berufung auf Entreicherung gemäß § 818 III BGB versagt. M konnte sich daher nicht mit Erfolg auf den an D gezahlten Kaufpreis berufen. 263

V. Vertiefungsfragen

1. Ledergroßhändler L kauft in Unkenntnis der Herkunft Leder an, das dem F zuvor gestohlen worden war. L veräußert das Leder anschließend an verschiedene Kunden, die es umgehend verarbeiten. Nachdem die Versicherung (V) des F den Schaden ersetzt hat, wendet sich V an L und begehrt Herausgabe des Erlöses gemäß § 816 I S. 1 BGB. Zwar sind die Verfügungen gemäß § 935 I S. 1 BGB zunächst unwirksam. In Betracht kommt aber eine Genehmigung nach § 185 II Alt. 1 BGB. Kann V die Verfügungen des L gegenüber den Abnehmern noch genehmigen, obwohl diese bereits durch Verarbeitung gemäß § 950 BGB originär Eigentum an den aus dem Leder hergestellten Sachen erworben haben? 264
   → siehe BGH NJW 1971, 1452
2. B errichtet infolge grober Fahrlässigkeit eine Garage, die mehrere Meter auf das Grundstück des Nachbarn N hineinragt. Durch die Verbindung der verwendeten Baumaterialien mit dem Grundstück hat N gemäß § 946 BGB Eigentum an diesen Bestandteilen erlangt. Kann B Wertersatz nach § 951 BGB in Höhe des Werts der eingebauten Materialien von N verlangen, obwohl der Überbau für N subjektiv wertlos ist?
   → siehe *Wellenhofer*, Sachenrecht, § 10 Rn. 5 ff.

---

9 BeckOK-BGB/*Wendehorst*, § 812 Rn. 140.

3. In welchem Verhältnis steht das Wegnahmerecht aus § 951 II S. 2 BGB zum Wegnahmerecht gemäß § 997 BGB?
   → siehe *Vieweg/Lorz*, Sachenrecht, § 6 Rn. 23

Weitere Vertiefung und Wiederholung bei Jurafuchs auf jurafuchs.de oder in der Jurafuchs App:

Fall 14: Hausbau auf fremdem Grund

BGH, Urteil vom 14.3.2025 – V ZR 153/23 = BGHZ 243, 284 = NJW 2025, 1486

Eigentumserwerb durch Hoheitsakt | Anspruch auf Verwendungsersatz (§§ 994, 996 BGB) | Zurückbehaltungsrechte (§§ 273 II, 1000 BGB) | Verhältnis zwischen §§ 994, 996 BGB und § 1004 I S. 1 BGB | Anspruch auf Nutzungsersatz (§ 988 BGB)

I. Sachverhalt

K war seit 1993 als Eigentümer eines Grundstücks im Grundbuch eingetragen. Ab dem Jahr 2008 wurde ohne sein Wissen die Zwangsversteigerung des Grundstücks betrieben. 265

Durch Beschluss vom 21.4.2010 erhielt F für einen Preis von 51.000 Euro den Zuschlag für das Grundstück und wurde im August 2010 als Eigentümerin in das Grundbuch eingetragen. Anschließend wurde das Grundstück zur Sicherung eines von F und ihrem Ehemann M aufgenommenen Darlehens mit einer im Oktober 2011 eingetragenen Grundschuld über 280.000 Euro nebst Zinsen belastet. F und M ließen das auf dem Grundstück befindliche Wochenendhaus abreißen und ein neues Wohnhaus errichten, das beide seit dem 1.8.2012 bewohnen.

Durch Beschluss vom 11.3.2014 wurde der Zuschlagsbeschluss auf die Beschwerde des K, der zwischenzeitlich Kenntnis von der Zwangsversteigerung erlangt hatte, aufgehoben.

K verlangt nun von F die Zustimmung zur Berichtigung des Grundbuchs und von F und M die Beseitigung des Wohnhauses, Räumung und Herausgabe des Grundstücks, Löschung der Grundschuld sowie Zahlung von Nutzungsersatz für die Zeit vom 1.8.2012 bis 31.12.2014 in Höhe von 6.041,67 Euro nebst Zinsen. F und M berufen sich umfassend auf ein Zurückbehaltungsrecht wegen eines Wertersatzanspruchs für das von ihnen errichtete Haus, den sie auf 500.000 Euro beziffern.

II. Zentrale Probleme

Im Zentrum des Falles steht die Frage, ob F und M ein Anspruch auf Verwendungsersatz gemäß § 996 BGB zusteht, den sie den verschiedenen Begehren des K im Wege eines Zurückbehaltungsrechts entgegenhalten könnten. Dies verweist auf die umstrittene Frage, ob die Bebauung eines Grundstücks als Verwendung im Sinne der §§ 994, 996 BGB zu qualifizieren ist. Sofern dies zu bejahen ist, stellt sich die Frage, ob diese – jedenfalls nicht notwendige (§ 994 BGB) – Verwendung im Sinne des § 996 BGB auch als nützlich für den Eigentümer K anzusehen ist. Daran lässt sich zweifeln, was sich schon daran zeigt, dass K selbst den Abriss des Hauses verlangt. Damit stellt sich die grundsätzliche Frage, ob die Nützlichkeit objektiv oder subjektiv zu beurteilen ist. 266

Der von K begehrte Abriss des Hauses, der sich dem Grunde nach auf § 1004 I S. 1 BGB stützen lässt, lenkt den Blick auf ein weiteres Spannungsverhältnis: Kann ein Eigentümer einerseits zum Verwendungsersatz nach §§ 994, 996 BGB verpflichtet sein, andererseits aber vom Besitzer die Beseitigung des Ergebnisses dieser ersatzfähigen Verwendung verlangen? 267

Ein unbefangener Blick ins Gesetz lässt schließlich auch den von K geltend gemachten Anspruch auf Nutzungsersatz fragwürdig erscheinen. Nach § 988 BGB kann ein solcher Anspruch gegen die gutgläubigen Besitzer F und M jedenfalls vor Rechtshängigkeit nur bestehen, wenn diese den Besitz unentgeltlich erlangt haben. Hier wurde F das 268

Grundstück im Wege der Zwangsversteigerung zu einem Preis von 51.000 Euro zugeschlagen. Dieser Zuschlagsbeschluss wurde jedoch aufgehoben, sodass F das Grundstück rechtsgrundlos erworben hat. Fraglich ist, ob der rechtsgrundlose Erwerb bereits einen Anspruch auf Nutzungsersatz rechtfertigt.

III. Die Entscheidung des BGH

269 Ausgehend von dem Befund, dass zugunsten des K gemäß § 891 BGB eine Vermutung für seine Eigentümerstellung im Zeitpunkt der Zwangsversteigerung spricht, prüft der BGH zunächst einen Anspruch des K auf Zustimmung zur Berichtigung des Grundbuchs gemäß § 894 BGB gegen F, die nach der Zuschlagserteilung als Eigentümerin in das Grundbuch eingetragen wurde. Ein solcher Anspruch setzt die Unrichtigkeit des Grundbuchs voraus; es bedarf mithin eines Widerspruchs zwischen der aus dem Grundbuch ersichtlichen (formellen) Rechtslage und der wirklichen (materiellen) Rechtslage. Fraglich ist damit, ob entgegen der Eintragung der F tatsächlich der K Eigentümer des Grundstücks ist. Hierfür kommt es vor allem auf die Wirkung der Aufhebung des Zuschlagsbeschlusses an:

> [6] [...] Zwar führt der Zuschlag gem. § 90 I ZVG zu einem originären Eigentumserwerb des Erstehers, hier der Bekl. zu 1. Wird der Zuschlagsbeschluss aber im Beschwerdewege (hier: aufgrund einer sog. Nichtigkeitsbeschwerde nach § 569 I 3 ZPO) rechtskräftig aufgehoben, verliert der Ersteher das Eigentum rückwirkend zum Zeitpunkt des Wirksamwerdens des Zuschlagsbeschlusses wieder an den Schuldner, hier den Kl.; dessen Eigentum lebt wieder auf [...].
>
> [7] b) Dabei kommt es, wie das BerGer. zutreffend erkennt, wegen der Rechtskraft des Aufhebungsbeschlusses nicht auf dessen Rechtmäßigkeit an. Ein Beschluss, mit dem ein im Zwangsversteigerungsverfahren erteilter Zuschlag aufgehoben wird, ist – ebenso wie ein Urteil – der materiellen Rechtskraft fähig. Für den Zuschlagsbeschluss entspricht dies der ständigen höchstrichterlichen Rechtsprechung [...]. Für den Aufhebungsbeschluss als „actus contrarius" des Zuschlagsbeschlusses kann nichts anderes gelten. [...]. Fehlt es an entsprechenden Rechtsschutzmöglichkeiten oder sind diese ausgeschöpft, erwächst die Aufhebung des Zuschlags in Rechtskraft. An die rechtskräftige Entscheidung ist das Gericht auch dann gebunden, wenn sie in einem nachfolgenden Rechtsstreit eine Vorfrage darstellt [...]. So liegt es hier. [...]
>
> [8] c) Als rechtsgestaltender Hoheitsakt entfaltet der Aufhebungsbeschluss ebenso wie der Zuschlagsbeschluss Wirkung gegenüber jedermann und damit auch gegenüber der [F] [...].

270 Mit der daraus folgenden Unrichtigkeit des Grundbuches geht einher, dass der Anspruch des K auf Zustimmung zur Grundbuchberichtigung entstanden ist. Fraglich ist nun, ob dieser Anspruch auch durchgesetzt werden kann. Der BGH bejaht zugunsten der F ein Zurückbehaltungsrecht nach § 273 II BGB, das seinerseits auf einem Anspruch der F auf Ersatz der im Zusammenhang mit dem Hausbau getätigten Verwendungen gemäß §§ 994 ff. BGB beruht:

> [12] a) Dem Grundbuchberichtigungsanspruch aus § 894 BGB kann – wovon auch das BerGer. ausgeht – gem. § 273 II BGB ein Zurückbehaltungsrecht wegen eines Verwendungsersatzanspruchs aus § 996 BGB entgegengehalten werden. Denn Buchpositionen können (herauszugebender) Gegenstand im Sinne der Vorschrift sein, und Verwendungen auf das Grundstück gelten als solche auf das Eigentum. Dass der Verwendungsersatzanspruch nach

§ 1001 S. 1 BGB erst mit Wiedererlangung der Sache oder Genehmigung der Verwendungen fällig wird, ist unschädlich [...].

[13] b) Während der Errichtung des Wohnhauses bestand die für einen Anspruch aus § 996 BGB erforderliche Vindikationslage (sog. Eigentümer-Besitzer-Verhältnis). Der Kl. war Eigentümer des Grundstücks, da sein Eigentum mit der Aufhebung des Zuschlagsbeschlusses rückwirkend wiederaufgelebt ist. Mit dem Verlust des Eigentums der (F) haben beide Bekl. rückwirkend ihr Recht zum Besitz verloren und waren deshalb von Anfang an unrechtmäßige Besitzer. Dass die Vindikationslage erst rückwirkend entstanden ist, steht der Anwendung der §§ 987 ff. BGB nicht entgegen [...].

[14] c) Infolgedessen kommt es für das Bestehen des Zurückbehaltungsrechts entscheidend darauf an, ob ein Verwendungsersatzanspruch aus § 996 BGB schlüssig vorgetragen worden ist. Für andere als notwendige Verwendungen – nach der amtlichen Überschrift des Gesetzes: „nützliche Verwendungen" – kann der Besitzer gem. § 996 BGB Ersatz nur insoweit verlangen, als sie vor dem Eintritt der Rechtshängigkeit und vor dem Beginn der in § 990 BGB bestimmten Haftung gemacht werden und der Wert der Sache durch sie noch zu der Zeit erhöht ist, zu welcher der Eigentümer die Sache wiedererlangt. Damit stellt sich zunächst die in Rechtsprechung und Literatur umstrittene Frage, ob die Aufwendungen für die Errichtung eines Gebäudes auf einem fremden Grundstück auch dann Verwendungen iSv § 996 BGB sein können, wenn der Bau das Grundstück grundlegend verändert [...]

[15] aa) Nach der bisherigen Rechtsprechung des BGH liegt § 996 BGB ein sogenannter enger Verwendungsbegriff zugrunde.

[16] (1) Verwendungen sind danach nur solche Vermögensaufwendungen, die der Sache zugutekommen sollen, ohne sie grundlegend zu verändern; die Maßnahmen müssten darauf abzielen, den Bestand der Sache als solcher zu erhalten oder wiederherzustellen oder deren Zustand zu verbessern. Hierunter könne zwar auch die Errichtung eines Bauwerks fallen, z. B. die Errichtung eines Deichs auf einem durch Hochwasser gefährdeten Grundstück, der Bau einer Stützmauer auf einem abschüssigen Grundstück oder der Bau eines Stalls bzw. Kesselhauses auf einem landwirtschaftlich bzw. industriell genutzten Grundstück [...]. Auch den Wiederaufbau eines im Krieg beschädigten oder zerstörten Gebäudes ordnet die bisherige Rechtsprechung als Verwendung ein, wenn damit die Verwendbarkeit des Grundstücks für den vorherigen Zweck wiederhergestellt wird [...]. Anderes soll dagegen gelten, wenn auf einem bisher unbebauten Grundstück ein Wohnhaus, eine Lagerhalle oder ein Fabrikgebäude errichtet wird; dann werde das Grundstück nicht in seinem Bestand verbessert, sondern dessen Zustand verändert, weil es fortan für einen anderen Zweck genutzt werde [...]

[17] (2) Zur Begründung hat der Senat unter anderem auf den Sprachgebrauch verwiesen; zudem würde bei einer anderen Betrachtung „der Anwendungsbereich der §§ 994 ff. BGB in einer Weise erweitert, die ersichtlich nicht mehr dem Zweck der gesetzlichen Regelung entspräche und für die auch kein vernünftiges wirtschaftliches Bedürfnis bestünde" [...]. Im Ergebnis soll der Eigentümer vor den unter Umständen erheblichen finanziellen Lasten einer Ersatzpflicht geschützt werden; seiner Dispositionsbefugnis wird gegenüber den Interessen des Besitzers der Vorrang eingeräumt. [...]

[20] cc) Die heute einhellige Auffassung in der Literatur ordnet die Errichtung eines Gebäudes auf einem fremden Grundstück stets als Verwendung ein. Verwendungen sind danach alle Vermögensaufwendungen, die der Sache zugutekommen sollen, also auch solche, die sie grundlegend verändern (sog. weiter Verwendungsbegriff). Der enge Verwendungsbegriff

führe zu einer einseitigen Bevorzugung des Eigentümers, weil er auch für erhebliche Vorteile keinen Ersatz leisten müsse, und zwar unabhängig davon, ob er sie für sich nutze. Für den redlichen Besitzer bedeute der enge Verwendungsbegriff dagegen eine außerordentliche Härte, weil ihm nur das regelmäßig wirtschaftlich wertlose Wegnahmerecht verbleibe. Schließlich entstünden nach dem engen Verwendungsbegriff Abgrenzungsschwierigkeiten zwischen bloß verbessernden und grundlegend verändernden Maßnahmen [...].

[21] d) Ob diese Kritik an der Rechtsprechung berechtigt ist, hat der Senat zuletzt in zwei Entscheidungen aus den Jahren 2013 und 2014 ausdrücklich offengelassen [...]. Er schließt sich nunmehr der einhelligen Meinung in der Literatur an und gibt den engen Verwendungsbegriff auf. Verwendungen sind danach alle Vermögensaufwendungen, die der Sache zugutekommen sollen, auch wenn sie die Sache grundlegend verändern; die Errichtung eines Gebäudes auf einem fremden Grundstück kann deshalb auch dann eine (nützliche) Verwendung iSv § 996 BGB sein, wenn damit eine Änderung der Zweckbestimmung des Grundstücks verbunden ist. Einer Vorlage an den Großen Senat nach § 132 II GVG bedarf es nicht. Soweit der VIII. Zivilsenat – der damaligen Rechtsprechung des V. Zivilsenats folgend – den engen Verwendungsbegriff in seinem Urteil vom 8.1.1969 [...] im Zusammenhang mit der Vorschrift des § 601 II 1 BGB in entscheidungserheblicher Weise zugrunde gelegt hat, haben sowohl der VIII. Zivilsenat als auch der nunmehr für Streitigkeiten über Leihe zuständige XII. Zivilsenat mitgeteilt, daran nicht festzuhalten; in der Rechtsprechung anderer Zivilsenate war die Begrenzung des Verwendungsbegriffs nicht entscheidungserheblich. [...]

[24] bb) Die Errichtung eines Gebäudes ist vom möglichen Wortsinn einer Verwendung erfasst. Dem Wortlaut des § 996 BGB, speziell dem Begriff der Verwendung, lassen sich keine Anhaltspunkte dafür entnehmen, dass Maßnahmen, die zu einer grundlegenden Veränderung der Sache (im Sinne einer Änderung der Zweckbestimmung) führen, nicht in den Anwendungsbereich der Vorschrift fallen. Der Begriff „Verwendung" wird im BGB nicht legaldefiniert. Einigkeit besteht nur darüber, dass es sich um einen Unterfall der „Aufwendungen" (freiwillige Vermögensopfer) handelt, nämlich sachbezogene Aufwendungen [...]. Ein engeres Begriffsverständnis kann auch nicht mit dem allgemeinen Sprachgebrauch begründet werden; denn der Ausdruck „Verwendungen vornehmen" kommt – anders als das Wort „verwenden" im Sinne von benutzen, gebrauchen oder anwenden – außerhalb der juristischen Fachsprache nicht vor [...]. Ohnehin dürfte die Bebauung von der Zweckbestimmung eines bebaubaren Grundstücks umfasst sein. [...]

[26] dd) Die historische Auslegung spricht eher für einen weiten Verwendungsbegriff. Aus den Gesetzgebungsmaterialien zum BGB ergibt sich, dass die Verfasser unter Verwendungen auf die Sache solche Geschäfte verstanden haben, deren wirtschaftlicher Erfolg dem dinglich Berechtigten in irgendeiner Weise zugutekommt. Von einer Definition im Gesetz haben sie in der Erwartung, dass „der Sinn des Ausdrucks auch ohne Begriffsbestimmung in der Rechtsanwendung nicht verkannt werden wird", abgesehen (Motive III S. 411). Der Begriff der Verwendungen sei der bisherigen Theorie und Praxis „völlig geläufig"; es sei nicht zu besorgen, dass der Mangel einer Legaldefinition zu „irrigen Auffassungen" führen werde (Motive III S. 31). Der Bau auf fremdem Boden wird in den Gesetzgebungsmaterialien zudem mehrfach als Beispiel für eine Verwendung genannt (vgl. Motive II S. 394: „Errichtung eines Gebäudes"; Protokolle III S. 353, 356: „Bau auf dem Grundstück", „Bebauung der Grundstücke", „Niederreißen von Gebäuden"). Auch das RG hat Verwendungen als Vermögensaufwendungen, die einer bestimmten Sache zugutekommen sollen, definiert [...]

und zB die Umgestaltung einer „Spritfabrik" in eine Schrauben- und Mutternfabrik als (notwendige) Verwendung eingestuft [...].

[27] ee) Insbesondere der mit den §§ 994 ff. BGB verfolgte Zweck spricht für den weiten Verwendungsbegriff.

[28] (1) Die §§ 994 ff. BGB dienen weder allein dem Schutz des Eigentümers vor einer aufgedrängten Bereicherung noch allein dem Schutz des redlichen, unverklagten Besitzers vor einem ersatzlosen Verlust seiner Aufwendungen. Dies zeigt sich daran, dass die Vorschriften teilweise zugunsten des Eigentümers und teilweise zugunsten des Besitzers von den allgemeinen Vorschriften (§§ 677 ff., 812 ff. BGB) abweichen [...]. Mit den §§ 994 ff. BGB soll ein gerechter Ausgleich der widerstreitenden Interessen von Eigentümer und Besitzer herbeigeführt werden [...].

[29] (2) Der Eigentümer wird durch eine Ersatzpflicht, die im Falle des § 996 BGB nur bei einer Verkehrswerterhöhung eintritt [...] nicht in seinem Vermögen, sondern nur in seiner Dispositionsbefugnis beeinträchtigt. Diese wird in den §§ 994 ff. BGB nicht absolut geschützt, sondern gerade eingeschränkt. Der Eigentümer kann zwar zu einer Änderung der Zweckbestimmung oder, falls er den Verwendungsersatzanspruch nicht aus seinem übrigen Vermögen begleichen kann, zum Verkauf der Sache gezwungen werden. Dies ist aber im Gesetz angelegt. Denn ausweislich der §§ 989 f. (kein Schadensersatzanspruch gegen den gutgläubigen und unverklagten Besitzer für den Untergang der Sache), § 1000 (Zurückbehaltungsrecht des Besitzers bis zur Befriedigung des Verwendungsersatzanspruchs), § 1001 S. 2 (Befreiung von dem Verwendungsersatzanspruch durch Rückgabe der Sache) und § 1003 BGB (Recht des Besitzers zur Befriedigung aus der Sache) ist der Verlust der Sache in bestimmten Konstellationen sogar gesetzlich vorgesehen. Zudem wird der Eigentümer über die Begrenzung des Anspruchsumfangs geschützt [...]. Er kann sich auch durch Rückgabe der Sache von dem Anspruch befreien (vgl. § 1001 S. 2 BGB).

[30] (3) Demgegenüber verbliebe dem gutgläubigen und unverklagten Besitzer nach dem engen Verwendungsbegriff nur das regelmäßig wirtschaftlich wertlose Wegnahmerecht aus § 997 BGB. Ein Ausgleichsanspruch aus § 242 BGB wird nur in wenigen Ausnahmefällen überhaupt in Betracht kommen und selbst dann wirtschaftlich nicht annähernd einem Verwendungsersatzanspruch entsprechen [...]. Dies steht im Widerspruch dazu, dass der gutgläubige und unverklagte (Eigen-)Besitzer darauf vertraut und vertrauen darf, dass er mit der Sache – wie ein Eigentümer – nach Belieben verfahren kann (§ 903 S. 1 BGB). Er kann sich naturgemäß keine Gedanken darüber machen, ob er das Grundstück zu einem anderen Zweck nutzt als der wahre Eigentümer. Infolgedessen hinge das Bestehen des Ersatzanspruchs davon ab, ob der Besitzer das Grundstück zufällig zu demselben Zweck nutzen möchte wie der wahre Eigentümer.

[31] (4) Diese Härte für den Besitzer ist von dem Zweck der §§ 994 ff. BGB, einen angemessenen Interessenausgleich zwischen Eigentümer und Besitzer herzustellen, nicht gedeckt. Für einen weiten Verwendungsbegriff besteht deshalb auch ein vernünftiges wirtschaftliches Bedürfnis [...]. Auch hier wären die Bekl. als redliche und unverklagte Besitzer auf die Ausübung des – wegen der zu erwartenden Höhe der Abrisskosten wohl wirtschaftlich wertlosen – Wegnahmerechts beschränkt, während der Kl. für den Wertzuwachs seines Grundstücks keinen Ersatz leisten müsste.

[32] ff) Unabhängig von den vorstehenden Erwägungen führt der enge Verwendungsbegriff zu erheblichen Abgrenzungsschwierigkeiten und damit zu Rechtsunsicherheit. Denn es fehlen geeignete Kriterien dafür, wann noch eine erhaltende oder verbessernde und wann

bereits eine grundlegend verändernde Aufwendung vorliegt. So kann auch im vorliegenden Fall die Frage aufgeworfen werden, ob das Grundstück mit dem Abriss des Wochenendhauses und der Errichtung des Wohnhauses grundlegend verändert wurde, obwohl das Grundstück weiterhin dem privaten Wohnen dient, oder ob sich der Zweck durch das Maß der Nutzung geändert hat (Einfamilienhaus statt Wochenendhaus). Der enge Verwendungsbegriff erweist sich damit als wenig praktikabel. Zudem überzeugt es nicht, die umfassende Sanierung eines bestehenden Hauses (Verwendung) anders zu behandeln als den Abriss und Neubau (keine Verwendung). Bei einer kostenträchtigen Sanierung versagt selbst der mit dem engen Verwendungsbegriff bezweckte Schutz des Eigentümers vor einer finanziellen Überforderung.

271 Nach der geänderten Rechtsprechung des BGH stellt die Bebauung des Grundstücks durch F und M daher eine Verwendung im Sinne der §§ 994, 996 BGB dar. Diese war zwar nicht notwendig im Sinne des § 994 BGB. Die Ersatzfähigkeit soll sich jedoch daraus ergeben, dass die Verwendung nützlich im Sinne des § 996 BGB war:

[33] e) Auch die Nützlichkeit der von den Bekl. getätigten Verwendungen kann mit der von dem BerGer. gegebenen Begründung nicht verneint werden. Wie die Nützlichkeit einer Verwendung iSv § 996 BGB zu bestimmen ist, ist allerdings – womit sich das BerGer. nicht auseinandersetzt – ebenso wie der Verwendungsbegriff umstritten.

[34] aa) Nach teilweise vertretener Ansicht ist für die Nützlichkeit allein die objektive Verkehrswerterhöhung durch die Verwendung maßgeblich. [...]

[35] bb) Die Gegenauffassung, der auch das BerGer. folgt, stellt auf die Werterhöhung für den Eigentümer ab. Verwendungen seien nur insoweit ersatzfähig, als sie für den Eigentümer aufgrund seiner konkreten Interessenlage einen Wert hätten [...]. Einig sind sich die Vertreter der Gegenauffassung darin, dass die Ersatzpflicht des Eigentümers wie bei einer aufgedrängten Bereicherung begrenzt werden müsse.

[36] cc) Der Senat entscheidet die bislang höchstrichterlich nicht geklärte Frage dahin, dass für die Nützlichkeit einer Verwendung iSv § 996 BGB allein die objektive Verkehrswerterhöhung der Sache maßgeblich ist, nicht jedoch der subjektive Wert für den Eigentümer. Der Verwendungsersatzanspruch des Besitzers ist allerdings auf die von ihm tatsächlich aufgewendeten Kosten begrenzt. Diese Grundsätze gelten auch bei der Errichtung eines Gebäudes auf einem fremden Grundstück.

[37] (1) Der Wortlaut des § 996 BGB spricht eindeutig für ein objektives Verständnis der Nützlichkeit, insbesondere im systematischen Vergleich mit § 994 und § 997 II BGB. Denn § 996 BGB stellt allein auf die Werterhöhung der Sache ab. Anhaltspunkte für eine Begrenzung auf den subjektiven Wert für den Eigentümer ergeben sich daraus nicht. Auch die Notwendigkeit einer Verwendung iSv § 994 BGB beurteilt sich der ständigen Rechtsprechung des BGH zufolge nach einem objektiven Maßstab [...], obwohl auch notwendige Verwendungen dem Eigentümer, zumindest im Einzelfall, unwillkommen sein können. Demgegenüber enthält § 997 II BGB ausdrücklich ein subjektives Element, indem auf den Nutzen für den Besitzer abgestellt wird. Auch der Verweis auf die Vorschriften über die Geschäftsführung ohne Auftrag in § 994 II BGB führt zu einer Berücksichtigung der Interessen des Eigentümers [...].

[38] (2) Die Gesetzesverfasser haben den Begriff „Wert" ebenfalls im Sinne von gemeinem Wert bzw. Verkehrswert verstanden. Sie waren sich im Klaren darüber, dass der heutige § 996 BGB den Eigentümer auch zum Ersatz solcher werterhöhenden Verwendungen zwingen würde, die für diesen ohne Interesse sind [...]. Ein umfassender Schutz des Eigentümers

vor einer aufgedrängten Bereicherung war nicht beabsichtigt [...] Die Regelungen der §§ 994 ff. BGB betrachten die Verwendungen – im Gegensatz zum Bereicherungsrecht – grundsätzlich nicht unter dem Blickwinkel des dem Sacheigentümer verschafften Vorteils; diesem kommt nur im Rahmen des § 996 BGB eine zusätzliche anspruchsbegrenzende Funktion zu. Vielmehr geht es darum, welches Vermögensopfer der Besitzer zum Zwecke der Durchführung einer Erhaltungs- oder Verbesserungsmaßnahme auf sich genommen hat. Es handelt sich also nicht um einen Bereicherungsausgleich, sondern um eine Verlustabwälzung auf den Eigentümer [...].

[40] (a) Der Eigentümer wird hinreichend geschützt, weil seine Ersatzpflicht nach § 996 BGB in mehrfacher Hinsicht begrenzt ist. Er muss maximal die Aufwendungen des Besitzers ersetzen [...], begrenzt wiederum auf die dadurch eingetretene Werterhöhung. Für diese ist der Zeitpunkt der Wiedererlangung durch den Eigentümer maßgeblich; ein zwischenzeitlicher Wertverlust geht also zulasten des Besitzers. Für den Eigentümer führt ein objektives Verständnis der Nützlichkeit insgesamt gesehen nicht zu einer Vermögenseinbuße. Beeinträchtigt wird allein seine Dispositionsbefugnis [...].

[41] (b) Demgegenüber würde ein subjektives Verständnis der Nützlichkeit für den Besitzer zu einer unter Umständen erheblichen Vermögenseinbuße führen. Der gutgläubige und unverklagte (Eigen-)Besitzer darf aber [...] davon ausgehen, dass er mit der Sache (als deren vermeintlicher Eigentümer) nach Belieben verfahren kann, da er eine etwaige Zweckbestimmung des wahren Eigentümers nicht kennen kann.

[42] (c) Schließlich sorgt nur ein objektives Verständnis der Nützlichkeit für die nötige Rechtssicherheit. Bei einer subjektiven Auslegung käme es auf die zukünftigen Vermögensdispositionen und Nutzungsentscheidungen des Eigentümers an, die sich nicht mit genügender Sicherheit vorhersagen lassen [...]. Für den beweisbelasteten Besitzer wäre es regelmäßig schwierig oder gar unmöglich, einen – gegebenenfalls im Wege der sekundären Darlegungslast zu fordernden – Vortrag des Eigentümers zu widerlegen. [...]

Der Anspruch aus § 996 BGB besteht zwar nur, soweit die Verwendung den Wert der Sache noch zu dem Zeitpunkt erhöht, zu dem der Eigentümer die Sache zurückerlangt. K kann sich jedoch nicht einfach dadurch seiner Pflicht zum Verwendungsersatz entziehen, dass er die Beseitigung des errichteten Wohnhauses verlangt. Die in der Literatur umstrittene Frage, ob der Eigentümer gemäß § 1004 I S. 1 BGB die Beseitigung des Ergebnisses von Verwendungen des Besitzers verlangen kann, beantwortet der BGH zulasten des Eigentümers: 272

[50] (1) Das Verhältnis von Beseitigungs- und Verwendungsersatzanspruch ist zwar gesetzlich nicht ausdrücklich geregelt. § 993 I Hs. 2 BGB lässt sich aber im Zusammenspiel mit § 989 BGB entnehmen, dass der gutgläubige und nicht verklagte Besitzer als besonders schutzwürdig angesehen wird, weil er nicht zur Leistung von Schadensersatz verpflichtet ist. Ein Rückgriff auf die allgemeinen Vorschriften ist ausgeschlossen. Diese Wertung muss im Hinblick auf einen Anspruch des Eigentümers nach § 1004 I BGB auf Beseitigung des Resultats der Verwendungen eines gutgläubigen und nicht verklagten Besitzers beachtet werden. Auch wenn § 1004 I BGB kein Schadensersatzanspruch ist, ist er im wirtschaftlichen Ergebnis hiermit vergleichbar. Er nähert sich dem Umfang nach diesem an und verlangt dem Besitzer ein ähnliches Opfer ab [...]. Im Übrigen wäre es ein Wertungswiderspruch, wenn der redliche und unverklagte Besitzer zwar keinen Ersatz für den Abriss eines auf dem Grundstück befindlichen Gebäudes (hier: Wochenendhaus) leisten, aber ein von ihm selbst errichtetes Gebäude auf eigene Kosten abreißen müsste.

273 Aus dem Anspruch der F gegen K auf Verwendungsersatz gemäß § 996 BGB folgt, dass K die Zustimmung zur Grundbuchberichtigung nach § 894 BGB nur Zug um Zug gegen Zahlung des geschuldeten Ersatzes verlangen kann. Entsprechendes gilt für die Ansprüche des K gegen F und M auf Räumung gemäß § 1004 I S. 1 BGB sowie auf Herausgabe des Grundstücks nach § 985 BGB. Demgegenüber kommt nach Ansicht des BGH weder aus § 1004 I S. 1 BGB noch aus § 816 I BGB ein Anspruch des K gegenüber F und M auf Löschung der Grundschuld in Betracht (Rn. 55 ff.). Dies folgt bereits daraus, dass Inhaberin der Grundschuld die kreditgebende Bank ist, die diese gutgläubig von F erworben hat.

274 Hinsichtlich des von K gegenüber F und M geltend gemachten Nutzungsersatzes weist der BGH im Rahmen der Zurückverweisung an das Berufungsgericht (§ 563 I ZPO) auf Folgendes hin:

> [67] c) Die Annahme des BerGer., der Kl. könne von den Bekl. Nutzungsersatz iHv 6.041,67 EUR gem. § 988 BGB, § 990 I 2 BGB, § 987 BGB nebst Zinsen für den Zeitraum vom 1.8.2012 bis einschließlich 31.12.2014 verlangen, ist auf der Grundlage der bislang getroffenen Feststellungen rechtsfehlerfrei. Da rückwirkend ab dem 1.8.2012 (Einzug der Bekl.) zwischen den Parteien ein Eigentümer-Besitzer-Verhältnis iSd §§ 987 ff. BGB besteht (vgl. Rn. 13), kann der Kl. ab diesem Zeitpunkt Nutzungsersatz verlangen. Vor Erlangung der Kenntnis von dem Aufhebungsbeschluss ergibt sich dies aus § 988 BGB, weil der rechtsgrundlose Besitzerwerb dem unentgeltlichen gleichsteht […]. Nach Kenntniserlangung haften die Bekl. nach § 990 I 2 BGB, § 987 BGB auf Nutzungsersatz.

IV. Rechtliche Einordnung

275 **1.1** Neben dem **Eigentumserwerb** kraft Gesetzes und kraft Rechtsgeschäfts kann Eigentum auch **durch Hoheitsakt** erworben werden. Dies ist insbesondere im Rahmen der Zwangsversteigerung der Fall. Für bewegliche Sachen vollzieht sich diese nach den §§ 814 ff. ZPO, wobei der Ersteher das Eigentum gemäß § 817 II ZPO mit Ablieferung der zugeschlagenen Sache erwirbt. Unerheblich ist dabei insbesondere, ob die der Vollstreckung zugrunde liegende Forderung tatsächlich bestand oder ob der Schuldner Eigentümer der versteigerten Sache war. Konsequenterweise kommt es auch nicht auf eine etwaige Gutgläubigkeit des Erstehers nach § 932 BGB an.

276 **1.2** Entsprechendes gilt für den Eigentumserwerb im Rahmen der **Zwangsversteigerung von Grundstücken**. Nach § 90 I ZVG erwirbt der Ersteher das Eigentum am Grundstück allein durch den Zuschlag. Im vorliegenden Fall wurde der Zuschlagsbeschluss (§ 82 ZVG) jedoch auf eine außerordentliche Beschwerde des K hin gemäß § 96 ZVG i. V. m. §§793, 569 I S. 3, 579 I Nr. 4 ZPO rechtskräftig aufgehoben. Grund hierfür war, dass dem in den USA lebenden Kläger die Beschlüsse im Zwangsversteigerungsverfahren nicht ordnungsgemäß zugestellt worden waren. Mit der Aufhebung des Zuschlagsbeschlusses lebte das Eigentum des K rückwirkend wieder auf (Rn. 6). Dies hat zur Folge, dass während des gesamten Zeitraums, in dem F und M das Grundstück in Besitz hatten, eine Vindikationslage bestand. F und M sind somit einerseits dem Grunde nach zur Herausgabe des Grundstücks an K gemäß § 985 BGB verpflichtet. Andererseits kommen ihnen grundsätzlich die Privilegierungen der §§ 987 ff. BGB zugute, die gerade den gutgläubigen und unverklagten Besitzer schützen.

277 **2.1** Für den vorliegenden Fall ist aus wirtschaftlicher Sicht insbesondere von Interesse, ob F und M die für den Hausbau getätigten Investitionen vom Eigentümer K ersetzt verlangen können. In Betracht kommt insoweit ein **Anspruch auf Verwendungsersatz**

gemäß §§ 994, 996 BGB. Verwendungen sind freiwillige Vermögensopfer, die der Sache zugutekommen sollen, also Maßnahmen zur Erhaltung, Wiederherstellung oder Verbesserung der Sache.[1] Umstritten war lange Zeit, ob auch die Errichtung eines Gebäudes auf einem fremden Grundstück als solche Verwendung zu qualifizieren ist. Der BGH, der diese Streitfrage im vorliegenden Fall systematisch aufarbeitet und unter Anwendung der klassischen Auslegungsmethoden beantwortet, schließt sich dem weiten Verwendungsbegriff der überwiegenden Ansicht an (Rn. 14 ff.).[2]

2.2 Dies führt im Anschluss zu der Frage, ob die seitens F und M getätigten Verwendungen auch ersatzfähig sind. Ersatzfähig sind nach § 994 BGB zunächst **notwendige Verwendungen**. Hierbei handelt es sich um solche Verwendungen, die zur Erhaltung und ordnungsgemäßen Bewirtschaftung der Sache erforderlich sind.[3] Wurden notwendige Verwendungen jedoch nach Eintritt der Rechtshängigkeit oder in bösem Glauben in Bezug auf das Besitzrecht vorgenommen, so sind sie gemäß § 994 II BGB nur dann ersatzfähig, wenn zusätzlich die Voraussetzungen des § 683 BGB erfüllt sind. Maßgeblich ist insoweit, ob die Maßnahme im Interesse des Eigentümers und im Einklang mit seinem wirklichen oder mutmaßlichen Willen erfolgt ist. 278

2.3 Ist eine Verwendung nicht notwendig, so besteht ein Verwendungsersatzanspruch gemäß § 996 BGB nur dann, wenn die Maßnahme vor Eintritt der Rechtshängigkeit und im guten Glauben hinsichtlich des Besitzrechts vorgenommen wurde und sich die durch sie bewirkte Wertsteigerung im Zeitpunkt der Rückgabe an den Eigentümer noch im Wert der Sache niederschlägt (**nützliche Verwendung**). Dabei ist umstritten, ob es für die Ersatzfähigkeit auf eine objektive Wertsteigerung[4] oder auf die tatsächliche Nützlichkeit für den konkreten Eigentümer[5] ankommt. Auch diesen Meinungsstreit bereitet der BGH im vorliegenden Fall lehrbuchartig auf und folgt im Ergebnis der herrschenden Meinung, wonach ein objektiver Maßstab anzulegen ist (Rn. 33 ff.). 279

2.4 Der Verwendungsersatzanspruch kann grundsätzlich isoliert eingeklagt werden. Nach § 1001 BGB kann er jedoch erst geltend gemacht werden, wenn der Eigentümer die Sache wiedererlangt oder die Verwendungen genehmigt hat. Im Fall der Herausgabe **erlischt** der Anspruch auf Verwendungsersatz gemäß § 1002 I BGB zudem mit Ablauf eines Monats, bei Grundstücken mit Ablauf von sechs Monaten nach der Herausgabe. 280

2.5 In der Fallbearbeitung wird der Anspruch auf Verwendungsersatz regelmäßig im Zusammenhang mit einem Zurückbehaltungsrecht relevant, das der Besitzer dem Herausgabeverlangen des Eigentümers gemäß § 985 BGB entgegenhalten kann. Ein solches Zurückbehaltungsrecht kann sich grundsätzlich aus § 273 II BGB ergeben. Diese Vorschrift setzt jedoch die Fälligkeit des Verwendungsersatzanspruchs voraus, die infolge der Regelung in § 1001 BGB im Regelfall[6] gerade (noch) nicht gegeben ist. Die hierdurch entstehende Lücke wird durch das **Zurückbehaltungsrecht gemäß § 1000 S. 1 BGB** geschlossen:[7] Danach darf der Besitzer die Herausgabe der Sache verweigern, bis er wegen der ihm zu ersetzenden Verwendungen befriedigt wird. 281

1 BGH NJW 1996, 921 (922).
2 Siehe etwa MüKo-BGB/*Rapatz*, § 994 Rn. 12 ff.; *Wilhelm*, Sachenrecht, Rn. 1307 ff.
3 BGH NJW 1975, 1553 (1556).
4 Staudinger/*Thole*, BGB, § 996 Rn. 13 ff.; *Wellenhofer*, Sachenrecht, § 23 Rn. 11.
5 Erman/*Ebbing*, BGB, § 996 Rn. 6.
6 Anderes gilt dann, wenn der Eigentümer die Verwendungen nach § 1001 S. 1 Alt. 2 BGB genehmigt hat.
7 Staudinger/*Thole*, BGB, § 1000 Rn. 2.

282 **2.6** Problematisch ist jedoch, dass sich das Zurückbehaltungsrecht nach § 1000 BGB auf die Verweigerung der Herausgabe der Sache beschränkt. Im vorliegenden Fall verlangt der Eigentümer K jedoch nicht nur die Herausgabe des Grundstücks gemäß § 985 BGB, sondern auch die Berichtigung des Grundbuchs nach § 894 BGB. Auf diesen Anspruch ist § 1000 S. 1 BGB nicht unmittelbar anwendbar. Es wird vorgeschlagen, insoweit das **Zurückbehaltungsrecht aus § 273 II BGB** anzuwenden. Der dort vorausgesetzte Anspruch auf Herausgabe eines Gegenstandes soll sich dementsprechend auf die Buchposition beziehen (Rn. 12). Kritisch bleibt, dass die Verwendungen – wie § 273 II BGB verlangt – nicht auf die herauszugebende Buchposition, sondern auf die Sache selbst bezogen sind. Die Rechtsprechung begegnet diesem Einwand mit dem Argument, dass das Eigentum und die Buchposition ohnehin eine untrennbare Einheit bilden.[8] Problematisch bleibt schließlich, dass § 273 II BGB einen fälligen Anspruch voraussetzt, während der Verwendungsersatzanspruch nach § 1001 BGB grundsätzlich noch nicht geltend gemacht werden kann.[9] Allerdings legt der BGH das Tatbestandsmerkmal großzügig aus und lässt es genügen, wenn der eigene Anspruch des Schuldners mit Erfüllung der Gegenforderung fällig wird.[10] Konsequenterweise geht der BGH auch in der vorliegenden Entscheidung ohne Weiteres von der Anwendbarkeit des § 273 II BGB aus (Rn. 12).

283 **3.** Neben der Herausgabe des Grundstücks (§ 985 BGB) sowie der Zustimmung zur Berichtigung des Grundbuchs (§ 894 BGB) verlangt der Eigentümer K zudem die Beseitigung des von F und M errichteten Wohnhauses. Ein solches Begehren kann grundsätzlich auf § 1004 I BGB gestützt werden. Umstritten ist jedoch, ob § 1004 I BGB in der vorliegenden Konstellation überhaupt anwendbar ist. Zweifel ergeben sich daraus, dass K mit der Beseitigung gerade das entfernt wissen will, wofür er seinerseits gemäß § 996 BGB dem Grunde nach Verwendungsersatz schuldet. Teilweise wird hierin ein zulässiger Ausdruck der Eigentümerbefugnis gesehen: Ausgehend vom Schutz des Eigentums könne der Eigentümer grundsätzlich selbst darüber disponieren, ob er die Verwendung dulden oder deren Folgen beseitigen lassen will.[11] Demgegenüber wird eingewandt, dass die §§ 987 ff. BGB gerade eine Einschränkung der Eigentümerbefugnis zugunsten des redlichen Besitzers bezwecken. Zudem sei es systemwidrig, wenn ein redlicher Besitzer beispielsweise für die fahrlässige Zerstörung eines vorhandenen Hauses nicht hafte, aber ein selbst errichtetes Haus auf eigene Kosten beseitigen müsste.[12] Ein solcher Wertungswiderspruch ist mit dem Grundsatz des § 993 I Hs. 2 BGB, der Schadensersatzansprüche im Anwendungsbereich des Eigentümer-Besitzer-Verhältnisses ausschließt, nicht vereinbar.[13] Zwar handelt es sich bei dem Anspruch aus § 1004 I BGB nicht um einen Schadensersatzanspruch, hinsichtlich seiner wirtschaftlichen Auswirkungen kann er jedoch vergleichbar wirken. Der BGH zieht daraus den Schluss, dass ein Anspruch auf Beseitigung nach § 1004 I BGB hinter dem Verwendungsersatzanspruch aus § 996 BGB zurücktreten muss (Rn. 49 ff.).

8 BGH NJW 1964, 811 (812).

9 Vor diesem Hintergrund wird vorgeschlagen, § 1000 BGB analog auch auf den Anspruch aus § 894 BGB anzuwenden, MüKo-BGB/*Schäfer*, § 894 Rn. 35; zur Diskussion insgesamt siehe Staudinger/*Thole*, BGB, § 894 Rn. 137 ff.

10 BGH NJW 1990, 2067 (2068); BGH NJW 1992, 556 (557).

11 Für eine Anwendbarkeit des § 1004 BGB etwa NK-BGB/*Schanbacher*, § 993 Rn. 15; jedenfalls im Ausgangspunkt auch Grüneberg/*Herrler*, BGB, Vorb v 987 Rn. 15 (anders jedoch für den gutgläubigen unverklagten Besitzer).

12 *Bauer* AcP 160 (1961), 465 (491 f.); MüKo-BGB/*Rapatz*, § 1004 Rn. 249.

13 So etwa auch Staudinger/*Thole*, BGB, § 996 Rn. 19.

4.1 Vergleichsweise kurz befasst sich der BGH schließlich mit einem möglichen Anspruch des K gegen F und M auf **Nutzungsersatz** (Rn. 67). Hinsichtlich der Nutzungen, die F und M ab dem Zeitpunkt der Zustellung des Aufhebungsbeschlusses gezogen haben, haften sie unstreitig gemäß § 987 BGB.[14] Fraglich ist jedoch, ob F und M auch für die zuvor gezogenen Nutzungen Ersatz leisten müssen. Aufgrund der Gutgläubigkeit von F und M kommt insoweit allein eine Haftung aus § 988 BGB in Betracht. Diese Norm durchbricht den grundsätzlichen Schutz des gutgläubigen Besitzers dann, wenn der Besitz unentgeltlich erlangt wurde. Vorliegend wurde F das Grundstück jedoch für 51.000 Euro zugeschlagen, sodass keine Unentgeltlichkeit vorliegt. 284

4.2 Allerdings wendet die Rechtsprechung § 988 BGB über seinen Wortlaut hinaus auch auf Fälle des **rechtsgrundlosen Erwerbs** an.[15] Diese analoge Anwendung greift auch hier ein (Rn. 67), da durch die rückwirkende Aufhebung des Zuschlagsbeschlusses der Besitzerwerb durch F und M als rechtsgrundlos zu qualifizieren ist. 285

Hintergrund der Problematik sind die unterschiedlichen Rechtsfolgen bei der Herausgabe gezogener Nutzungen, je nachdem, ob nur das Kausalgeschäft oder auch das Verfügungsgeschäft nichtig ist. Ist lediglich das Kausalgeschäft unwirksam, findet das Bereicherungsrecht Anwendung, sodass gezogene Nutzungen nach § 818 I BGB herauszugeben sind. Ist hingegen auch das Verfügungsgeschäft nichtig (sog. Doppelnichtigkeit), liegt eine Vindikationslage vor, sodass die §§ 987 ff. BGB eingreifen. In diesem Fall dürfte der gutgläubige Besitzer die gezogenen Nutzungen gemäß § 993 I Hs. 2 BGB grundsätzlich behalten. Der BGH begegnet dieser systematisch fragwürdigen Privilegierung, indem er § 988 BGB analog anwendet. 286

Die herrschende Meinung erkennt diesen Wertungswiderspruch zwar ebenfalls, löst ihn jedoch auf andere Weise: Sie schränkt die Sperrwirkung des Eigentümer-Besitzer-Verhältnisses ein. Danach soll § 993 I Hs. 2 BGB nur die Nichtleistungskondiktion ausschließen, nicht jedoch eine (vertragsähnliche) Leistungskondiktion.[16] Im vorliegenden Fall fehlt es jedoch an einer solchen Leistungsbeziehung zwischen K und F bzw. M. Daher verbleibt es nach dieser Auffassung bei der Sperrwirkung des § 993 I Hs. 2 BGB, sodass ein Anspruch auf Nutzungsherausgabe ausscheidet. 287

V. Vertiefungsfragen

1. Stellt der an einen Dieb gezahlte Kaufpreis eine Verwendung im Sinne der §§ 994, 996 BGB dar, sodass der gutgläubige Besitzer den gezahlten Kaufpreis vom Eigentümer ersetzt verlangen kann? 288
   → siehe BGH NJW 1980, 2245
2. Handelt es sich bei den Kosten für die turnusgemäße Inspektion eines Pkw um ersatzfähige Verwendungen?
   → siehe § 994 I S. 2 BGB; siehe hierzu Staudinger/*Thole*, BGB, § 994 Rn. 34
3. Im Originalfall nimmt K sowohl F als auch M auf Löschung der Grundschuld in Anspruch, die F zur Sicherung eines Darlehens zugunsten einer Bank bestellt hat. Kommt ein solcher Anspruch aus § 1004 I BGB oder § 816 I BGB in Betracht? Was könnte K nach § 816 I BGB allenfalls herausverlangen?
   → siehe Rn. 55 ff. des Urteils; zudem MüKo-BGB/*Schwab*, § 818 Rn. 69 ff.

14 Vgl. BGH NJW 2010, 2664 Rn. 17 ff.
15 RGZ 163, 348 (357); BGH NJW 1953, 1826 (1827); BGH NJW 2010, 2664 Rn. 21.
16 BeckOK-BGB/*Fritzsche*, § 988 Rn. 12; *Wilhelm*, Sachenrecht, Rn. 1340.

Weitere Vertiefung und Wiederholung bei Jurafuchs auf jurafuchs.de oder in der Jurafuchs App:

Fall 15: Autoreparatur

BGH, Urteil vom 21.12.1960 – VIII ZR 89/59 = BGHZ 34, 122 = NJW 1961, 499

Recht zum Besitz (§ 986 BGB) | Werkunternehmerpfandrecht (§ 647 BGB) | Nicht-mehr-berechtigter-Besitzer | Anspruch auf Verwendungsersatz (§§ 994, 996 BGB) | Befriedigungsrecht (§ 1003 BGB) | Eigentum am Kfz-Brief (§ 952 BGB analog)

I. Sachverhalt

B kaufte Mitte 1956 bei V einen gebrauchten VW-Kleinbus für 3.600 DM. V behielt 289
sich das Eigentum an dem Wagen vor und händigte deshalb den Kfz-Brief (Zulassungsbescheinigung Teil II) nicht an B aus. Dem Kauf lagen die Geschäftsbedingungen für den Verkauf von gebrauchten Kraftfahrzeugen zugrunde, deren Nr. III 8 lautet:

> *„Der Käufer hat die Pflicht, während der Dauer des Eigentumsvorbehalts den Kaufgegenstand in ordnungsmäßigem Zustand zu halten und erforderlich werdende Reparaturen sofort ausführen zu lassen."*

B verunglückte Ende 1956 mit dem Wagen, sodass er ihn von U abschleppen und zur Reparatur in deren Werkstatt bringen ließ.

Da B die Rechnung für die Reparatur in Höhe von 2.574,96 DM nicht beglichen hat, beabsichtigt U nun, den Kleinbus zu verwerten. U verlangt hierfür von V die Herausgabe des Kfz-Briefes. V, die inzwischen wegen Zahlungsverzugs des B vom Kaufvertrag zurückgetreten ist, lehnt dies ab und begehrt im Wege der Widerklage die Herausgabe des Kleinbusses.

II. Zentrale Probleme

Die übersichtliche Fallkonstellation wirft eine Reihe grundlegender Rechtsfragen auf. 290
Im Mittelpunkt steht das von V geltend gemachte Herausgabeverlangen hinsichtlich des Kleinbusses. Entscheidend ist hierbei insbesondere, ob U ein Recht zum Besitz im Sinne des § 986 BGB zusteht. In diesem Zusammenhang stellt sich die Frage, ob U ein Werkunternehmerpfandrecht gemäß § 647 BGB an einem solchen Fahrzeug geltend machen kann, das nicht dem Besteller (B), sondern einem Dritten (V) gehört. In Betracht kommt sowohl der Erwerb eines solchen Pfandrechts kraft Ermächtigung durch V als auch ein gutgläubiger Erwerb.

Darüber hinaus ist zu klären, ob U gegenüber V ein Zurückbehaltungsrecht gemäß 291
§ 1000 BGB oder ein Befriedigungsrecht gemäß § 1003 BGB geltend machen kann, sofern die Reparaturkosten unbezahlt bleiben. Dies setzt einen Anspruch auf Verwendungsersatz nach §§ 994, 996 BGB voraus, was wiederum das Bestehen einer Vindikationslage erfordert. Problematisch ist hierbei, dass U im Zeitpunkt der Reparatur aufgrund des Werkvertrags mit B zum Besitz berechtigt war, während B seinerseits auf Grundlage des Kaufvertrags gegenüber V ein Besitzrecht innehatte.

Das entgegengesetzte Herausgabeverlangen der U richtet den Blick schließlich auf das 292
Verhältnis zwischen dem Eigentum am Fahrzeug und dem Recht am Kfz-Brief (Zulassungsbescheinigung Teil II).

III. Die Entscheidung des BGH

293 Der BGH prüft zunächst die Widerklage der V, die den Herausgabeanspruch grundsätzlich auf ihr Eigentum am Kleinbus stützen kann. Dem Anspruch aus § 985 BGB gegen die unmittelbare Besitzerin U soll nach Ansicht des BGH jedenfalls nicht entgegenstehen, dass hier auch ein vertraglicher Anspruch auf Herausgabe in Betracht kommt:

> [...] Vielmehr ergibt sich aus der Vorschrift des § 986 BGB, die dem aus § 985 BGB in Anspruch genommenen Besitzer dieselbe Rechtsstellung gewährt, in der er sich befindet, wenn der Herausgabeanspruch auf Vertrag gestützt wird, mit aller Deutlichkeit, daß nach dem Willen des Gesetzgebers die beiden Herausgabeansprüche sich nicht ausschließen, sondern nebeneinander bestehen [...]. Entgegen der von dem erkennenden Senat abgelehnten Ansicht von Raiser braucht sich die Beklagte, um gegen die Klägerin vorgehen zu können, daher nicht den Herausgabeanspruch des B. aus dem Werkvertrag gegen die Klägerin abtreten zu lassen, dem die Klägerin auch dann, wenn die Beklagte als Abtretungsempfängerin ihn erhebt, ihre Einwendungen an dem Werkvertrag mit B. entgegenhalten könnte, sondern der Beklagten steht der sachenrechtliche Herausgabeanspruch aus § 985 BGB unmittelbar gegen die Klägerin zu. (juris, Rn. 9)

294 Im Anschluss stellt sich die Frage, ob U ein Recht zum Besitz gegenüber V zusteht. Ein solches könnte sich vorliegend aus einem Werkunternehmerpfandrecht ergeben:

> [...] Gemäß § 647 BGB erwirkt der Unternehmer für seine Forderungen aus dem Vertrage mit dem Besteller ein gesetzliches Pfandrecht an *dessen* von ihm ausgebesserten beweglichen Sachen, wenn sie zum Zwecke der Ausbesserung in seinen Besitz gelangt sind. Der von der Klägerin ausgebesserte Kraftwagen ist aber niemals Eigentum des B., also niemals dessen Sache gewesen. (juris, Rn. 11)
>
> Allerdings hatte B. als Vorbehaltskäufer die Anwartschaft auf das Eigentum an dem Kraftfahrzeug erworben. Dieses Anwartschaftsrecht ist zwar kein Sachenrecht und kein gegen jedermann wirkendes dingliches Recht an fremder Sache, jedoch kommt es nach Wirkung und Bedeutung einem echten beschränkten dinglichen Recht nahe [...], es ist gewissermaßen die Vorstufe des Eigentums [...]. Ob [U] ein Unternehmerpfandrecht an dem Anwartschaftsrecht hat erwerben können und ob sie ein solches Recht erworben hat [...], kann indes dahinstehen, denn ein solches Pfandrecht würde sie angesichts der hier gegebenen Fallgestaltung schon deshalb nicht zur Verweigerung der Herausgabe der Sache an den Eigentümer berechtigen, weil [B] seinen Verpflichtungen gegenüber dem Eigentümer nicht nachgekommen ist und der [V] deshalb der Anspruch auf Herausgabe der Sache ohne Rücksicht auf ein etwa an dem Anwartschaftsrecht begründetes gesetzliches Pfandrecht zusteht. [...] (juris, Rn. 12)

295 Auch die vertragliche Vereinbarung zwischen B und V, wonach B erforderlich werdende Reparaturen sofort ausführen zu lassen hat, vermag nach Ansicht des BGH kein Besitzrecht in Form des Werkunternehmerpfandrechts zugunsten der U zu begründen:

> Eine von dem Eigentümer dem Besitzer erteilte Ermächtigung, die Sache, falls dies erforderlich wird, reparieren zu lassen, auf die das Berufungsgericht abstellt, ist entgegen seiner Auffassung im allgemeinen nicht geeignet, ein gesetzliches Unternehmerpfandrecht an einer dem Besteller nicht gehörenden Sache entstehen zu lassen. Die Rechtseinrichtung der Verpflichtungsermächtigung in dem Sinne, daß der Ermächtigte durch rechtsgeschäftliches Handeln im eigenen Namen auf den Rechtskreis des Ermächtigenden einwirken dürfe, ist dem deutschen Recht im wesentlichen fremd [...]. Nur im Rahmen des § 185 BGB ist die

> Ermächtigung zu Verfügungsgeschäften anerkannt. Würde von einer Verpflichtungsermächtigung ausgegangen werden, so würde eine solche allerdings dazu führen können, daß der Eigentümer neben der eigentlichen Vertragspartei als Mitbesteller erschiene und demgemäß der Unternehmer ein gesetzliches Pfandrecht erwürbe. Eine solche Ermächtigung würde indes den Willen des Eigentümers voraussetzen, sich entsprechend zu verpflichten. Der Bestimmung in Nr. III 8 der Geschäftsbedingungen, auf die das Berufungsgericht abstellt, läßt sich aber ein solcher Willen keinesfalls entnehmen. Die bloße Ermächtigung des Eigentümers an den Vorbehaltskäufer, den Wagen reparieren zu lassen, kann deshalb für sich allein nicht dazu führen, daß ein gesetzliches Pfandrecht an dem nicht dem Vorbehaltskäufer gehörenden Wagen entsteht, denn ein solches wird, wie ausgeführt, nach Wortlaut und Sinn des Gesetzes nur an Sachen des Bestellers begründet, nicht aber an Sachen, die diesem nicht gehören. Daran vermag die Zustimmung des Eigentümers zur Reparatur nichts zu ändern, weil eben das gesetzliche Pfandrecht Sachen eines Dritten nicht ergreift [...] (juris, Rn. 13)
>
> [...] Der Wortlaut des Gesetzes entspricht auch dem Willen des Gesetzgebers, denn er hat die gesetzlichen Pfandrechte als reine Sicherung der schuldrechtlichen Forderung gedacht, so daß sie nur gegen den Schuldner der Forderung wirken können [...]. Die gesetzlichen Pfandrechte sollen ihre Entstehung keinem Willensakt verdanken, vielmehr müssen die Voraussetzungen ihrer Begründung ausschließlich den dies regelnden Gesetzen entnommen werden; diese haben lediglich solche Entstehungsgründe bestimmt, denen ein rechtsgeschäftlicher Charakter nicht beigemessen werden kann [...] (juris, Rn. 14)

Ebenso lehnt der BGH – unter Verweis auf ein anderes Urteil vom gleichen Tag – die 296
Möglichkeit eines gutgläubigen Erwerbs vom Werkunternehmerpfandrecht ab:

> [...] Im übrigen hat der erkennende Senat in seinem gleichzeitig verkündeten, ebenfalls zum Abdruck bestimmten Urteil VIII ZR 146/59 ausdrücklich entschieden, daß der gutgläubige Erwerb eines gesetzlichen Unternehmerpfandrechts nicht möglich ist. (juris, Rn. 16)

Allerdings soll U die Herausgabe des Kleinbusses gemäß § 1000 BGB verweigern können, 297
da sie mit Blick auf die ausgeführten Reparaturen einen Anspruch auf Verwendungsersatz gemäß § 994 BGB gegenüber V hat. Problematisch ist hierbei allerdings, dass U die notwendigen Verwendungen zu einem Zeitpunkt vorgenommen hat, zu dem ihr gemäß § 986 I S. 1 Alt. 2 BGB noch ein von B abgeleitetes Besitzrecht gegenüber V zustand. Dieses Besitzrecht ist erst infolge des späteren Rücktritts der V gegenüber B entfallen. Zu klären war damit, ob die §§ 994 ff. BGB auch auf den Fall eines „Nicht-mehr-berechtigten-Besitzers“ Anwendung finden:

> Nach Wortlaut und Sinn des Gesetzes kann es vielmehr nur darauf ankommen, daß tatsächlich Verwendungen auf den vom Eigentümer herausverlangten Gegenstand seitens des auf Herausgabe in Anspruch genommenen Besitzers vorgenommen worden sind. Ohne Bedeutung ist es dagegen, wann die Verwendungen erfolgt sind, ob also der Besitzer die Verwendungen bereits zu einer Zeit gemacht hat, als er noch rechtmäßiger Besitzer war, oder erst nach Eintritt der Vindikationslage. Wie BGB RGRK 11. Aufl. § 994 Anm. 4 und 10 unter Hinweis auf das BGH-Urteil vom 14.12.1954 – I ZR 134/53 – NJW 1955, 340 [...] zutreffend dargelegt hat, kann ein zum Besitz berechtigter Fremdbesitzer nicht schlechter gestellt werden als ein gutgläubiger, zum Besitz nicht berechtigter Fremdbesitzer in entsprechender Lage. Ein solcher Fremdbesitzer ist aber nach §§ 994, 996 BGB berechtigt, Ersatz notwendiger und nützlicher Verwendungen von dem Eigentümer zu verlangen. Mithin ist allein darauf abzustellen, daß Verwendungen von dem Besitzer vorgenommen worden

> sind und daß er einer Vindikation seitens des Eigentümers ausgesetzt ist. Sind diese Voraussetzungen erfüllt, so kommen die Bestimmungen der §§ 994 ff. BGB zur Anwendung, und dem jedenfalls nunmehr zum Besitz nicht mehr berechtigten Besitzer erwächst ein sachenrechtlicher Anspruch gegen den Eigentümer auch dann, wenn er die Verwendungen zu einer Zeit gemacht hatte, als er auch dem Eigentümer gegenüber noch zum Besitze der Sache berechtigt war. Die innere Rechtfertigung für die gesetzliche Regelung über den Verwendungsersatz beruht darauf, daß der Eigentümer, wenn er die Sache herauserhält, in den Genuß der Verwendungen gelangt, die der Besitzer während seiner Besitzzeit gemacht hat. Nach dem Sinn der §§ 994 ff. BGB soll aber der Eigentümer zum Ersatz derartiger letzten Endes ihm zugutekommender notwendiger und nützlicher Verwendungen dann verpflichtet sein, wenn der Besitzer ihm gegenüber unrechtmäßig besitzt und deshalb die Sache an den Eigentümer herausgeben muß. Der Besitzer, der dem Eigentümer gegenüber zwar früher zum Besitze berechtigt gewesen ist, dessen Berechtigung aber fortgefallen ist, ist daher nicht gehindert, wenn er mit der Vindikation belangt wird, Ansprüche gemäß §§ 994 ff. BGB gegen den Eigentümer auch wegen solcher Verwendungen geltend zu machen, die zu einer Zeit bewirkt worden sind, als der Besitzer noch zum Besitze berechtigt war. Entscheidend ist lediglich, daß zur Zeit der Geltendmachung der Verwendungsansprüche durch den Besitzer eine Vindikationslage besteht. (juris, Rn. 25)

298 Mit Blick auf den daraus folgenden Anspruch der U gegen V auf Verwendungsersatz gemäß § 994 BGB gelangt der BGH im Ergebnis dennoch zu einem Besitzrecht der U, das sich aus ihrem Befriedigungsrecht nach § 1003 BGB ergeben soll:

> [...] Aus dem Vorbringen der [V] ergibt sich nämlich mit aller Deutlichkeit, daß sie die Verwendungen auf das Kraftfahrzeug darstellenden Reparaturarbeiten der [U] nicht genehmigen will. [...] Unter diesen Umständen kann aber die [U] von ihrem Befriedigungsrecht aus § 1003 BGB Gebrauch machen, ohne der [V] noch eine weitere Erklärungsfrist setzen oder auf Feststellung klagen zu müssen [...]. Da dieses Befriedigungsrecht der [U] die Stellung eines Pfandgläubigers und damit ein Recht zum Besitz im Sinne des § 986 BGB verschafft, kann sie die Herausgabe des Kraftfahrzeuges verweigern [...]. (juris, Rn. 27)

299 Die Widerklage der V auf Herausgabe des Kleinbusses bleibt daher ohne Erfolg. Hingegen ist die Klage der U auf Herausgabe des Kfz-Briefs begründet. Ihr Befriedigungsrecht gemäß § 1003 BGB umfasst zugleich einen Anspruch auf Herausgabe des Kfz-Briefs, da dieser zur Verwertung des Fahrzeugs erforderlich ist:

> Wie vorstehend ausgeführt, hat die Klägerin ein sich nach den Vorschriften über den Pfandverkauf richtendes Befriedigungsrecht aus dem Kraftwagen gemäß § 1003 BGB wegen ihres Anspruchs auf Verwendungsersatz erworben. Da mithin die Klägerin einem Pfandgläubiger gleichsteht und zur Verwertung der Sache berechtigt ist, auf die sie die Verwendungen gemacht hat, kann sie die Herausgabe des Kraftfahrzeugbriefes, der als Urkunde im Sinne des § 952 BGB anzusehen ist [...], von der Beklagten verlangen [...]. (juris, Rn. 29)

IV. Rechtliche Einordnung

300 **1.** Hinsichtlich des auf § 985 BGB gestützten Herausgabeverlangens der V stellt sich zunächst die Frage nach dessen Verhältnis zu einem etwaigen vertraglichen Herausgabeanspruch (juris, Rn. 9). Inzwischen besteht Einigkeit darüber, dass der dingliche Heraus-

gabeanspruch nicht subsidiär gegenüber vertraglichen Ansprüchen ist.[1] Dies gilt nach mittlerweile wohl überwiegender Ansicht selbst dann, wenn – wie im vorliegenden Fall – ein vertraglicher Herausgabeanspruch zugunsten eines Dritten besteht. Die Folge ist zwar, dass der Besitzer die Sache grundsätzlich sowohl nach § 985 BGB an den Eigentümer (V) als auch etwa gemäß § 631 BGB an den Besteller (B) herauszugeben hätte. Allerdings soll dem Besitzer insoweit ein Wahlrecht zustehen, wem er die Sache tatsächlich herausgibt.[2]

2. Der Anspruch der V aus § 985 BGB besteht jedoch nur, wenn der Besitzerin U gegenüber V kein **Recht zum Besitz im Sinne des § 986 BGB** zusteht. Ein solches Besitzrecht kann sich grundsätzlich aus einem dinglichen Recht (z. B. einem Pfandrecht) oder aus einem obligatorischen Recht (z. B. einem Mietvertrag) ergeben. Letzteres wirkt jedoch nur relativ, das heißt im Grundsatz lediglich gegenüber dem Vertragspartner. Nach § 986 I S. 1 Alt. 2 BGB reicht es allerdings aus, wenn der unmittelbare Besitzer gegenüber dem mittelbaren Besitzer zum Besitz berechtigt ist und dieser seinerseits gegenüber dem Eigentümer ein Besitzrecht hat. Hinzukommen muss, dass der mittelbare Besitzer seinerseits zur Besitzüberlassung an den unmittelbaren Besitzer befugt ist.[3] Die überwiegende Ansicht lässt über den Wortlaut des § 986 I S. 1 Alt. 2 BGB hinaus aber auch dann eine lückenlose Besitzrechtskette genügen, wenn kein Besitzmittlungsverhältnis im Sinne des § 868 BGB zwischen den jeweiligen Besitzern besteht.[4] 301

▶ **Beispiel:** A verkauft sein Grundstück an B, der es seinerseits an C weiterveräußert. Eine wirksame Auflassung erfolgte in beiden Fällen noch nicht. Auch wenn B hier im Verhältnis zu C kein mittelbarer Besitzer ist, scheidet ein Herausgabeanspruch des A gegen C aufgrund der lückenlosen Besitzrechtskette zwischen A, B und C gemäß § 986 I S. 1 BGB analog aus.[5]

3.1 Ein Besitzrecht der U gegenüber V auf Grundlage **eines von B abgeleiteten Besitzrechts** kommt vorliegend jedoch nicht (mehr) in Betracht: Mit dem wirksamen Rücktritt der V vom Kaufvertrag mit B wurde die erforderliche Besitzrechtskette unterbrochen. 302

3.2 Mangels eines unmittelbaren obligatorischen Besitzrechts gegenüber V kommt somit allenfalls ein dingliches Besitzrecht gemäß § 986 I S. 1 Alt. 1 BGB in Betracht. Hier könnte U ein **Werkunternehmerpfandrecht gemäß § 647 BGB** erworben haben. Allerdings setzt die Entstehung eines solchen Pfandrechts nach § 647 BGB voraus, dass es sich um eine Sache des Bestellers handelt. Vorliegend steht der Kleinbus jedoch nicht im Eigentum des Bestellers B. Nach Auffassung des BGH rechtfertigt auch die zwischen B und V getroffene Vereinbarung, wonach B erforderliche Reparaturen unverzüglich ausführen zu lassen hat, keine abweichende Bewertung. Eine solche Regelung laufe auf eine unzulässige Verpflichtungsermächtigung hinaus (Rn. 13). In der Literatur wird dies teilweise anders beurteilt und eine analoge Anwendung des § 185 BGB befürwortet. Zum einen wird geltend gemacht, dass V durch die Vereinbarung nicht zur Zahlung der Reparaturkosten verpflichtet werde, sodass es bereits an einer unzulässigen Verpflichtungsermächtigung fehle. Zum anderen erscheine es als unbillig, wenn V durch die Einschaltung eines Dritten (B) in die Lage versetzt würde, sein Fahrzeug pfandfrei instand setzen zu lassen.[6] 303

1 *Wellenhofer*, Sachenrecht, § 21 Rn. 35 f.; *Prütting*, Sachenrecht, § 47 Rn. 523.
2 Staudinger/*Thole*, BGB, § 985 Rn. 344; *Wieling/Finkenauer*, Sachenrecht, § 12 Rn. 20.
3 *Prütting*, Sachenrecht, Rn. 516.
4 Siehe etwa BeckOK-BGB/*Fritzsche*, § 986 Rn. 22; MüKo-BGB/*Rapatz*, § 986 Rn. 5.
5 RGZ 105, 20; BGH NJW 1990, 1914; *Baur/Stürner*, Sachenrecht, § 11 Rn. 39.
6 *Medicus/Petersen*, Bürgerliches Recht, Rn. 594; *Wilhelm*, Sachenrecht, Rn. 1866.

304 **3.3** Lehnt man die analoge Anwendung des § 185 BGB hingegen mit dem Argument ab, dass es gerade nicht dem Willen der V entsprach, die Reparatur zu ihren Lasten – in Form der Belastung ihres Eigentums durch ein Werkunternehmerpfandrecht – durchführen zu lassen, stellt sich anschließend die Frage, ob sich das Pfandrecht aus § 647 BGB zumindest auf das **Anwartschaftsrecht des B** am Pkw erstrecken kann. Diese Frage konnte der BGH in der vorliegenden Konstellation jedoch dahinstehen lassen: Da V wirksam vom Kaufvertrag mit B zurückgetreten war, war das Anwartschaftsrecht bereits erloschen (Rn. 12).[7]

305 **3.4** Auch die Frage nach dem **gutgläubigen Erwerb eines Werkunternehmerpfandrechts** streift der BGH im vorliegenden Fall nur knapp und verweist insoweit auf eine Parallelentscheidung desselben Tages (Rn. 16). In dieser begründet der BGH ausführlich, weshalb ein gutgläubiger Erwerb eines Pfandrechts in der hier vorliegenden Konstellation ausscheiden soll.[8] Zwar bestimmt § 1257 BGB, dass die Vorschriften über das durch Rechtsgeschäft bestellte Pfandrecht auf gesetzlich entstandene Pfandrechte entsprechende Anwendung finden. Damit sind grundsätzlich auch die Vorschriften über den gutgläubigen Erwerb gemäß § 1207 BGB und über dessen Verweisung die §§ 932, 934, 935 BGB zu berücksichtigen. Allerdings setzt die Verweisung in § 1257 BGB ausdrücklich ein bereits „entstandenes" Pfandrecht voraus und gilt dem Wortlaut nach nicht für die Entstehung gesetzlicher Pfandrechte.[9] Fraglich ist daher, ob §§ 1257, 1207 BGB analog auf die Entstehung des Werkunternehmerpfandrechts anwendbar sind.[10] Dafür spricht, dass das Werkunternehmerpfandrecht und das vertraglich bestellte Pfandrecht hinsichtlich ihrer Entstehungsvoraussetzungen vergleichbar sind: Gemeinsam ist beiden Pfandrechten insbesondere das Erfordernis der Übergabe. In der Literatur wird § 647 BGB zudem vielfach als gesetzlich angeordnete Ausgestaltung eines typischen vertraglichen Pfandrechts gedeutet, das die Parteien redlicherweise vereinbart hätten.[11] Zudem wird auf § 366 III HGB verwiesen, der zeige, dass die Anwendung von Gutglaubensvorschriften auf gesetzlich begründete Pfandrechte dem System des Gesetzes nicht fremd ist.[12] Den BGH überzeugen diese Argumente für eine analoge Anwendung der §§ 1257, 1207 BGB hingegen nicht. Es fehle hierfür bereits an einer Regelungslücke. Vielmehr könne der Werkunternehmer vom Eigentümer Ersatz seiner Verwendungen gemäß §§ 994 ff. BGB verlangen.[13]

306 **4.1** Gerade das Bestehen eines Anspruchs auf Verwendungsersatz wird für die vorliegende Konstellation schließlich – entgegen den Ausführungen des BGH – von Teilen der Literatur bestritten. Problematisch ist dabei insbesondere die Annahme einer Vindikationslage. Nach Auffassung des BGH[14] soll es für die Anwendung der §§ 994 ff. BGB genügen, dass im Zeitpunkt der Geltendmachung des Verwendungsersatzanspruchs durch den Besitzer eine Vindikationslage besteht (Rn. 25). Dass U im Zeitpunkt der Vornahme der Verwendungen aufgrund einer lückenlosen Besitzrechtskette über B gegenüber V zum Besitz berechtigt war, sei demnach unschädlich. Zur Begründung verweist der BGH

7 Siehe hierzu etwa *Baur/Stürner*, Sachenrecht, § 55 Rn. 41; zur Frage, ob ein Anwartschaftsrecht ein Recht zum Besitz vermittelt, siehe Fall 17 – Anwartschaften I.

8 BGH NJW 1961, 502.

9 Grüneberg/*Wicke*, BGB, § 1257 Rn. 2.

10 So MüKo-BGB/*Schäfer*, § 1257 Rn. 4; *Baur/Stürner*, Sachenrecht, § 55 Rn. 40.

11 *Wilhelm*, Sachenrecht, Rn. 1866.

12 Siehe etwa *Wieling/Finkenauer*, Sachenrecht, § 15 Rn. 59; *Baur/Stürner*, Sachenrecht, § 55 Rn. 41.

13 BGH NJW 1961, 502 (504).

14 Siehe aber etwa auch BeckOK-BGB/*Fritzsche*, § 994 Rn. 5; *Prütting*, Sachenrecht, Rn. 557; *Wellenhofer*, Sachenrecht, § 23 Rn. 6.

darauf, dass ein zum Besitz berechtigter Fremdbesitzer nicht schlechter gestellt werden dürfe als ein gutgläubiger, tatsächlich aber unberechtigter Besitzer in vergleichbarer Lage (Rn. 27). Dieser Erst-recht-Schluss wird jedoch in der Literatur infrage gestellt.[15] Denn der **Nicht-mehr-berechtigte-Besitzer** sei nicht etwa besser oder schlechter gestellt als der von Anfang an unberechtigte Besitzer, sondern schlicht anders. Zudem knüpfen die §§ 994, 996 BGB den Verwendungsersatz ausdrücklich an die Redlichkeit des Besitzers. Eine Unterscheidung zwischen redlichem und unredlichem Besitzer setzt jedoch voraus, dass der Besitzer im Zeitpunkt der Verwendung tatsächlich kein Besitzrecht hatte.

4.2 Selbst wenn man der Auffassung des BGH folgt und die §§ 994, 996 BGB auf den Nicht-mehr-berechtigten-Besitzer anwendet, bleibt fraglich, ob U tatsächlich einen Verwendungsersatzanspruch gegen V hat. Zweifelhaft ist insbesondere, ob U überhaupt selbst als **Verwenderin** anzusehen ist. Dies wäre jedenfalls dann zu verneinen, wenn man – wie es mittlerweile wohl der herrschenden Meinung entspricht – als Verwender denjenigen ansieht, der die Verwendung auf eigene Rechnung veranlasst und steuert.[16] Zur Begründung wird insbesondere eine Parallele zu § 950 BGB gezogen. Auch dort wird die Verarbeitung demjenigen zugerechnet, der sie unter Übernahme des wirtschaftlichen Risikos steuert.[17] Nach dieser Ansicht wäre demnach nicht U, sondern B als Verwender anzusehen. 307

5. Sofern man mit dem BGH einen Verwendungsersatzanspruch der U gemäß § 994 BGB gegenüber V bejaht, kommt zugunsten der U auch ein **Befriedigungsrecht** aus § 1003 BGB in Betracht. Dieses gewährt dem Besitzer die Möglichkeit, die Sache selbst zu verwerten[18] und sich aus dem Erlös wegen seines Verwendungsersatzanspruchs zu befriedigen. Voraussetzung hierfür ist, dass der Besitzer den Eigentümer zur Genehmigung der Verwendung aufgefordert hat und dieser innerhalb angemessener Frist nicht reagiert. Bestreitet der Eigentümer den Anspruch hingegen vor dem Ablauf der Frist, so kann sich der Besitzer aus der Sache erst dann befriedigen, wenn er nach rechtskräftiger Feststellung des Betrags der Verwendungen den Eigentümer unter Bestimmung einer angemessenen Frist zur Erklärung aufgefordert hat und die Frist verstrichen ist (§ 1003 II BGB). 308

6.1 Das Bestreben, den Kleinbus zu verwerten, erklärt zugleich das Herausgabeverlangen der U in Bezug auf den Kfz-Brief (Zulassungsbescheinigung Teil II). Auf ein etwaiges Eigentum (§ 985 BGB) konnte sich U dabei nicht stützen. Denn nach überwiegender Ansicht steht das **Eigentum am Kfz-Brief gemäß § 952 BGB analog** stets dem Eigentümer des Fahrzeugs (hier also V) zu.[19] Zur Begründung wird insbesondere auf die Legitimationsfunktion des Kfz-Briefs verwiesen.[20] Diese würde unterlaufen, wenn das Eigentum am Kfz-Brief unabhängig vom Eigentum am Fahrzeug übertragen werden könnte. 309

15 Staudinger/*Thole*, BGB, Vor §§ 994 ff. Rn. 16 f.; *Medicus/Petersen*, Bürgerliches Recht, Rn. 591; *Baur/Stürner*, Sachenrecht, § 11 Rn. 28 ff.

16 Staudinger/*Thole*, BGB, Vor §§ 994 ff. Rn. 64; BeckOK-BGB/*Fritzsche*, § 994 Rn. 28; *Medicus/Petersen*, Bürgerliches Recht, Rn. 591; a. A. MüKo-BGB/*Rapatz*, § 994 Rn. 59; im Ausgangspunkt auch *Wilhelm*, Sachenrecht, Rn. 1264.

17 Siehe hierzu Fall 11 – Rohstofflieferung.

18 Die Verwertung erfolgt bei beweglichen Sachen nach den Vorschriften über den Pfandverkauf gemäß §§ 1228 ff. BGB, bei Grundstücken im Wege der Zwangsversteigerung gemäß §§ 15 ff. ZVG oder der Zwangsverwaltung gemäß §§ 146 ff. ZVG.

19 BGH NJW 2007, 2844 Rn. 7; MüKo-BGB/*Füller*, § 952 Rn. 11; *Prütting*, Sachenrecht, Rn. 475; a. A. *Wieling/Finkenauer*, Sachenrecht, § 9 Rn. 53 Fn. 114.

20 Siehe hierzu auch unter Fall 9 – Probefahrt.

310 **6.2** Ein Herausgabeanspruch hinsichtlich des Kfz-Briefs könnte sich hier aber aus § 985 BGB i. V. m. § 1227 BGB ergeben, der dem **Pfandgläubiger** dieselben **Schutzrechte** wie dem Eigentümer gewährt. Wird das Pfandrecht durch Entziehung des Besitzes beeinträchtigt, kann der Pfandgläubiger zum Zwecke der Verwertung insbesondere die Herausgabe der Sache gemäß § 985 BGB verlangen. Unter Berücksichtigung von § 952 BGB analog erstreckt sich dieser Anspruch zugleich auf die Herausgabe des Kfz-Briefs. Voraussetzung hierfür wäre allerdings, dass U Pfandgläubigerin im Sinne des § 1227 BGB ist, was nach Auffassung des BGH gerade nicht der Fall ist. Der BGH nimmt jedoch an, dass U aufgrund des von ihm bejahten Befriedigungsrechts gemäß § 1003 I S. 2 BGB insoweit einem Pfandgläubiger gleichzustellen ist (juris, Rn. 29).

V. Vertiefungsfragen

311 **1.** Im vorliegenden Fall macht V den Herausgabeanspruch hinsichtlich des Pkw im Wege der Widerklage geltend. Was ist unter einer Widerklage zu verstehen und anhand welcher Voraussetzungen beurteilt sich ihre prozessuale Zulässigkeit?

→ siehe etwa *Musielak/Voit*, Grundkurs ZPO, Rn. 592 ff.

312 **2.** V ist Eigentümer eines Oldtimers. Er vermietet diesen für ein Wochenende an M, der ihn für eine Hochzeitsfahrt nutzen möchte. Entgegen der Absprache befestigt M ein Blumengesteck auf der Motorhaube, wodurch mehrere Kratzer entstehen. Kann V von M unter Berufung darauf, dass M sein Besitzrecht überschritten hat (sog. „Nicht-so-berechtigter-Besitzer"), Schadensersatz gemäß §§ 989, 990 BGB verlangen?

→ siehe *Lüke*, Sachenrecht, Rn. 290

313 **3.** § 1000 BGB berechtigt den Besitzer, die Herausgabe der Sache zu verweigern. Folgt hieraus ein Recht zum Besitz im Sinne des § 986 BGB?

→ siehe *Wellenhofer*, Sachenrecht, § 21 Rn. 28

314 **4.** Wie beim Werkunternehmerpfandrecht handelt es sich auch beim Vermieterpfandrecht (§ 562 BGB) um ein gesetzliches Pfandrecht. Anders als beim Werkunternehmerpfandrecht besteht insoweit jedoch Einigkeit darüber, dass ein gutgläubiger Erwerb ausgeschlossen ist. Warum?

→ siehe MüKo-BGB/*Schäfer*, § 1257 Rn. 4

Weitere Vertiefung und Wiederholung bei Jurafuchs auf jurafuchs.de oder in der Jurafuchs App:

Fall 16: Belastetes Warenlager

BGH, Urteil vom 12.2.1992 – XII ZR 7/91 = BGHZ 117, 200 = NJW 1992, 1156

Pfandrecht an beweglichen Sachen (§§ 1205 ff. BGB) | Vermieterpfandrecht (§ 562 BGB) | Sicherungsübereignung (§§ 929 S. 1, 930 BGB) | Verhältnis zwischen Vermieterpfandrecht und antizipierter Sicherungsübereignung

I. Sachverhalt

V vermietete mit Vertrag vom 7.6.1984 an S einen Laden mit Nebenräumen zum Betrieb eines Möbelgeschäfts. S nahm seinerseits bei der B einen Kredit auf, zu dessen Sicherung er ihr durch Sicherungsvertrag vom 10.10.1985 „sämtliche Waren, insbesondere Möbel und Möbelteile sowie Kunstgewerbegegenstände", die sich in den gemieteten Geschäfts- und Lagerräumen befinden oder künftig dorthin verbracht werden, übereignete. Nr. 5 des Vertrages lautet: 315

> *„S und B sind sich darüber einig, dass die dem Sicherungsgeber an dem Sicherungsgut gegenwärtig und zukünftig zustehenden Rechte (Eigentum, Miteigentum, Anwartschaftsrechte) auf die Bank übergehen. Die gegenwärtigen Rechte gehen mit Abschluss dieses Vertrags, die künftigen mit Einbringung der Waren in die Sicherungsräume über. Die Übergabe der Gegenstände wird durch folgende Vereinbarung ersetzt: Die Bank überlässt dem Sicherungsgeber die als Sicherheit dienenden Gegenstände zur unentgeltlichen Verwahrung in seinem unmittelbaren Besitz."*

Im Frühjahr 1987 befand sich S in Zahlungsschwierigkeiten. Mehrere Gläubiger betrieben die Zwangsvollstreckung gegen ihn. Der Gerichtsvollzieher versteigerte die Gegenstände, die sich in den Geschäftsräumen befanden, ohne danach zu unterscheiden, wann sie im Einzelnen dorthin gelangt waren, und hinterlegte u. a. zugunsten V und B einen restlichen Erlös in Höhe von 33.266,33 DM.

Unter Berufung auf ihr Vermieterpfandrecht an den versteigerten Gegenständen beansprucht V wegen einer unstreitigen Forderung aus dem Mietverhältnis die vorrangige Auskehrung eines Betrages von 23.112,90 DM. B meint demgegenüber, ein Vermieterpfandrecht habe der V zu keinem Zeitpunkt zugestanden, denn bei den versteigerten Waren habe es sich nicht um eingebrachte Sachen des S gehandelt. Die Waren seien S unter Eigentumsvorbehalt geliefert worden, der seine Anwartschaftsrechte schon im Voraus auf die B übertragen habe. Mit der Bezahlung sei daher das Eigentum unmittelbar und lastenfrei auf sie übergegangen, sodass der hinterlegte Betrag ihr in vollem Umfang zustehe, denn ihre Darlehensforderung gegen S stehe noch in Höhe von 200.438,47 DM offen. Allenfalls sei ein Vermieterpfandrecht der V gleichzeitig mit ihrem Sicherungseigentum entstanden; in diesem Falle müsse der Erlös im Verhältnis der Forderungen aufgeteilt werden.

II. Zentrale Probleme

Bei einer öffentlichen Versteigerung nach §§ 814 ff. ZPO erwirbt der Ersteher originär Eigentum durch Hoheitsakt.[1] Mit dem Zuschlag erlöschen die dinglichen Rechte Dritter; der Ersteher erlangt grundsätzlich lastenfreies Eigentum.[2] An die Stelle der versteigerten 316

1 Siehe hierzu auch Fall 14 – Hausbau auf fremdem Grund.

2 BGH NJW 1971, 800; BeckOK-ZPO/*Uhl*, § 817 Rn. 8; *Muthorst*, Grundzüge des Zwangsvollstreckungsrechts, § 11 Rn. 11.

Sache tritt jedoch gemäß § 1247 S. 2 BGB analog der Versteigerungserlös, an dem sich die früheren Rechte fortsetzen.[3] Wird der Erlös – wie hier – nach § 827 II, III ZPO zugunsten mehrerer Gläubiger hinterlegt, kann die Herausgabe nur mit deren Einwilligung erfolgen. Steht den übrigen Beteiligten materiellrechtlich jedoch kein oder lediglich ein nachrangiges Recht am Erlös zu, haben sie die Sperrposition ohne Rechtsgrund auf Kosten des vorrangig Berechtigten erlangt. Sie sind daher gemäß § 812 I S. 1 Alt. 2 BGB zur Einwilligung in die Freigabe des beanspruchten Teils der Hinterlegungssumme verpflichtet. Im Kern streiten sich V und B damit über den Vorrang ihrer Sicherungsrechte: Entscheidend ist die Frage, in welchem Verhältnis das Sicherungseigentum der B zum Vermieterpfandrecht der V (§§ 562, 578 II BGB) steht.

317 Problematisch ist dabei, dass die Sicherungsvereinbarung zwischen S und B auch solche Waren erfasst, die erst künftig in die Mieträume eingebracht werden. Zwar gilt grundsätzlich das Prioritätsprinzip, wonach das zeitlich früher entstandene Recht Vorrang genießt. Für künftig einzubringende Gegenstände fehlt es im Zeitpunkt der Sicherungsabrede jedoch noch an der erforderlichen Bestimmtheit; die Übereignung wird insoweit erst mit dem Einbringen der Sachen wirksam. In diesem Zeitpunkt entsteht jedoch zugleich das Vermieterpfandrecht an den eingebrachten Gegenständen. Es kommt somit zu einer zeitlichen Kollision beider Sicherungsrechte, ohne dass sich deren Rang unmittelbar nach dem Prioritätsprinzip bestimmen ließe.

318 Zusätzliche Komplexität ergibt sich daraus, dass die Waren teilweise unter Eigentumsvorbehalt geliefert sein könnten. S hätte insoweit zunächst nur über Anwartschaftsrechte verfügt, die er im Voraus auf B übertragen hatte. Zu klären ist daher auch, ob und inwieweit das Vermieterpfandrecht an solchen Rechtspositionen entstehen kann und welche Auswirkungen der spätere Eigentumserwerb auf die Rangfrage hat.

III. Die Entscheidung des BGH

319 Ausgangspunkt der Entscheidung des BGH bildet die Feststellung, dass V von B gemäß § 812 I S. 1 Alt. 2 BGB die Freigabe von 23.112,90 DM der hinterlegten Summe verlangen kann, wenn ihr mit dem Vermieterpfandrecht ein dem Sicherungseigentum der B vorgehendes Recht an den versteigerten Gegenständen zusteht (juris, Rn. 7).

320 Für das Verhältnis der Sicherungsrechte sei es unerheblich, ob S die Waren unter Eigentumsvorbehalt erworben und daher zunächst nur über Anwartschaftsrechte verfügt habe. Der BGH betont, dass bei der Raumsicherungsübereignung eines Warenlagers eine einheitliche Behandlung der Sachgesamtheit geboten sei:

> Besonders deutlich wird die Sinnwidrigkeit einer unterschiedlichen Behandlung von Gegenständen, die dem Sicherungsgeber gehören, und solchen, an denen er nur eine (gegenwärtige oder künftige) Anwartschaft auf Eigentum erworben hat, bei der Sicherungsübereignung einer Sachgesamtheit, insbesondere eines Warenlagers. Eine solche wird zwar für möglich erachtet, um den Bedürfnissen der Wirtschaft Rechnung zu tragen, doch müssen die jeweils erfaßten Gegenstände hinreichend gekennzeichnet sein, damit jeder, der die zugrunde liegende Parteivereinbarung kennt, die übereigneten Sachen von anderen unterscheiden kann […]. Eine Einigung ist mangels Bestimmtheit unwirksam, wenn aus einem aufgelisteten oder räumlich umschriebenen Bestand das Eigentum nur an solchen Sachen übergehen soll, die „nicht der Unpfändbarkeit gemäß §§ 808 ff. ZPO unterliegen" […]. Ebensowenig ist dem Bestimmtheitsgrundsatz genügt, wenn die Übereignung auf solche

3 *Muthorst*, Grundzüge des Zwangsvollstreckungsrechts, § 11 Rn. 9.

> Gegenstände aus einer Sachgesamtheit beschränkt wird, die „frei von Rechten Dritter“ sind […]. Befindet sich die Sachgesamtheit in gewerblich gemieteten Räumen, kann aus dem gleichen Grund bei der Übereignung durch Raumsicherungsübereignungsvertrag weder zwischen vollbezahlten Waren des Mieters und unbezahlten, einem Eigentumsvorbehalt des Lieferanten unterliegenden Waren unterschieden werden, noch zwischen solchen, die im Zeitpunkt, in dem der Übereignungsvertrag geschlossen wird, bereits eingebracht waren und denen, die dem Mieter im Zuge seines fortlaufenden Gewerbebetriebes erst danach geliefert werden. Niemand könnte an Ort und Stelle den von der Übereignung erfaßten Warenteil nach solchen Kriterien bestimmen, ohne auf Unterlagen außerhalb des Vertrages (Rechnungen, Lieferscheine oder Warenbücher) zurückzugreifen. Wird gleichwohl die Raumsicherungsübereignung einer Sachgesamtheit mit (auch) wechselndem Bestand im Interesse der Wirtschaft zugelassen, darf bei der Beurteilung der Frage, welche Teile der Sachgesamtheit von einem bereits vor der Sicherungsübereignung bestehenden Vermieterpfandrecht erfaßt werden, nichts anderes gelten; geboten ist vielmehr eine rechtlich einheitliche Behandlung […]. Würde sich das Vermieterpfandrecht nur auf solche Einzelteile der Sachgesamtheit erstrecken, die schon vor der Sicherungsübereignung eingebracht waren, so gäbe es in dem Warenlager nach Einbringung weiterer Einzelteile nach der Sicherungsübereignung doch wieder Gegenstände, die frei vom Vermieterpfandrecht wären, und solche, die ihm unterlägen. Dadurch würde der Bestimmtheitsgrundsatz verletzt, so daß die Raumsicherungsübereignung selbst nach den dargelegten Rechtsprechungsgrundsätzen unwirksam wäre. Ein solches auch dem Interesse der beklagten Bank widersprechendes Ergebnis läßt sich nur dadurch vermeiden, daß das in einem Mietraum eingebrachte Warenlager in Bezug auf das durch die Einbringung entstehende Vermieterpfandrecht genauso als Sachgesamtheit behandelt wird wie bei der (anschließenden) Sicherungsübereignung. Verfügt der Mieter im Laufe der Mietzeit durch einen Raumsicherungsübereignungsvertrag zugunsten eines Kreditgebers über sein (gegenwärtiges oder künftiges) Eigentum an der in einen bestimmten Mietraum verbrachten Sachgesamtheit (Warenlager), bleibt der Vorrang eines bestehenden Vermieterpfandrechts unberührt; dieses erstreckt sich auch auf solche Einzelteile des Warenlagers, die dem Bestand erst nach der Sicherungsübereignung zugeführt werden. […] (juris, Rn. 15)

Zudem wendet sich der BGH gegen die in Teilen der Literatur vertretene Auffassung, Sicherungseigentum und Vermieterpfandrecht entstünden an später eingebrachten Waren gleichrangig: 321

> c) Zu Recht ist das Berufungsgericht danach auch nicht der in Teilen der Literatur vertretenen Ansicht gefolgt, bei einem Raumsicherungsübereignungsvertrag entstünden Sicherungseigentum und Vermieterpfandrecht gleichzeitig und gleichrangig nebeneinander an solchen Gegenständen, die erst nach Abschluß des Sicherungsvertrages in die Mieträume eingebracht werden […]. Wie das Oberlandesgericht zutreffend ausführt, würde dies zur wirtschaftlichen Aushöhlung des Vermieterpfandrechts führen. Denn je schneller sich der Warenumschlag in den gemieteten gewerblichen Räumen vollzieht – und er kann je nach Branche und Warenart schon in verhältnismäßig kurzer Zeit einen hohen Anteil der eingebrachten Güter erfassen –, um so eher erschöpft sich der schon vor der Sicherungsübereignung eingebrachte Warenbestand. Da Raumsicherungsübereignung vorzugsweise Banken zur Absicherung von Krediten verlangen, deren Höhe die gemäß [§ 562 II BGB] gesicherten Ansprüche des Vermieters aus dem Mietverhältnis regelmäßig erheblich übersteigen dürfte, würde bei gleichrangiger Berücksichtigung der Gläubiger dem Vermieter nur eine verhältnismäßig geringe Quote zukommen. Dies stünde mit der Absicht des Gesetzgebers, dem

Vermieter durch die Gewährung eines besitzlosen gesetzlichen Pfandrechts eine bevorzugte Sicherung zu verschaffen, nicht im Einklang. (juris, Rn. 16)

322 Da das Vermieterpfandrecht nach alledem dem Sicherungseigentum der B insgesamt vorgeht, hat B ihre Sperrposition ohne rechtlichen Grund auf Kosten der V erlangt. V kann daher gemäß § 812 I S. 1 Alt. 2 BGB die Freigabe eines Betrags in Höhe von 23.112,90 DM aus der hinterlegten Summe verlangen.

IV. Rechtliche Einordnung

323 **1.1** Das **Pfandrecht an beweglichen Sachen gemäß § 1205 BGB** ist vom Gesetzgeber als zentrales Instrument der Kreditsicherung konzipiert. Es handelt sich um ein gegenüber jedermann wirkendes Recht (vgl. § 1227 BGB), das der Sicherung einer bestimmten Forderung dient. Neben dem Bestehen einer zu sichernden Forderung ist für die Bestellung eines solchen Pfandrechts gemäß § 1205 I S. 1 BGB grundsätzlich erforderlich, dass der Eigentümer dem Gläubiger die Sache übergibt und beide sich darüber einig sind, dass dem Gläubiger ein Pfandrecht zustehen soll. Ist die Forderung fällig, kann sich der Pfandgläubiger durch Pfandverkauf aus der Sache befriedigen (§§ 1228 ff. BGB).

324 **1.2** Ein Pfandrecht kann jedoch nicht nur durch Rechtsgeschäft, sondern auch kraft Gesetzes entstehen.[4] **Gesetzliche Pfandrechte** dienen der Sicherung bestimmter vertraglicher Forderungen, sofern die betreffenden Gegenstände in das jeweilige Vertragsverhältnis einbezogen sind. Auf sie finden gemäß § 1257 BGB die Vorschriften über das durch Rechtsgeschäft bestellte Pfandrecht entsprechende Anwendung.[5] Während das vertragliche Pfandrecht stets die Übergabe der Sache voraussetzt (sog. Faustpfandprinzip), können gesetzliche Pfandrechte sowohl als Besitzpfandrechte (z. B. das Pächterpfandrecht gemäß § 583 BGB oder das Werkunternehmerpfandrecht gemäß § 647 BGB)[6] als auch als besitzlose Pfandrechte ausgestaltet sein. Zu Letzteren zählen insbesondere das Vermieterpfandrecht (§ 562 BGB), das Verpächterpfandrecht (§ 581 II BGB i. V. m. §562 BGB, § 592 BGB) und das Pfandrecht des Gastwirts (§ 704 BGB). Die besitzlosen gesetzlichen Pfandrechte setzen allerdings voraus, dass die Sache „eingebracht" wurde, also eine gewisse räumliche Nähe zur Sphäre des Gläubigers besteht. Darüber hinaus ist grundsätzlich erforderlich, dass sich die Sache im Eigentum des Schuldners befindet. Ein Pfandrecht kann jedoch auch schon dann entstehen, wenn der Schuldner die Sache zunächst unter Eigentumsvorbehalt erworben hat. In diesem Fall erstreckt sich das Pfandrecht zunächst auf das Anwartschaftsrecht.[7] Mit Eintritt der Bedingung (regelmäßig der vollständigen Kaufpreiszahlung) erstarkt dieses zum Pfandrecht an der Sache selbst. Dies gilt auch dann, wenn der Bedingungseintritt durch den Gläubiger selbst (z. B. durch den Vermieter) herbeigeführt wird.

325 **2.1** Bei der Bestellung des vertraglichen Pfandrechts kann die Übergabe – entsprechend §§ 929 S. 1, 931 BGB – zwar nach § 1205 I S. 1, II BGB ersetzt werden. Die Verpfändung durch Vereinbarung eines Besitzkonstituts (§ 930 BGB) genügt hierfür jedoch gerade nicht. Das Pfandrecht eignet sich daher nicht als Sicherungsmittel, wenn der

4 Zudem kann ein Pfandrecht als sog. Pfändungspfandrecht auch durch Pfändung im Wege der Zwangsvollstreckung (§§ 803 ff. ZPO) entstehen, siehe hierzu Fall 18 – Anwartschaften II.

5 Zum gutgläubigen Erwerb gesetzlicher Pfandrechte siehe Fall 15 – Autoreparatur.

6 Siehe auch die gesetzlichen Pfandrechte im Handelsrecht: § 397 HGB (Kommissionär); § 464 HGB (Spediteur); § 475 b HGB (Lagerhalter); § 441 HGB (Frachtführer).

7 BGH NJW 1965, 1475 (1476).

Sicherungsgeber auf die Nutzung der Sache angewiesen ist (etwa bei Fahrzeugen oder Maschinen). In der Praxis wurde das vertragliche Pfandrecht deshalb weitgehend durch die **Sicherungsübereignung** verdrängt, die keinen unmittelbaren Besitz des Gläubigers erfordert. Vielmehr wird dem Sicherungsnehmer das Eigentum in der Regel nach §§ 929 S. 1, 930 BGB übertragen, sodass der Sicherungsgeber die Sache weiterhin nutzen kann. Die dingliche Übereignung wird durch eine schuldrechtliche Sicherungsabrede ergänzt, die zugleich das Besitzmittlungsverhältnis im Sinne des § 930 BGB i. V. m. §868 BGB begründet. Diese Abrede regelt insbesondere die Verpflichtung zur Übereignung an den Sicherungsnehmer sowie ggf. zur Rückübereignung an den Sicherungsgeber[8] und bestimmt die Voraussetzungen und Modalitäten einer etwaigen Verwertung.[9]

2.2 Besondere Aufmerksamkeit erfordert die Sicherungsübereignung in der Praxis insbesondere dann, wenn sie ein Warenlager erfasst. Anders als das Verpflichtungsgeschäft, das sich ohne Weiteres auf eine Sachgesamtheit beziehen kann, verlangt der sachenrechtliche **Bestimmtheitsgrundsatz** im Interesse der Rechtsklarheit eine hinreichend genaue Bezeichnung der zu übereignenden Gegenstände (z. B. durch eine bestimmte Markierung[10] oder durch eine Auflistung in einem Inventarverzeichnis[11]). Ausreichend ist insoweit aber etwa, dass sämtliche Waren eines bestimmten Raumes erfasst werden (sog. Raumsicherungsübereignung). Dies gilt selbst dann, wenn sich der Warenbestand in diesem Raum fortlaufend verändert. Erforderlich ist lediglich, dass für jeden, der den Sicherungsvertrag kennt, ohne Weiteres erkennbar ist, welche konkreten Sachen dem Sicherungseigentum unterfallen.[12] 326

3.1 Gerade die **Raumsicherungsübereignung** gerät regelmäßig in Konflikt mit dem **Vermieterpfandrecht** (§ 562 BGB), das dem Vermieter zur Sicherung seiner Forderungen aus dem Mietverhältnis ein Pfandrecht an den in die Mieträume eingebrachten Sachen des Mieters gewährt. 327

Unproblematisch ist das Verhältnis beider Sicherungsmittel zunächst, wenn die Sicherungsübereignung erst nach dem Einbringen der Sachen in die Mieträume erfolgt: In diesem Fall erwirbt der Sicherungsnehmer das Sicherungseigentum lediglich in der durch das Vermieterpfandrecht belasteten Form. Ein gutgläubiger lastenfreier Erwerb scheidet regelmäßig aus, da das Vermieterpfandrecht gemäß § 936 I S. 3 BGB erst erlischt, wenn der Erwerber den unmittelbaren Besitz an der Sache erlangt. Ebenso unproblematisch ist die umgekehrte Konstellation, in der die Sicherungsübereignung einer bestimmten Sache bereits vor dem Einbringen der Sache in die Mieträume erfolgt. Da es sich im Zeitpunkt der Einbringung nicht mehr um Sachen „des Mieters" handelt, kann zugunsten des Vermieters kein Pfandrecht entstehen. Nach dem Prioritätsprinzip geht die Sicherungsübereignung daher vor. 328

3.2 Besondere Schwierigkeiten bereiten demgegenüber Fälle der **antizipierten Sicherungsübereignung**. Gemeint sind solche Konstellationen, in denen Sicherungsgeber und -nehmer – wie im vorliegenden Fall – vereinbaren, dass auch solche Sachen ins Eigentum des Sicherungsnehmers übergehen sollen, die künftig in das Warenlager eingebracht werden. In solchen Fällen fallen die Entstehung des Vermieterpfandrechts und 329

8 Denkbar ist jedoch auch, dass die Übereignung an den Sicherungsnehmer unter der auflösenden Bedingung (§ 158 II BGB) des Erlöschens der gesicherten Forderung erfolgt.
9 Umfassend hierzu *Wellenhofer*, Sachenrecht, § 15 Rn. 21 ff.
10 BGH NJW 2000, 2898.
11 BGH NJW 2008, 3142.
12 BGH NJW 1996, 2654 (2655).

der Eigentumserwerb durch den Sicherungsnehmer zeitlich zusammen, sodass sich ein Vorrang nicht ohne Weiteres nach dem Prioritätsprinzip bestimmen lässt.

330 Zum Teil wird daher ein gleichrangiges Nebeneinander von Vermieterpfandrecht und Sicherungsübereignung befürwortet, was zu einer quotalen Erlösverteilung führen würde.[13] Der BGH geht vorliegend hingegen von einem Vorrang des Vermieterpfandrechts aus. Er begründet dies damit, dass dem Vermieter bei gleichrangiger Berücksichtigung nur eine verhältnismäßig geringe Quote verbliebe, womit das Vermieterpfandrecht wirtschaftlich ausgehöhlt würde. Dies widerspräche aber der gesetzgeberischen Entscheidung, dem Vermieter durch das gesetzliche Pfandrecht ein bevorzugtes Sicherungsgut zu verschaffen (Rn. 16). Zudem sei eine Feststellung, ob Waren vor oder nach einer Sicherungsübereignung in das Warenlager eingebracht werden, kaum möglich (Rn. 15).

331 Die Rechtsprechung des BGH hat in der Praxis zur Folge, dass kreditgebende Banken regelmäßig nicht allein auf die Sicherungsübereignung vertrauen, sondern zusätzlich eine ausdrückliche Erklärung des Vermieters über den Verzicht auf sein Pfandrecht verlangen.

V. Vertiefungsfragen

332 **1.** Welche Folgen hat ein Eigentümer- und Vermieterwechsel gemäß § 566 BGB (i. V. m. § 578 I, II BGB) für das Vermieterpfandrecht des Veräußerers? Verliert dieser sein Pfandrecht auch dann, wenn ihm gegenüber dem Mieter weiterhin Forderungen zustehen? Auf welche Sachen erstreckt sich das Vermieterpfandrecht des neuen Vermieters?
→ siehe BGH NJW 2014, 3775

2. Wird die durch eine Sicherungsübereignung gesicherte Forderung sukzessive getilgt oder wächst im Fall eines Raumsicherungsvertrags der Lagerbestand erheblich an, kann nachträglich ein deutliches Missverhältnis zwischen der geleisteten Sicherheit und der gesicherten Forderung entstehen. Welche Folgen hat dies für die Sicherungsübereignung?
→ siehe BGH NJW 1998, 671

Weitere Vertiefung und Wiederholung bei Jurafuchs auf jurafuchs.de oder in der Jurafuchs App:

13 *Weber/Rauscher* NJW 1988, 1571 ff.; *Fischer* JuS 1993, 542 (545).

Fall 17: Anwartschaften I

BGH, Urteil vom 21.5.1953 – IV ZR 192/52 = BGHZ 10, 69 = NJW 1953, 1099

Anwartschaftsrecht als Recht zum Besitz (§ 986 BGB) | Schutz des Anwartschaftsrechts

I. Sachverhalt

Die Bank B gewährte dem Autohaus H ein Darlehen in Höhe von 4.600 DM zum Ankauf eines Pkw. Zur Sicherung des Darlehens übereignete H der B das Fahrzeug. Zugleich wurde vereinbart, dass H den Wagen für die Bank unentgeltlich verwahren und lediglich ausstellen soll. Eine Nutzung oder Veräußerung des Fahrzeugs war H nicht gestattet. Außerdem durfte H über das Fahrzeug erst verfügen, wenn ihm der Kfz-Brief sowie eine ausdrückliche Veräußerungsermächtigung der Bank vorliegen. 333

Entgegen dieser Vereinbarung veräußerte H den Wagen für 7.418 DM an K, wovon bereits 4.620 DM gezahlt wurden. H und K vereinbarten, dass das Fahrzeug bis zur vollständigen Zahlung des Kaufpreises im Eigentum des H verbleiben soll. Der Wagen wurde K übergeben. Eine Zulassung auf seinen Namen erfolgte jedoch nicht. Der Kfz-Brief befindet sich weiterhin im Besitz der B.

Nachdem H seine Verpflichtungen aus dem Darlehensvertrag nicht erfüllt hat und später insolvent wurde, verlangt B nun von K die Herausgabe des Fahrzeugs. K verweigert die Herausgabe und bietet stattdessen an, den noch ausstehenden Restkaufpreis an H zu zahlen.

II. Zentrale Probleme

B ist Eigentümerin des Fahrzeugs. Insbesondere hat sie ihr Eigentum noch nicht an K verloren. Da H den Pkw an K unter Eigentumsvorbehalt veräußert hat und der Kaufpreis noch nicht vollständig beglichen ist, ist die aufschiebende Bedingung für den Eigentumsübergang nach § 929 S. 1 BGB noch nicht eingetreten. Gleichwohl hat K bereits einen erheblichen Teil des Kaufpreises gezahlt und den Besitz am Wagen erhalten. Vor diesem Hintergrund stellt sich die Frage, ob K dem Herausgabeverlangen der B aus § 985 BGB ein Recht zum Besitz im Sinne des § 986 BGB entgegenhalten kann. In Betracht kommt insoweit ein Anwartschaftsrecht, das K aufgrund des vereinbarten Eigentumsvorbehalts erlangt haben könnte. Ob ein Anwartschaftsrecht dem Käufer ein Recht zum Besitz gegenüber dem Eigentümer vermittelt, ist jedoch umstritten. 334

III. Die Entscheidung des BGH

Der BGH vertritt die Ansicht, dass aus dem zwischen H und K vereinbarten Kauf unter Eigentumsvorbehalt kein Recht zum Besitz des K gegenüber B im Sinne des § 986 BGB folgt: 335

> Nach § 986 BGB kann der Besitzer die Herausgabe einer Sache verweigern, wenn er oder der mittelbare Besitzer, von dem er sein Recht zum Besitz ableitet, dem Eigentümer gegenüber zum Besitz berechtigt ist. Da die Firma H. aufgrund ihres mit der [B] abgeschlossenen Darlehensvertrages dieser gegenüber kein Recht zum Besitz mehr hat, kommt es darauf an, ob der [K] ein solches Recht gegenüber der [B] besitzt. Das BerGer. will dies bejahen, weil der [K] ein aufschiebend bedingtes Eigentumsrecht an dem Wagen erworben habe, bei diesem Erwerb gutgläubig gewesen sei und daher mit Eintritt der Bedingung Eigentümer

> werden würde, auch wenn er in diesem Augenblick nicht mehr gutgläubig wäre. Das BerGer. will somit einer aufschiebend bedingten Eigentumsübertragung ein dingliches, gegen jedermann wirkendes Recht zum Besitz beimessen. Die Auffassung findet im Gesetz jedoch keine Grundlage. Zwar hat der Eigentümer, wie sich aus dem ihm gemäß § 985 BGB zustehenden Herausgabeanspruch ergibt, ein Recht zum Besitz. Derjenige aber, der unter einer aufschiebenden Bedingung Eigentum erwirbt, ist bis zum Eintritt der Bedingung noch nicht Eigentümer. Der von Blomeyer (NJW 51, 548) vertretenen Gegenauffassung vermag sich der Senat nicht anzuschließen, da, wie sich aus den §§ 158, 159 BGB ergibt, ein Eintritt der Bedingung keine rückwirkende Kraft hat [...]. Ein Recht des Vorbehaltskäufers zum Besitz läßt sich daher nur aus schuldrechtlichen Vereinbarungen herleiten. Solche bestehen aber, soweit der [K] in Frage kommt, nur zwischen ihm und der Firma H. Da diese Vereinbarungen ohne Kenntnis der Zustimmung der [B] getroffen sind, haben sie ihr gegenüber keine Wirkung [...]. (juris, Rn. 6)

336 Auffällig ist, dass sich der BGH erst nach dieser Feststellung mit dem Entstehen eines Anwartschaftsrechts zugunsten des K auseinandersetzt (juris, Rn. 7). Entscheidend ist dabei, zu welchem Zeitpunkt der gute Glaube aufseiten des K vorliegen muss:

> Dem [K] ist der Wagen von der Firma H. übergeben worden. Nach dem von ihm unterzeichneten Kaufvertrag waren sich beide darüber einig, daß nach Begleichung des Kaufpreises das Eigentum an dem Wagen auf den [K] übergehen soll. Nach § 932 BGB wird durch eine derart erfolgte Veräußerung der Erwerber auch dann Eigentümer, wenn der Wagen, wie dies hier der Fall ist, dem Veräußerer nicht gehört, es sei denn, daß der Erwerber zu der Zeit, zu der er nach § 929 BGB das Eigentum erwerben würde, nicht in gutem Glauben ist. Der RGR-Komm. (Anm. 4, § 932 BGB) leitet bei einer aufschiebend bedingten oder befristeten Übertragung des Eigentums aus dem Wortlaut des § 932 BGB die Notwendigkeit her, daß der gute Glaube des Erwerbers noch in dem Zeitpunkt vorhanden ist, in dem die Bedingung oder die Frist sich erfüllt. Da der [K])vor vollständiger Begleichung des Kaufpreises, von der der Eigentumsübergang abhängig gemacht ist, Kenntnis von dem Eigentum der [B] erhalten hat, würde ihm hiernach der erforderliche gute Glaube fehlen. Die Auffassung des RGR-Komm. wird jedoch zu Recht von dem überwiegenden Teil der Rspr. und Rechtslehre abgelehnt [...]. § 929 BGB stellt den Übergang des Eigentums auf Übergabe und Einigung ab, die, ohne daß es irgendwelcher weiteren Willensäußerungen bedarf, einen Erwerb des Eigentums zur Folge haben. Wenn daher § 932 BGB von der Zeit spricht, zu der der Erwerber nach „diesen Vorschriften" das Eigentum erwerben würde, so ist damit in Wirklichkeit nichts anderes als der Zeitpunkt gemeint, in dem Übergabe und Einigung erfolgt sind. Das ergibt sich auch aus den §§ 933 und 934 BGB, in denen es für den guten Glauben nicht auf den Zeitpunkt des Erwerbs des Eigentums, sondern auf den der Übergabe oder des Besitzerwerbs abgestellt wird. Wenn der Veräußerer einen Anspruch auf Herausgabe des bei einem Dritten befindlichen Fahrzeuges hat, diesen Anspruch an den Erwerber unter Vorbehalt des Eigentums bis zur Bezahlung des Kaufpreises abtritt und der Dritte daraufhin das Fahrzeug an den gutgläubigen Erwerber herausgibt, so wird der Erwerber, auch wenn er danach das Nichteigentum des Veräußerers erfährt, mit Eintritt der Bedingung Eigentümer, da er zur Zeit des Besitzerwerbs im guten Glauben war (§ 934 BGB). Der Erwerber, dem das Fahrzeug unmittelbar vom Veräußerer übergeben wird, könnte sich nach der Gegenmeinung nicht darauf berufen, daß er im Zeitpunkt des Besitzerwerbs im guten Glauben war. Dies Ergebnis zeigt, daß die Gegenauffassung nicht zutreffen kann. Die Hinausschiebung des Zeitpunkts des Eigentumserwerbs durch

> Vereinbarung einer Bedingung oder Frist muß daher für das Vorhandensein des guten Glaubens ohne Bedeutung sein. (juris, Rn. 8)

Hierauf basierend kommt der BGH zu dem Ergebnis, dass der B dennoch kein durchsetzbarer Anspruch auf Herausgabe des Pkw zusteht: 337

> [...] Mit der Begleichung des restlichen Kaufpreises würde der [K] Eigentümer des streitigen Fahrzeugs werden und berechtigt sein, dieses von der [B] wieder zurückzuverlangen, wenn er es jetzt etwa an sie herausgeben müßte. Unter diesen Umständen verstößt aber das Verlangen der [B] auf Herausgabe des Fahrzeugs gegen Treu und Glauben. Wie allgemein anerkannt, gilt der Grundsatz von Treu und Glauben auch auf dem Gebiete des Sachenrechts jedenfalls, soweit es sich um schuldrechtsähnliche Ansprüche wie z. B. bei dem Herausgabeanspruch des Eigentümers gegenüber dem Besitzer handelt [...] und die dort angeführte Rspr. Der erkennende Sen. trägt keine Bedenken, sich dieser Rspr. anzuschließen. (juris, Rn. 10)

IV. Rechtliche Einordnung

1. Vereinbaren die Parteien – wie hier H und K – einen Eigentumsvorbehalt, wird die dingliche Einigung nach § 929 S. 1 BGB erst mit Eintritt der aufschiebenden Bedingung der vollständigen Kaufpreiszahlung wirksam. Für den Erwerber stellt sich bis zu diesem Zeitpunkt die Frage, ob er neben seiner schuldrechtlichen Position aus dem Kaufvertrag trotz des noch ausstehenden Eigentumsübergangs bereits eine dingliche Rechtsposition innehat. 338

Rechtsprechung und Literatur haben für derartige Vorstufen des Erwerbs eines dinglichen Rechts – hier des Eigentums – das Institut des **Anwartschaftsrechts** entwickelt. Es handelt sich hierbei um ein wesensgleiches Minus zum jeweiligen Vollrecht,[1] womit es zugleich die Rechtsnatur des jeweiligen Vollrechts als dingliches Recht teilt.[2] Es entsteht erst dann, wenn von dem mehraktigen Entstehungstatbestand eines Rechts schon so viele Erfordernisse erfüllt sind, dass von einer gesicherten Rechtsposition des Erwerbers gesprochen werden kann, die vom Veräußerer nicht mehr einseitig zerstört werden kann.[3] 339

2. Die **Entstehung eines Anwartschaftsrechts** am Eigentum beweglicher Sachen richtet sich dementsprechend nach den §§ 929 ff. BGB analog. Erforderlich ist mithin das Zustandekommen einer – aufschiebend bedingten – dinglichen Einigung sowie die Übergabe der Sache oder ein entsprechendes Übergabesurrogat. Fehlt es an der Berechtigung des Veräußerers, kann dieser Mangel nach den Grundsätzen der §§ 932 ff. BGB überwunden werden. Voraussetzung ist zudem, dass die Möglichkeit des Bedingungseintritts fortbesteht. Wird der Kaufvertrag hingegen wirksam angefochten oder tritt eine Vertragspartei wirksam vom Kaufvertrag zurück, erlischt das Anwartschaftsrecht, da der Bedingungseintritt (Kaufpreiszahlung) und damit der Erwerb des Vollrechts nicht mehr möglich ist. 340

Mit Eintritt der Bedingung erstarkt das Anwartschaftsrecht zum Vollrecht, hier also zum Eigentum des Erwerbers. Wie der BGH im vorliegenden Fall entsprechend der mittler- 341

1 BGH NJW 1958, 1133 (1134).

2 Jauernig/*Berger*, BGB, § 929 Rn. 43; *Kainer*, Sachenrecht, § 19 Rn. 24; *Prütting*, Sachenrecht, Rn. 392; *Wieling/Finkenauer*, Sachenrecht, § 17 Rn. 8; siehe auch BGH NJW 1961, 499, wonach das Anwartschaftsrecht zwar kein gegen jedermann wirkendes dingliches Recht an einer fremden Sache sei, jedoch nach Wirkung und Bedeutung einem echten beschränkten dinglichen Recht nahekomme; so auch *Lüke*, Sachenrecht, Rn. 562.

3 Siehe etwa BGH NJW 1955, 544; *Kainer*, Sachenrecht, § 19 Rn. 23.

weile ganz herrschenden Ansicht klarstellt (Rn. 8), ist es für einen Eigentumserwerb vom Nichtberechtigten dabei unschädlich, wenn der Erwerber im Zeitpunkt des Bedingungseintritts bösgläubig ist. Maßgeblich ist vielmehr der Zeitpunkt der Vollendung des Erwerbstatbestands. Dieser liegt im Falle des § 932 I S. 1 BGB in der Übergabe der Sache und im Falle des § 932 I S. 2 BGB bereits in der Einigung.[4]

342 **3.1** Strittig ist hingegen nach wie vor, ob ein **Anwartschaftsrecht** ein **Recht zum Besitz** im Sinne des § 986 BGB vermittelt. Im Verhältnis zwischen Vorbehaltskäufer und Vorbehaltsverkäufer kommt es darauf allerdings nicht an, da sich ein obligatorisches Recht zum Besitz des Vorbehaltskäufers regelmäßig bereits aus dem Kaufvertrag ergibt. Erlischt diese Position, entfällt zugleich auch das Anwartschaftsrecht.

343 Unproblematisch sind auch jene Fälle, in denen der Vorbehaltskäufer die Sache – erlaubterweise – an einen Dritten weiterveräußert. In diesen Konstellationen genügt eine lückenlose Kette schuldrechtlicher Besitzrechte, die dem Dritten ein Recht zum Besitz auch gegenüber dem ursprünglichen Vorbehaltsverkäufer vermittelt. Die Frage nach der Wirkung eines Anwartschaftsrechts stellt sich in Dreipersonenverhältnissen – wie im vorliegenden Fall – jedoch dann, wenn diese Kette schuldrechtlicher Besitzrechte durchbrochen wird. Gerade dann wird entscheidend, ob ein Anwartschaftsrecht des Letzterwerbers (hier: K) auch gegenüber Dritten (hier: B) Wirkung entfaltet.

344 Der **BGH** verneint die Frage vorliegend.[5] Er verweist darauf, dass das Gesetz für ein derartiges Besitzrecht keine Grundlage biete (Rn. 6). Nicht ganz widerspruchsfrei prüft der BGH im Anschluss dennoch das Entstehen eines Anwartschaftsrechts (Rn. 8) – wofür der Wortlaut des Gesetzes streng genommen ebenfalls keine Grundlage bietet. Vielmehr ist das Anwartschaftsrecht insgesamt das Ergebnis einer richterlichen Rechtsfortbildung. Fraglich ist allein, welche Reichweite man dieser Position zukommen lässt.

345 Gleichwohl lässt sich mit dem BGH die Qualifikation als Recht zum Besitz mit Blick auf den Zweck des Anwartschaftsrechts bezweifeln: Das Anwartschaftsrecht soll allein den Eigentumserwerb absichern. Dieser kann aber bei Bedingungseintritt auch dann noch vollendet werden, wenn der Anwartschaftsberechtigte keinen Besitz mehr hat. Es bestehe daher keinerlei Notwendigkeit, das Eigentum eines Dritten schon vor dem Erlöschen des Anwartschaftsrechts zurücktreten zu lassen.[6]

346 Die **Gegenansicht**[7] verweist zum einen auf die Natur des Anwartschaftsrechts als wesensgleiches Minus zum Eigentum, das zugleich die Rechtsstellung des Eigentümers einschränke. Zudem zeige ein Vergleich mit anderen dinglichen Rechten, dass dingliche Rechte im Allgemeinen ein Recht zum Besitz auch gegenüber dem Eigentümer vermitteln.[8] Schließlich würde der mögliche gutgläubige Ersterwerb (hier: durch K) des Anwartschaftsrechts weitgehend entwertet, wenn der Anwartschaftsberechtigte die Sache an den Eigentümer wieder herausgeben müsste.

347 Im vorliegenden Fall nähert sich der BGH jedenfalls im Ergebnis der letztgenannten Ansicht an, indem er den Besitzer auf die Möglichkeit der **dolo-agit-Einrede** (§ 242 BGB)

4 MüKo-BGB/*Oechsler*, § 932 Rn. 38; BeckOK-BGB/*Kindl*, § 932 Rn. 14.
5 Offengelassen in BGH NJW 2006, 3488 Rn. 21.
6 MüKo-BGB/*Rapatz*, § 986 Rn. 20; BeckOK-BGB/*Fritzsche*, § 986 Rn. 15; *Medicus/Petersen*, Bürgerliches Recht, Rn. 463; *Lüke*, Sachenrecht, Rn. 564.
7 OLG Karlsruhe NJW 1966, 885 (886); *Wieling/Finkenauer*, Sachenrecht, § 17 Rn. 10; *Baur/Stürner*, Sachenrecht, § 59 Rn. 47.
8 *Kainer*, Sachenrecht, § 19 Rn. 35.

verweist (Rn. 10).[9] So könne der Eigentümer die Sache dann nicht herausverlangen, wenn er diese seinerseits unmittelbar wieder an den Besitzer herausgeben müsste. So könnte der Besitzer durch Zahlung des Restkaufpreises seinerseits Eigentum erwerben und damit nach § 985 BGB gegen den vormaligen Eigentümer vorgehen. Dieser Weg ist allerdings versperrt, solange der Eigentumserwerb des Anwartschaftsberechtigten noch nicht unmittelbar bevorsteht.[10]

4. Weitgehend[11] anerkannt ist, dass das Anwartschaftsrecht jedenfalls deliktischen Schutz 348
als sonstiges Recht im Sinne des § 823 I BGB genießt.[12] Insbesondere bei Substanzschäden stellt sich allerdings die Frage, wie sich der Schadensersatzanspruch des Anwartschaftsberechtigten zu demjenigen des Eigentümers verhält. Die wohl herrschende Ansicht weist den Anspruch beiden Berechtigten in entsprechender Anwendung des § 432 BGB gemeinschaftlich zu.[13]

5. Zentral ist schließlich der Schutz des Anwartschaftsberechtigten nach § 161 I BGB. 349
Danach sind Zwischenverfügungen des Vorbehaltsverkäufers über die Sache im Falle des Bedingungseintritts insoweit unwirksam, als sie die von der Bedingung abhängige Rechtswirkung vereiteln oder beeinträchtigen würden. Zwar kann der Vorbehaltsverkäufer etwa einem Dritten zunächst gemäß §§ 929, 931 BGB als Berechtigter das Eigentum an der Sache übertragen. Mit dem Eintritt der Bedingung – also mit der vollständigen Kaufpreiszahlung durch den Vorbehaltskäufer – verliert der Dritte dieses Eigentum nach § 161 I BGB jedoch wieder.

Aufseiten des Dritten kommt im Regelfall insbesondere auch kein lastenfreier Erwerb 350
nach § 161 III BGB in Betracht. Nach herrschender Ansicht ist zugunsten des Anwartschaftsberechtigten § 936 III BGB analog anzuwenden, sodass das Anwartschaftsrecht im Falle einer Übereignung nach § 931 BGB gerade nicht erlischt.[14] Ein Erlöschen des Anwartschaftsrechts entsprechend § 161 III BGB kommt daher allenfalls in dem Ausnahmefall in Betracht, in dem der Vorbehaltskäufer keinen unmittelbaren Besitz mehr an der Sache hat.[15]

V. Vertiefungsfragen

1. K hat von V unter Eigentumsvorbehalt einen Pkw erworben. Der Wagen wird ihr von 351
   D gestohlen. Können K und/oder V von D die Herausgabe des Fahrzeugs verlangen?
   → siehe *Wellenhofer*, Sachenrecht, § 14 Rn. 22
2. Welche Möglichkeiten hat der Vorbehaltskäufer, sich gegen eine Zwangsvollstreckung in die Sache durch Gläubiger des Vorbehaltsverkäufers zur Wehr zu setzen?
   → siehe *Vieweg/Lorz*, Sachenrecht, § 11 Rn. 68
3. Wie können Gläubiger des Anwartschaftsberechtigten in dessen Anwartschaftsrecht die Zwangsvollstreckung betreiben?

9 So auch *Lüke*, Sachenrecht, Rn. 564.
10 So etwa in OLG Karlsruhe NJW 1966, 885 (886).
11 Vgl. Staudinger/*Hager*, BGB, § 823 Rn. B 152.
12 Siehe etwa Staudinger/*Hager*, BGB, § 823 Rn. B 151; *Kainer*, Sachenrecht, § 19 Rn. 37.
13 *Baur/Stürner*, Sachenrecht, § 59 Rn. 45; *Kainer*, Sachenrecht, § 19 Rn. 37; *Lüke*, Sachenrecht, Rn. 570; siehe aber etwa umfassend *Wellenhofer*, Sachenrecht, § 14 Rn. 24 ff. (dort für eine alleinige Anspruchsberechtigung des Anwartschaftsberechtigten).
14 *Wilhelm*, Sachenrecht, Rn. 2338; *Medicus/Petersen*, Bürgerliches Recht, Rn. 462.
15 *Medicus/Petersen*, Bürgerliches Recht, Rn. 462, verweisen auf den Fall, dass der Vorbehaltskäufer die Sache zur Nachbesserung an den Vorbehaltsverkäufer zurückgegeben hatte.

→ BGH NJW 1954, 1325 ff.; kritisch hierzu etwa *Wieling/Finkenauer*, Sachenrecht, § 17 Rn. 25

Weitere Vertiefung und Wiederholung bei Jurafuchs auf jurafuchs.de oder in der Jurafuchs App:

Fall 18: Anwartschaften II

BGH, Urteil vom 22.2.1956 – IV ZR 164/55 = BGHZ 20, 88 = NJW 1956, 665

Übertragung des Anwartschaftsrechts | Gutgläubiger Zweiterwerb des Anwartschaftsrechts | Drittwiderspruchsklage (§ 771 ZPO)

I. Sachverhalt

V veräußerte einen Zweiachsenanhänger an H und behielt sich bis zur vollständigen Zahlung des Kaufpreises das Eigentum vor. Noch vor Zahlung der letzten Kaufpreisrate unterzeichneten H und der Kläger (K) folgende Erklärung: 352

> *„Als Ausgleich für das 1952 von K erhaltene bare Darlehen von 5.000 DM übereigne ich heute an den Genannten meinen Zweiachsenanhänger. K ist bekannt, dass ich auf den Hänger noch einen Kaufpreisrest zu bezahlen habe. Das Eigentum wird daher erst mit Bezahlung des Restbetrages für K voll wirksam. Es wird vereinbart, dass der vorläufig in meinem Besitz bleibende Hänger von mir für Geschäftszwecke weiter benutzt wird. Berlin, den 1.7.1953"*

B, ein weiterer Gläubiger des H, betrieb in der Zeit zwischen dem 17.7.1953 und der Zahlung der letzten Kaufpreisrate die Zwangsvollstreckung in den genannten Anhänger, der sich weiterhin im unmittelbaren Besitz des H befindet.

Nach Zahlung der letzten Kaufpreisrate durch H wendet sich K unter Berufung auf die Vereinbarung vom 1.7.1953 im Wege der Drittwiderspruchsklage gegen diese Zwangsvollstreckung.

II. Zentrale Probleme

K wendet sich mit der Drittwiderspruchsklage gemäß § 771 ZPO gegen die Zwangsvollstreckung in den Anhänger durch B. Mit dieser Klage kann ein Dritter geltend machen, dass ihm an dem gepfändeten Gegenstand ein die Zwangsvollstreckung hinderndes Recht zusteht. Ein solches Recht zugunsten des K könnte sich hier aus der Vereinbarung mit H vom 1.7.1953 ergeben. 353

Zu diesem Zeitpunkt war H jedoch noch nicht Eigentümer des Anhängers; das Eigentum stand mangels vollständiger Kaufpreiszahlung weiterhin dem Vorbehaltsverkäufer V zu. H verfügte daher lediglich über ein Anwartschaftsrecht. Da die letzte Kaufpreisrate inzwischen entrichtet wurde und die aufschiebende Bedingung damit eingetreten ist, besteht das Anwartschaftsrecht jedoch nicht mehr fort; K kann sich daher nur noch auf das Volleigentum am Anhänger berufen. 354

Ob K dieses erworben hat, ist in zwei Schritten zu prüfen. Zunächst stellt sich die Frage, ob H durch die Vereinbarung vom 1.7.1953 sein Anwartschaftsrecht wirksam auf K übertragen hat, sodass dieses mit Bedingungseintritt zum Volleigentum erstarken konnte. Sofern man die Übertragbarkeit des Anwartschaftsrechts annimmt, schließt sich die weitere Frage an, wie sich der Eigentumserwerb des K beim Eintritt der Bedingung im Einzelnen vollzieht. Gelangt das Eigentum unmittelbar von V auf K, so hätte K unbelastetes Volleigentum erworben. Ist hingegen ein Durchgangserwerb über das Vermögen des H anzunehmen, so wären die in der Zwischenzeit durch die Pfändung entstandenen Pfändungspfandrechte wirksam geworden und K hätte das Eigentum nur belastet erworben. 355

III. Die Entscheidung des BGH

356 Zunächst widmet sich der BGH der Frage, inwieweit ein Anwartschaftsrecht übertragbar ist:

> 4. Für die Entscheidung dieser Frage ergibt sich aus den Vorschriften des Bürgerlichen Gesetzbuches unmittelbar nichts. Dieses beschränkt sich darauf, in den Bestimmungen der §§ 160, 161 den Erwerb des ersten Anwartschaftsberechtigten gegen Maßnahmen des bedingt Verfügenden oder gegen ihn gerichtete Eingriffe dritter Personen zu schützen. Aufgabe der Rechtsprechung und der Rechtslehre ist es daher, die für die rechtliche Bewertung der Übertragung des Anwartschaftsrechts maßgebenden Rechtssätze zu finden. Dabei sind die allgemeinen Gesichtspunkte, die sich aus der Natur der Sache ergeben, zu beachten und ferner die berechtigten Interessen der von einem solchen Rechtsübergang Betroffenen zu berücksichtigen. Und zwar müssen die so zu ermittelnden Rechtssätze im Einklang mit den im geltenden Recht durchgeführten Rechtskonstruktionen [...] stehen. Bei der Lösung dieser Aufgabe bieten sich zwei Wege. Man kann davon ausgehen, daß der Endzweck der bedingten Verfügung und der „Übertragung des Anwartschaftsrechts" doch nur der Erwerb des Vollrechts ist. Tut man dies [...], so führt dies dazu, in der Verfügung des Anwartschaftsberechtigten, der zur Zeit der Übertragung des Anwartschaftsrechts noch nicht Inhaber des Vollrechts ist, die Verfügung eines Nichtberechtigten zu sehen und die hier zu entscheidenden Fragen entweder aus der Vorschrift des § 185 BGB oder doch ihrer entsprechenden Anwendung zu lösen. Der andere Weg ist der, an das Problem so heranzugehen, daß man in den Mittelpunkt der vorzunehmenden Erwägungen das Recht des Anwartschaftsberechtigten stellt. Dieser verfügt, wie auch das Reichsgericht in RGZ 140, 223 (225) nicht verkennt, bei der Übertragung des Anwartschaftsrechts selbst nicht als Nichtberechtigter. Folgerichtig wird man dann geneigt sein, auch soweit er mittelbar [...] über das Vollrecht verfügt, nicht die Verfügung eines Nichtberechtigten zu sehen und § 185 BGB überhaupt nicht für anwendbar zu erklären. Den ersten Weg hat das Reichsgericht in den hier maßgebenden Urteilen in RGZ 64, 204 und 344, 95, 205 und auch in RGZ 140, 223 eingeschlagen. Für den zweiten Weg hat sich die in der Rechtslehre überwiegende Meinung [...] sowie in der neuesten Zeit ein Teil der Rechtsprechung entschieden. (juris, Rn. 19)

357 Der BGH betont im Anschluss die wirtschaftliche Relevanz dieser Fragestellung:

> 7. Bejaht man die Zulässigkeit der Übertragung einer Anwartschaft auf den Erwerb eines unter einer aufschiebenden Bedingung veräußerten Rechts – auch das Reichsgericht hat sie in den früheren Erkenntnissen nicht in Abrede gestellt –, dann räumt man damit dem Anwärter die Möglichkeit ein, den Wert, der in der Chance des Erwerbs des Vollrechts liegt, bereits in der Gegenwart zu Kredit- oder anderen Zwecken für sich auszunutzen [...]. Die dem Anwärter durch das Gesetz verliehene Befugnis bedeutet einen gegenwärtigen Vermögenswert [...]. Es kann nicht verkannt werden, daß der Wert der eingeräumten Befugnis stark vermindert würde, wenn man die Übertragbarkeit an die Zustimmung des Inhabers des Vollrechts knüpfte. [...] (juris, Rn. 24)

358 Vor diesem Hintergrund kommt der BGH zu dem Ergebnis, dass der Vorbehaltskäufer als Berechtigter unmittelbar über sein Anwartschaftsrecht verfügen könne:

> Als an dem Rechtsvorgang beteiligte Personen kommen außer dem Zweiterwerber der Anwartschaft der Inhaber des Vollrechts (Vorbehaltsverkäufer) oder der Ersterwerber der Anwartschaft (Vorbehaltskäufer) in Frage. Dieser hat durch seine Übertragung den Willen zum Ausdruck gebracht, daß der Übertragungsempfänger bei Eintritt der Bedingung an

> seine Stelle treten und das Vollrecht erwerben soll. Der Vorbehaltsverkäufer hat kein Interesse an der Person des Erwerbers des Vollrechts, wenn die Bedingung eingetreten ist. Auch die dem geltenden Bürgerlichen Recht zugrundeliegenden Grundsätze erfordern keine abweichende „Konstruktion" des Vorgangs. Anwartschaften auf den Erwerb eines Rechts, die selbst wieder den Charakter eines dem Vollrecht ähnlichen Rechtes haben, sind auch sonst im bestehenden Recht ausdrücklich anerkannt oder als bestehend in Rechtsvorschriften vorausgesetzt […]. Sie sind veräußerlich, sofern das Vollrecht, auf dessen Entstehung oder Erwerb sie ihrem Inhalt nach gerichtet sind, veräußerlich ist (RGZ 101, 185 (187)). Die Verfügung über sie ist nicht die Verfügung eines Nichtberechtigten im Sinne des § 185 BGB, soweit eine Verfügung des Anwärters unmittelbar die Anwartschaft zum Gegenstand hat […]. § 185 BGB kann aber auch insoweit keine Anwendung finden, als mittelbar auch über das Vollrecht verfügt wird. Die Verfügung des Anwärters kann mit der Verfügung des Nichtberechtigten nicht auf eine Stufe gestellt werden, wie Brandis JW 1931, 507 und Becker JW 1934, 678 zu Unrecht annehmen. Wer aufgrund eines Rechtes mittelbar über ein fremdes Recht verfügen darf und verfügt, muß demjenigen gleichgestellt werden, der im Einverständnis des Vollberechtigten handelt […]. Wollte man das Gegenteil annehmen, so wäre der Anwärter schlechter gestellt als derjenige Käufer, dem das Eigentum überhaupt noch nicht übertragen worden ist, der aber eine Forderung auf Übertragung des Eigentums besitzt (§ 433 BGB). Dieser Käufer hat die Möglichkeit, über die Forderung zu verfügen und sie in seinem Interesse zu verwerten. Diese Möglichkeit besteht nicht, wenn dem Käufer die Sache unter Vorbehalt übereignet und übergeben ist. Dann ist die Forderung gegen den Verkäufer auf Eigentumsverschaffung erloschen, da der Verkäufer alles getan hat, was seinerseits hierzu erforderlich ist […]. Der Käufer, der keine Anwartschaft hat, könnte dann die schwächere Chance schon in der Gegenwart ausnutzen, während der Inhaber des stärkeren Rechts, als welches sich die Anwartschaft auf Erwerb des Vollrechts gegenüber der bloßen Forderung auf Verschaffung des Vollrechts darstellt, dazu nicht in der Lage wäre. Das kann nicht Rechtens sein. (juris, Rn. 26)

Hat der Vorbehaltskäufer sein Anwartschaftsrecht übertragen, bestehe bei Eintritt der Bedingung auch kein Anlass, einen Durchgangserwerb anzunehmen. Vielmehr würde das Anwartschaftsrecht bei vollständiger Kaufpreiszahlung unmittelbar beim Erwerber des Anwartschaftsrechts zum Vollrecht erstarken: 359

> Der Senat tritt daher der in der Rechtslehre herrschenden Ansicht […] bei, daß der Anwartschaftsberechtigte aus bedingter Übereignung über seine Anwartschaft ohne Zustimmung des Eigentümers mit der Maßgabe verfügen kann, daß der Erwerber der Anwartschaft mit dem Eintritt der Bedingung das Vollrecht ohne Weiteres erwirbt. (juris, Rn. 27)
>
> 8. Daraus ergibt sich im vorliegenden Fall, daß die Beklagten sich auf die von ihnen in den Anhänger ausgebrachte Pfändung gegenüber dem auf § 771 ZPO beruhenden Klaganspruch nicht berufen können, wenn der Kläger die Anwartschaft aus bedingter Übereignung von dem Vollstreckungsschuldner erworben hat. Diese Pfändungen sind dann bei Eintritt der Bedingung ihm gegenüber nicht wirksam geworden. (juris, Rn. 28)

IV. Rechtliche Einordnung

1. Die Zulässigkeit der **Drittwiderspruchsklage nach § 771 ZPO** bereitet im vorliegenden Fall keine Schwierigkeiten. Sie ist der statthafte Rechtsbehelf, wenn ein Dritter geltend macht, dass ihm an dem Gegenstand der Zwangsvollstreckung ein die Veräußerung hinderndes Recht zusteht. Damit trägt § 771 ZPO dem Umstand Rechnung, dass 360

das Vollstreckungsverfahren formalisiert ausgestaltet ist und die Vollstreckungsorgane Rechte Dritter grundsätzlich nicht prüfen.[1] Der Schutz solcher Rechte wird somit in ein gesondertes (Erkenntnis-)Verfahren verlagert.

361 Ist die Drittwiderspruchsklage zulässig und begründet, wird die Zwangsvollstreckung aus dem betreffenden Titel in den konkreten Gegenstand für unzulässig erklärt.[2] Das stattgebende Urteil begründet ein Vollstreckungshindernis im Sinne von § 775 Nr. 1 ZPO.

362 Im Zentrum der Drittwiderspruchsklage steht auch hier das sogenannte Interventionsrecht, also die Frage, ob dem Kläger ein die Veräußerung hinderndes Recht zusteht. Ein solches Recht liegt vor, „wenn der Schuldner selbst, veräußerte er den Vollstreckungsgegenstand, widerrechtlich in den Rechtskreis des Dritten eingreifen würde und deshalb der Dritte den Schuldner hindern könnte, zu veräußern".[3] Ob ein solches Interventionsrecht besteht, bestimmt sich nach materiellem Recht und bildet im vorliegenden Fall den Ausgangspunkt der weiteren sachenrechtlichen Prüfung.

363 **2.1** Anerkannt ist, dass das Anwartschaftsrecht des Vorbehaltskäufers ein Recht im Sinne des § 771 ZPO darstellt.[4] Der BGH begründet dies – an anderer Stelle – wie folgt:

> Das Gesetz (§ 455 BGB) nimmt beim Eigentumsvorbehalt eine aufschiebend bedingte Übereignung an und unterstellt deshalb die Eigentumsanwartschaft den Regeln des aufschiebend bedingten Rechtserwerbs nach §§ 160 Abs. 1, 161 Abs. 1 und 3 BGB. Danach ist es dem Vorbehaltsverkäufer weder verboten noch ist er rechtlich daran gehindert, die unter einer aufschiebenden Bedingung übereignete Sache (unbedingt) an einen anderen weiter zu veräußern. Diese Veräußerung ist – unter den Voraussetzungen der §§ 929 ff. BGB – trotz der Eigentumsanwartschaft des Vorbehaltskäufers wirksam. Dieser wird nur in der Weise geschützt, daß bei Eintritt der Bedingung grundsätzlich (Ausnahme: § 161 Abs. 3 BGB) die zweite Veräußerung unwirksam wird. Es mag deshalb zweifelhaft sein, ob ein Vorbehaltskäufer schlechthin den Vorbehaltsverkäufer daran hindern kann, die ihm bedingt übereignete Sache ein zweites Mal zu veräußern. Sinn und Zweck des § 161 BGB erfordern es aber, dem Vorbehaltskäufer jedenfalls dann die Möglichkeit zu geben, eine zweite Veräußerung zu verhindern, wenn der in § 161 Abs. 1 Satz 1 BGB für den bedingt Berechtigten vorgesehene Schutz notwendig versagt. Das ist wegen des öffentlich-rechtlichen Charakters der Versteigerung in der Zwangsvollstreckung immer dann der Fall, wenn ein Gläubiger des Vorbehaltsverkäufers die Kaufsache durch Zwangsvollstreckung verwertet. Denn der Ersteher wird (s. oben 2 a) endgültig Eigentümer, und sein Erwerb wird nicht dadurch unwirksam, daß der Vorbehaltskäufer durch vollständige Zahlung des Kaufpreises die Bedingung für den Übergang des Eigentums auf den Vorbehaltskäufer herbeiführt. Vor allem aus diesem Grunde ist dem Vorbehaltskäufer, wenn ein Gläubiger des Vorbehaltsverkäufers in die beim Vorbehaltsverkäufer befindliche Sache vollstreckt, die Widerspruchsklage nach § 771 ZPO zuzubilligen […].[5]

364 **2.2** Auf das Anwartschaftsrecht als Interventionsrecht kommt es im vorliegenden Fall jedoch nicht unmittelbar an. Maßgeblicher Zeitpunkt für das Bestehen des Interventi-

1 *Muthorst*, Grundzüge des Zwangsvollstreckungsrechts, § 1 Rn. 11 ff.
2 Stein/Jonas/*Kern*, ZPO, § 771 Rn. 71.
3 BGH NJW 1971, 799 (800).
4 Musielak/Voit/*Lackmann*, ZPO, § 771 Rn. 17; Kindl/Meller-Hannich/*Handke*, Zwangsvollstreckungsrecht, § 771 Rn. 19.
5 BGH NJW 1971, 799 (800).

onsrechts ist die letzte mündliche Verhandlung.[6] Zu diesem Zeitpunkt ist die Bedingung der vollständigen Kaufpreiszahlung bereits eingetreten, sodass das Anwartschaftsrecht zum Vollrecht erstarkt ist und allein das Eigentum als Interventionsrecht in Betracht kommt.

Allerdings stellt sich die Frage, ob K dieses Eigentum unbelastet erworben hat. Insbesondere ist zu klären, ob das Eigentum zwischenzeitlich durch ein **Pfändungspfandrecht gemäß § 804 ZPO** belastet wurde. 365

Das Pfändungspfandrecht verschafft dem Vollstreckungsgläubiger ein Recht auf Verwertung des gepfändeten Gegenstands. Es ist nach der heute herrschenden gemischt privat-öffentlich-rechtlichen Theorie als ein in seinen Voraussetzungen und Rechtsfolgen zwangsvollstreckungsrechtlich überformtes privatrechtliches Pfandrecht einzuordnen.[7] Anders als beim rechtsgeschäftlich bestellten Pfandrecht, bei dem unter den Voraussetzungen des § 1207 BGB ein gutgläubiger Erwerb vom Nichtberechtigten möglich ist, kennt das Vollstreckungsrecht jedoch keinen entsprechenden Schutz zugunsten des gutgläubigen Vollstreckungsgläubigers. Das Entstehen des Pfändungspfandrechts setzt neben einer gesicherten Forderung vielmehr voraus, dass der gepfändete Gegenstand dem Vollstreckungsschuldner zuzuordnen ist.[8] 366

3. Es stellt sich damit die Frage, welche Rechtsposition H im Zeitpunkt der Zwangsvollstreckung innehatte. Da der Kaufpreis noch nicht vollständig bezahlt war, kam zu diesem Zeitpunkt lediglich ein Anwartschaftsrecht in Betracht. Dieses stellt grundsätzlich auch ein taugliches Objekt eines Pfändungspfandrechts dar.[9] 367

Allerdings könnte H das **Anwartschaftsrecht** bereits vor der Zwangsvollstreckung auf K **übertragen** haben. Der BGH stellt im vorliegenden Fall überzeugend klar, dass der Vorbehaltskäufer über sein Anwartschaftsrecht als solches verfügen kann, was heute der ganz herrschenden Ansicht entspricht. Da der Vorbehaltskäufer insoweit als Berechtigter handelt, bedarf es insbesondere keiner Mitwirkung des Vorbehaltsverkäufers. 368

In der Entscheidung bleibt jedoch offen, auf welche Weise das Anwartschaftsrecht übertragen wird. Zwar werden Rechte grundsätzlich gemäß §§ 413, 398 BGB durch Abtretung übertragen. Aufgrund der besonderen dogmatischen Einordnung der Anwartschaft als wesensgleiches Minus zum Vollrecht wird ihre Übertragung jedoch nach den für das jeweilige Vollrecht geltenden Vorschriften vollzogen. Im vorliegenden Fall richtet sich die Übertragung daher nach den §§ 929 ff. BGB analog.[10] Konkret hat K das Anwartschaftsrecht hier aufgrund der Vereinbarung vom 1.7.1953 gemäß §§ 929 S. 1, 930 BGB analog erworben, da der Anhänger im Besitz des H verblieben ist. 369

Wird das Anwartschaftsrecht als Vorstufe zum Eigentum übertragen, tritt konsequenterweise auch der Eigentumserwerb selbst mit Bedingungseintritt unmittelbar beim Erwerber des Anwartschaftsrechts ein, wie der BGH im vorliegenden Fall zutreffend klarstellt. 370

4. Über die vorliegende Entscheidung des BGH hinaus ist fraglich, ob auch ein **gutgläubiger Zweiterwerb des Anwartschaftsrechts** gemäß §§ 929 ff. BGB analog möglich ist. 371

---

6 MüKo-ZPO/*Schmidt/Brinkmann*, § 771 Rn. 63.

7 BGH NJW 1992, 2570 (2573); MüKo-ZPO/*Gruber*, § 804 Rn. 11 ff.; *Brox/Walker*, Zwangsvollstreckungsrecht, § 14 Rn. 36, 56; *Muthorst*, Grundzüge des Zwangsvollstreckungsrechts, § 10 Rn. 59 ff.

8 BGH NJW 1992, 2570 (2574).

9 Zur Pfändung des Anwartschaftsrechts und dem Verhältnis zur Pfändung der Sache siehe etwa BeckOK-BGB/*Kindl*, § 929 Rn. 86 ff.; siehe auch die Nachweise unter Fall 17 – Anwartschaften I, Vertiefungsfrage 3.

10 Siehe etwa *Kainer*, Sachenrecht, § 19 Rn. 27 ff.; *Lüke*, Sachenrecht, Rn. 574 f.

▶ **Beispiel:** A veräußert an B zwei Betonmischer unter Eigentumsvorbehalt zum Gesamtpreis von 60.000 Euro. Nach einer Anzahlung von 10.000 Euro verleiht B die Maschinen an C. Dieser behauptet gegenüber D wahrheitswidrig, er habe die Maschinen selbst von A zum Preis von 60.000 Euro unter Eigentumsvorbehalt erworben und hiervon bereits 10.000 Euro abgezahlt. In der Folge veräußert C die von ihm behauptete Anwartschaft für 10.000 Euro an D. Hat D ein Anwartschaftsrecht an den Betonmischern erworben?

372 **4.1** Nach ganz herrschender Meinung kommt ein gutgläubiger Zweiterwerb eines Anwartschaftsrechts jedenfalls dann nicht in Betracht, wenn ein solches tatsächlich nirgends existiert, es also auch keinem Dritten zusteht. Grund hierfür ist, dass ein Anwartschaftsrecht im Falle eines Eigentumsvorbehalts nur dann bestehen kann, wenn der Eintritt der Bedingung – also die vollständige Kaufpreiszahlung – überhaupt möglich ist. Fehlt es an einem denkbaren Bedingungseintritt, besteht für ein Anwartschaftsrecht kein Raum.[11] Der gute Glaube an das bloße Bestehen eines Anwartschaftsrechts wird nicht geschützt.

373 **4.2** Anders liegt es, wenn ein Anwartschaftsrecht tatsächlich besteht, jedoch ein Nichtberechtigter hierüber verfügt. Nach herrschender Ansicht ist insoweit eine entsprechende Anwendung der §§ 932 ff. BGB möglich. Dies ist jedoch nicht unumstritten. Bei näherer Betrachtung hängt die Frage des gutgläubigen Zweiterwerbs davon ab, ob der Besitz auch einen Rechtsschein zugunsten eines Anwartschaftsrechts zu begründen vermag.

374 Dagegen soll sprechen, dass es bereits an einem schutzwürdigen Vertrauenstatbestand fehlt, wenn der Veräußerer selbst offenlegt, nicht Eigentümer zu sein.[12] In diesem Fall wird der Rechtsschein des Besitzes gerade relativiert. Weiß der Erwerber, dass der Veräußerer nicht Eigentümer ist, könne er sich nicht mehr auf den Besitz als Rechtsscheinträger verlassen, sondern vertraue allein auf die Angaben des Veräußerers. Ein solches Vertrauen verdiene keinen Schutz. Vielmehr sei der Erwerber gehalten, die behauptete Anwartschaft zu überprüfen, etwa durch Rückfrage beim Vorbehaltsverkäufer.

375 Dem wird entgegengehalten, dass das BGB in den §§ 1065, 1227 BGB i. V. m. § 1006 BGB bei Besitz einer beweglichen Sache die Vermutung für ein beschränktes dingliches Recht, nämlich für einen Nießbrauch und für ein Faustpfandrecht, aufstellt. Zudem ist der Glaube an die Anwartschaftsberechtigung nach dieser Auffassung nicht weniger schutzwürdig als der Glaube an das Eigentum, sofern der Verfügende durch den Besitz der Sache legitimiert ist.[13] Dafür spricht nicht zuletzt, dass sich C im skizzierten Beispiel sogar als Eigentümer der Betonmischer hätte ausgeben können, mit der unstreitigen Folge eines gutgläubigen Eigentumserwerbs seitens D nach §§ 929 S. 1, 932 BGB.

376 **4.3** Geht man mit der herrschenden Ansicht von der Möglichkeit eines gutgläubigen Zweiterwerbs eines Anwartschaftsrechts aus, wird das Anwartschaftsrecht derart erworben, wie es tatsächlich besteht. Unrichtige Angaben des nichtberechtigten Veräußerers über den Stand der Kaufpreiszahlung sind insoweit unbeachtlich. Grund hierfür ist, dass der Besitz der Sache insoweit keinen Rechtsschein setzt. Maßgeblich bleibt daher der tatsächliche Inhalt der Bedingung, wie er im Verhältnis zum ursprünglichen Berechtigten bestand.

---

11 BGH NJW 1980, 175 (176); MüKo-BGB/*Maultzsch*, § 449 Rn. 72; *Habersack*, Sachenrecht, Rn. 248.

12 BeckOK-BGB/*Kindl*, § 929 Rn. 85; MüKo-BGB/*Maultzsch*, § 449 Rn. 72; NK-BGB/*Meller-Hannich*, § 932 Rn. 8; *Medicus/Petersen*, Bürgerliches Recht, Rn. 475.

13 MüKo-BGB/*Oechsler*, § 932 Rn. 20; Staudinger/*Heinze*, BGB, § 932 Rn. 130; *Baur/Stürner*, Sachenrecht, § 59 Rn. 39; *Prütting*, Sachenrecht, Rn. 393.

V. Vertiefungsfragen

1. Im vorliegenden Fall hat H den Kaufpreis gegenüber V vollständig beglichen, sodass das zuvor auf K übertragene Anwartschaftsrecht zum Vollrecht erstarkt ist. Fraglich ist jedoch, wie die Rechtslage zu beurteilen wäre, wenn H zur Zahlung nicht willens oder nicht in der Lage gewesen wäre: Hätte K in diesem Fall den restlichen Kaufpreis selbst begleichen und auf diese Weise Eigentum an dem Anhänger erwerben können? 377
→ siehe § 267 I BGB sowie § 162 I BGB
2. Können H und V, nachdem H das Anwartschaftsrecht bereits auf K übertragen hat, die ursprüngliche Bedingung nachträglich abändern, insbesondere durch eine Erweiterung auf weitere Forderungen des V gegen H?
→ siehe BGH NJW 1980, 175

Weitere Vertiefung und Wiederholung bei Jurafuchs auf jurafuchs.de oder in der Jurafuchs App:

Fall 19: Falsa Demonstratio

BGH, Urteil vom 7.12.2001 – V ZR 65/01 = NJW 2002, 1038

Erwerb von Eigentum an Grundstücken (§§ 873, 925 BGB) | Grundzüge des Grundbuchrechts (Teil 1/2)[1] | Anspruch auf Zustimmung zur Grundbuchberichtigung (§ 894 BGB)

I. Sachverhalt

378 K war Eigentümer zweier nebeneinanderliegender Grundstücke (Flurstücke 64/2 und 66/2) in der Innenstadt von W. Das benachbarte Grundstück (Flurstück 64/1) stand im Eigentum der Stadt W.

Im Jahr 1989 vereinbarten K und die Stadt W einen Geländetausch, wonach K eine etwa acht Quadratmeter große Teilfläche seines Grundstücks (Flurstück 64/2) an die Stadt überlassen und im Gegenzug eine etwa 20 Quadratmeter große Teilfläche des Flurstücks 64/1 erhalten sollte. Eine Vermessung oder grundbuchrechtliche Umsetzung dieses Tauschs erfolgte nicht.

Die von K genutzte Teilfläche war zusammen mit seiner eigenen Hoffläche mit roten Steinen gepflastert und durch zwei massive Steinpoller sowie eine halbhohe Mauer deutlich von dem übrigen Grundstück der Stadt abgegrenzt.

Am 1.11.1995 verkaufte die Stadt W das Flurstück 64/1 durch notariell beurkundeten Kaufvertrag an B. Die Urkunde enthielt zudem die Einigung der Parteien über den Eigentumsübergang. B hatte das Grundstück zuvor gemeinsam mit dem Bürgermeister der Stadt W besichtigt. Nach entsprechender Eigentumsumschreibung im Grundbuch nahm B im Sommer 1998 das gesamte Flurstück 64/1 einschließlich der von K genutzten Teilfläche in Besitz.

Während des anschließenden Rechtsstreits wurde die umstrittene Teilfläche vermessen und die Voraussetzung dafür geschaffen, sie als selbstständiges Flurstück (64/4) vom Flurstück 64/1 abzuspalten. K verlangt nun von B die Zustimmung zur Eintragung der Stadt W als Eigentümerin dieser Teilfläche im Wege der Grundbuchberichtigung. Er ist der Ansicht, die streitige Teilfläche sei nicht Gegenstand der Veräußerung der Stadt W an B gewesen.

II. Zentrale Probleme

379 Ausgangspunkt des Begehrens des K bildet ein Anspruch auf Zustimmung zur Grundbuchberichtigung gemäß § 894 BGB. Dieser setzt voraus, dass das Grundbuch unrichtig ist. Derzeit ist B als Eigentümer des gesamten Flurstücks 64/1 im Grundbuch eingetragen. Tatsächlich könnte die abzuspaltende Teilfläche 64/4 jedoch weiterhin im Eigentum der Stadt W stehen. Dies ist der Fall, wenn W nicht die gesamte Fläche an B gemäß §§ 873 I, 925 I BGB übereignet hat.

380 In der notariellen Urkunde, die den Kaufvertrag zwischen der Stadt W und B sowie die dingliche Einigung über den Übergang des Eigentums (Auflassung) enthält, wurde als Vertragsgegenstand das im Grundbuch eingetragene Flurstück 64/1 bezeichnet, sodass die dingliche Einigung ihrem Wortlaut nach das gesamte Grundstück erfasst. Tatsächlich war jedoch eine etwa 20 Quadratmeter große Teilfläche dieses Grundstücks seit längerer

1 Teil 2/2 in Fall 20 – Lastenfreies Grundstück.

Zeit äußerlich erkennbar in die benachbarten Grundstücke des K einbezogen. Vor diesem Hintergrund stellt sich die Frage, ob sich die Einigung zwischen der Stadt W und B tatsächlich auf das gesamte Flurstück beziehen sollte oder nur auf das Grundstück in derjenigen räumlichen Gestalt, in der es sich bei der Besichtigung darstellte. Der Fall wirft damit die grundlegende Frage auf, ob für die Bestimmung des Gegenstands der Auflassung allein die formale Grundstücksbezeichnung maßgeblich ist oder ob nach den Grundsätzen der **falsa demonstratio non nocet** auch ein hiervon abweichender übereinstimmender Parteiwille zu berücksichtigen ist.

III. Die Entscheidung des BGH

In prozessualer Hinsicht besteht zunächst die Besonderheit, dass K nicht die Zustimmung zur Grundbuchberichtigung zu seinen Gunsten, sondern zugunsten der Stadt W verlangt. Dies wirft die Frage nach seiner Prozessführungsbefugnis auf, die der BGH bejaht. In Betracht kommt eine gewillkürte Prozessstandschaft, bei der ein fremdes Recht im eigenen Namen geltend gemacht wird. Voraussetzung hierfür sind eine Ermächtigung durch den Berechtigten sowie ein eigenes schutzwürdiges Interesse des Prozessstandschafters. Zudem darf der Beklagte durch die gewählte Art der Prozessführung nicht unbillig benachteiligt werden. Diese Voraussetzungen sieht der BGH im vorliegenden Fall als erfüllt an (juris, Rn. 9). 381

Schwerpunkt der Entscheidung ist die Bestimmung der Reichweite der dinglichen Einigung zwischen der Stadt W und B: 382

> a) Der Wortlaut der in der notariellen Urkunde vom 1.11.1995 erklärten Auflassung ist zweifelsfrei auf die Übereignung des gesamten Flurstücks Nr. 64/1 gerichtet. Allerdings finden die allgemeinen Regeln zur rechtlichen Behandlung einer Falschbezeichnung (falsa demonstratio) auch dann Anwendung, wenn die Beteiligten den Gegenstand der Auflassung versehentlich falsch bezeichnen. Die Auflassung ist dann hinsichtlich des Objekts erklärt worden, auf das sich der übereinstimmende Wille erstreckte, während für den durch die Erklärungen äußerlich umschriebenen Gegenstand nur scheinbar eine Einigung vorliegt, es insoweit aber in Wirklichkeit an einer Auflassung fehlt [...]. (juris, Rn. 12)
>
> aa) Nach § 133 BGB ist der wirkliche – möglicherweise ungenau oder sogar unzutreffend geäußerte – Wille des Erklärenden als eine sogenannte innere Tatsache zu ermitteln [...]. Wird der tatsächliche Wille des Erklärenden bei Abgabe einer empfangsbedürftigen Willenserklärung festgestellt, und hat der andere Teil die Erklärung ebenfalls in diesem Sinne verstanden, dann bestimmt dieser Wille den Inhalt des Rechtsgeschäfts, ohne dass es auf Weiteres ankommt [...]. Haben alle Beteiligten eine Erklärung übereinstimmend in demselben Sinn verstanden, so geht der wirkliche Wille des Erklärenden dem Wortlaut vor [...]. (juris, Rn. 14)
>
> aa) Das BerGer. stellt fest, dass die Stadt W mit der Übereignung der umstrittenen Teilfläche an den Bekl. ihre eigenen Interessen missachtet hätte, weil dieses Areal im Wege des Tauschs Eigentum des Kl. habe werden sollen. Dies lässt Rechtsfehler nicht erkennen, ist insbesondere von der Aussage des Zeugen S, des Bürgermeisters der Stadt W, gedeckt. Da es keinen Hinweis dafür gibt, dass die Verkäuferin abweichend von dem Regelfall nicht das Vernünftige wollte [...], ist aus diesem Umstand zu schließen, dass ihr Wille bei Erklärung der Auflassung nicht dahin ging, dem Bekl. das Eigentum auch an der von dem Kl. genutzten Teilfläche zu verschaffen. [...] (juris, Rn. 17)

bb) Aus den Feststellungen des BerGer. ist ferner zu schließen, dass der Bekl. diesen Willen der Verkäuferin erkannte und sich in dessen Kenntnis mit ihr über den Eigentumsübergang einigte. Durch die der Beurkundung vorangehende Besichtigung des Anwesens hatte sich der Bekl. über den Gegenstand des Kaufvertrags und der Eigentumsverschaffung informiert. Auch das BerGer. geht davon aus, dass die Besichtigung nicht nur den Zweck hatte, den Bekl. über den Zustand des Grundstücks zu unterrichten, sondern ihm auch dessen Lage und ungefähre Größe vermitteln sollte. Hierbei war aber, wie das BerGer. weiter feststellt, die Nutzung der umstrittenen Teilfläche durch den Kl. „visuell erkennbar". [...] Tritt wie hier einem Erwerbsinteressenten bei der Besichtigung des Objekts aufgrund der tatsächlichen Situation klar vor Augen, welche Flächen Teil eines Nachbargrundstücks sind, so kann er ohne weitere Anhaltspunkte nicht davon ausgehen, dass ihm der Veräußerer weitergehendes Eigentum verschaffen kann und will, als sich das Grundstück nach seiner Umgrenzung in der Natur darstellt [...]. (juris, Rn. 18)

383 Mangels einer Einigung über die Übertragung der von K genutzten Teilfläche hat B somit kein Eigentum an dieser erworben. Soweit B gleichwohl auch hinsichtlich dieser Teilfläche als Eigentümer im Grundbuch eingetragen ist, ist das Grundbuch unrichtig. Die Stadt W hat damit einen Anspruch gegen B gemäß § 894 BGB. Die Klage des K hat damit Erfolg.

IV. Rechtliche Einordnung

384 **1.1** Zentrale Vorschrift für Verfügungen über Grundstücksrechte ist § 873 I BGB, der die **grundlegenden Voraussetzungen für die Übertragung und Belastung von Grundstücksrechten** enthält. Grundvoraussetzung für eine wirksame Verfügung über Grundstücksrechte ist danach neben der Einigung der Parteien die Eintragung in das Grundbuch, die als Publizitätsakt fungiert. Dabei ist zu betonen, dass etwaige Fehler bei der Einigung durch die Eintragung nicht geheilt werden können; die Voraussetzungen müssen vielmehr kumulativ vorliegen. Kommt es trotz fehlender Einigung zur Eintragung, führt dies zur Unrichtigkeit des Grundbuchs.

385 **1.2** Die nach § 873 I BGB vorausgesetzte dingliche Einigung unterliegt den allgemeinen rechtsgeschäftlichen Wirksamkeitsvoraussetzungen. Neben den Regelungen über das Zustandekommen durch Antrag und Annahme nach Maßgabe der §§ 145 ff. BGB sind damit insbesondere auch die allgemeinen Auslegungsgrundsätze heranzuziehen, was der BGH im vorliegenden Fall unterstreicht. Darüber hinaus finden auch die **Vorschriften über die Geschäftsfähigkeit** (§§ 104 ff. BGB) Anwendung. Die Wirksamkeit einer Willenserklärung zum Grunderwerb durch einen Minderjährigen setzt damit nach § 107 BGB grundsätzlich die Einwilligung des gesetzlichen Vertreters voraus. Anderes gilt jedoch dann, wenn der Minderjährige durch die Übereignung lediglich einen rechtlichen Vorteil erlangt. Es erscheint jedoch zweifelhaft, ob der Erwerb lediglich rechtlich vorteilhaft ist, da mit dem Eigentum an Grundstücken öffentlich-rechtliche Pflichten verbunden sind, insbesondere die Grundsteuerpflicht, für die der minderjährige Eigentümer persönlich haftet. Dem kann jedoch entgegengehalten werden, dass derartige Nachteile nicht unmittelbar aus der Willenserklärung folgen, sondern kraft Gesetzes entstehen.[2] Die Rechtsprechung verweist zudem darauf, dass öffentliche Lasten nach ihrem Umfang begrenzt sind und in der Regel aus den laufenden Erträgen des Grundstücks gedeckt werden können. Mangels einer Vermögensgefährdung aufseiten des

2 *Medicus/Petersen*, Bürgerliches Recht, Rn. 172.

Minderjährigen würde ein gesetzlicher Vertreter daher typischerweise seine Zustimmung zum Grundstückserwerb nicht verweigern, sodass ein rechtlicher Nachteil im Sinne des § 107 BGB nicht angenommen werden könne.[3]

Eine Besonderheit der dinglichen Einigung nach § 873 I BGB besteht darin, dass die jeweiligen Willenserklärungen grundsätzlich **frei widerruflich** sind. Dies folgt aus einem Umkehrschluss zu § 873 II BGB, wonach die Beteiligten vor der Eintragung der Rechtsänderung in das Grundbuch nur dann an die Einigung gebunden sind, wenn die Erklärungen notariell beurkundet oder vor dem Grundbuchamt abgegeben oder bei diesem eingereicht sind oder wenn der Berechtigte dem anderen Teil eine den Vorschriften der Grundbuchordnung entsprechende Eintragungsbewilligung überlassen hat. 386

1.3 Die nach § 873 I BGB erforderliche Einigung über die Übertragung des Eigentums an einem Grundstück wird gemäß § 925 I S. 1 BGB als **Auflassung** bezeichnet. Zugleich enthält die Vorschrift zusätzliche Vorgaben zur Wirksamkeit dieser Einigung. So muss die Auflassung bei gleichzeitiger Anwesenheit beider Teile vor einer zuständigen Stelle erklärt werden, wofür nach § 925 I S. 2 BGB insbesondere jeder Notar in Betracht kommt. Anders als das entsprechende Verpflichtungsgeschäft (§ 311 b I S. 1 BGB) bedarf die dingliche Einigung aber keiner notariellen Beurkundung. Auch verlangt § 925 I BGB nicht die persönliche Anwesenheit beider Parteien; diese können sich vielmehr nach Maßgabe der §§ 164 ff. BGB vertreten lassen. Dabei ist es auch möglich, dass sich eine Partei durch die andere vertreten lässt. Hierfür bedarf es neben einer Auflassungsvollmacht insbesondere einer Befreiung von den Beschränkungen des § 181 BGB (Insichgeschäft). 387

Eine weitere Besonderheit ergibt sich aus § 925 II BGB, wonach die Auflassung nicht unter einer **Bedingung oder Zeitbestimmung** erklärt werden darf. Grund hierfür ist ein gesteigertes Bedürfnis nach Rechtssicherheit, da andernfalls das Grundbuch keine verlässliche Aussage über die tatsächliche Rechtslage mehr treffen könnte. In der Folge ist insbesondere die Vereinbarung eines Eigentumsvorbehalts bei der Veräußerung von Grundstücken ausgeschlossen. Das Sicherungsinteresse des Veräußerers muss daher auf andere Weise befriedigt werden. Häufig wird etwa der Notar angewiesen, die Eintragung in das Grundbuch erst nach Eingang des Kaufpreises zu veranlassen. 388

1.4 Neben der dinglichen Einigung in Form der Auflassung nach § 925 BGB, der Eintragung in das Grundbuch sowie dem fortbestehenden Einigsein setzt die Übereignung eines Grundstücks grundsätzlich auch die **Berechtigung des Veräußerers** voraus.[4] Berechtigt ist in erster Linie der Eigentümer des Grundstücks, sofern dieser keiner Verfügungsbeschränkung (etwa nach § 80 InsO) unterliegt. Ob der Veräußerer tatsächlich als Eigentümer im Grundbuch eingetragen ist, ist für die materielle Berechtigung grundsätzlich unerheblich.[5] Eine Berechtigung des Veräußerers kann sich zudem auch daraus ergeben, dass der Eigentümer die Verfügung gemäß § 185 BGB genehmigt oder in sie einwilligt. 389

2. Die nach § 873 I BGB vorgesehene Eintragung des Eigentumswechsels in das Grundbuch erfolgt im Rahmen eines formalisierten Verfahrens nach den Vorschriften der GBO. Zuständig ist das Grundbuchamt bei den Amtsgerichten (§ 1 I GBO), das durch den Rechtspfleger (§ 3 Nr. 1 lit. h RPflG) tätig wird und vor allem die **formellen Voraussetzungen der Eintragung** prüft. Dabei gelten mehrere grundlegende Verfahrensprinzi- 390

3 BGH NJW 2005, 415 (418).
4 Zum gutgläubigen Erwerb vom Nichtberechtigten siehe Fall 20 – Lastenfreies Grundstück.
5 BGH NJW-RR 2006, 888.

pien: Nach dem Antragsgrundsatz (§ 13 GBO) wird das Grundbuchamt grundsätzlich nur auf Antrag tätig. Hinzu tritt der Bewilligungsgrundsatz (§ 19 GBO), wonach eine Eintragung grundsätzlich die Bewilligung, also die einseitige Erklärung des von der Eintragung Betroffenen, voraussetzt (formelles Konsensprinzip). Aufgrund der besonderen Bedeutung der Übertragung von Eigentum an Grundstücken gilt jedoch bei der Auflassung gemäß § 20 GBO zusätzlich das materielle Konsensprinzip, das die Prüfung der materiellrechtlichen Einigung verlangt. Sowohl die Bewilligung als auch die Auflassung sind gemäß § 29 GBO durch öffentliche oder öffentlich beglaubigte Urkunden nachzuweisen. Diese verfahrensrechtliche Bestimmung führt dazu, dass die nach § 925 BGB materiellrechtlich formfrei auszutauschenden Auflassungserklärungen in der Praxis regelmäßig notariell beurkundet werden. Schließlich gilt nach § 39 GBO der Voreintragungsgrundsatz, wonach eine Eintragung regelmäßig nur erfolgen darf, wenn die Person, deren Recht betroffen ist, bereits als Berechtigter im Grundbuch eingetragen ist.

391 Zu beachten ist, dass Verstöße gegen diese verfahrensrechtlichen Vorschriften die Wirksamkeit der materiellrechtlichen Verfügung grundsätzlich nicht berühren. Für den Eigentumserwerb kommt es allein darauf an, dass die materiellen Voraussetzungen des § 873 I BGB vorliegen und eine entsprechende Eintragung überhaupt erfolgt.

392 **3.** Eine Besonderheit des Falles besteht darin, dass K nur die Übereignung eines Teils des Flurstücks 64/1 an B infrage stellt. Dies ist deshalb problematisch, weil der sachenrechtliche Bestimmtheitsgrundsatz verlangt, dass der Gegenstand einer Verfügung eindeutig bestimmbar ist. Vorliegend war die betreffende Teilfläche allerdings durch ihre äußere Gestaltung und Abgrenzung hinreichend identifizierbar. Gleichwohl muss die von K begehrte Eintragungsbewilligung des B (§ 19 GBO) zugunsten der Stadt W das betroffene Grundstück genau bezeichnen (§ 28 S. 1 GBO). Zudem kann die Stadt W als Eigentümerin der streitgegenständlichen Teilfläche nur dann in das Grundbuch eingetragen werden, wenn die Fläche zuvor als eigenes Grundstück gebildet wird. Hierzu muss die Fläche zunächst vermessen werden; das Ergebnis der Vermessung wird im Liegenschaftskataster in einem sogenannten Veränderungsnachweis dokumentiert. Dieser bildet die Grundlage für die grundbuchrechtliche Umsetzung. So kann das Grundbuchamt den vermessenen Teil nach § 2 III GBO aus dem bisherigen Grundstück „abschreiben" und als neues Grundstück im Grundbuch anlegen. Erst mit dieser **Abschreibung** entsteht ein eigenständiges Grundbuchobjekt, das selbstständig übertragen oder einer bestimmten Person – hier der Stadt W –zugeordnet werden kann.

393 **4.1** Ergibt sich aus der materiellen Rechtslage, dass der im Grundbuch eingetragene Eigentümer nicht oder nicht in dem ausgewiesenen Umfang berechtigt ist, ist das Grundbuch unrichtig. In einem solchen Fall stellt sich die Frage, auf welchem Wege diese Unrichtigkeit beseitigt werden kann. Aus grundbuchrechtlicher Perspektive ergibt sich für den materiell Berechtigten zunächst das Problem, dass eine Änderung des Grundbuchs grundsätzlich die Bewilligung des formell (eingetragenen) Berechtigten voraussetzt (§§ 19, 39 GBO). Zwar kann die fehlende Bewilligung gemäß § 22 I GBO dadurch überwunden werden, dass die **Unrichtigkeit des Grundbuchs** gegenüber dem Grundbuchamt nachgewiesen wird. Allerdings ist dieser Unrichtigkeitsnachweis in der Form des § 29 GBO zu führen, also durch öffentliche oder öffentlich beglaubigte Urkunden. Angesichts dieser strengen Formanforderungen wird dieser grundbuchrechtliche Weg in der Praxis häufig nicht zum Ziel führen.

394 **4.2** Der materiell Berechtigte ist daher im Regelfall auf einen Anspruch gegen den formell Berechtigten auf **Zustimmung zur Grundbuchberichtigung** angewiesen, der

sich aus § 894 BGB ergibt. Funktional steht dieser Anspruch zwischen dem Beseitigungsanspruch aus § 1004 BGB und dem Herausgabeanspruch aus § 985 BGB.[6] Zentrale Voraussetzung ist die Unrichtigkeit des Grundbuchs, die durch einen Vergleich zwischen der formellen Rechtslage (Inhalt des Grundbuchs) und der materiellen Rechtslage (tatsächliche Rechtsinhaberschaft) festzustellen ist. Ist das Grundbuch unrichtig, kann derjenige, dessen Recht nicht oder nicht richtig im Grundbuch eingetragen ist, von dem Eingetragenen die nach §§ 19, 39 GBO erforderliche Bewilligung der Grundbuchberichtigung verlangen, sofern diesem keine Einreden zustehen.

Als solche Einrede kommt etwa ein Zurückbehaltungsrecht entsprechend § 1000 BGB in Betracht. Dieses lässt sich auch auf einen Anspruch auf Verwendungsersatz stützen, der dem formell Berechtigten für Verwendungen auf das Grundstücknach §§ 994, 996 BGB analog zusteht.. Die analoge Anwendung der §§ 994 ff. BGB wird damit begründet, dass der Anspruch auf „Herausgabe der Buchposition" aus § 894 BGB funktional dem Herausgabeanspruch aus § 985 BGB vergleichbar ist.[7] 395

Verweigert der formell Berechtigte die erforderliche Bewilligung trotz Bestehens des Anspruchs aus § 894 BGB, greift § 894 ZPO: Danach gilt die Bewilligung als abgegeben, sobald das entsprechende Urteil rechtskräftig wird. 396

5. Im vorliegenden Fall ergibt sich ein Anspruch der Stadt W auf Zustimmung zur Grundbuchberichtigung zudem aus § 812 I S. 1 Alt. 1 BGB (Leistungskondiktion). Als „erlangtes Etwas" im Sinne der Norm kommt jede Verbesserung der Vermögenslage in Betracht. Eine solche liegt bereits in der formalen Rechtsposition, die B durch seine Eintragung als Eigentümer im Grundbuch erlangt hat. Diese Rechtsposition erhielt B auch durch Leistung der Stadt W, da diese durch Erklärung der Auflassung und Bewilligung der Eintragung eine bewusste und zweckgerichtete Mehrung fremden Vermögens in vermeintlicher Erfüllung des Kaufvertrags herbeiführte. Die Leistung erfolgte jedoch ohne Rechtsgrund. Denn auch die schuldrechtliche Einigung zwischen W und B erstreckte sich nach den Grundsätzen der **falsa demonstratio non nocet** nur auf denjenigen Teil des Grundstücks, der sich nach der äußeren Gestaltung als Verkaufsgegenstand darstellte, nicht hingegen auf die vom K genutzte Teilfläche. Dass Grundstückskaufverträge gemäß § 311 b I S. 1 BGB notariell zu beurkunden sind, steht der Anwendung dieser Grundsätze auf eine irrtümliche Falschbezeichnung nicht entgegen.[8] Die rechtsgrundlos erlangte Buchposition ist durch Bewilligung der entsprechenden Grundbuchberichtigung zurückzugewähren. 397

V. Vertiefungsfragen

1.1 Bedarf eine Minderjährige für den Erwerb eines Miteigentumsanteils an einem Grundstück der Einwilligung ihrer gesetzlichen Vertreter? 398
→ siehe BGH NJW 2024, 1957

1.2 Ändert sich etwas an der Beurteilung, wenn das betreffende Grundstück vermietet ist?
→ siehe BGH NJW-RR 2022, 1027

2. E veräußert ihr Grundstück an K. Beide erklären vor dem Notar die Auflassung; der Notar stellt den Eintragungsantrag beim Grundbuchamt. Noch vor der Eintragung

6 *Kainer*, Sachenrecht, § 24 Rn. 2.
7 Siehe etwa MüKo-BGB/*Schäfer*, § 894 Rn. 35; *Wellenhofer*, Sachenrecht, § 20 Rn. 9.
8 BGH NJW 1983, 1610.

wird über das Vermögen der E das Insolvenzverfahren eröffnet. Erst danach wird K als Eigentümerin im Grundbuch eingetragen. Hat K das Eigentum am Grundstück wirksam erworben?
→ siehe § 878 BGB

3. Wann entsteht im Falle einer beabsichtigten Übereignung nach §§ 873, 925 BGB zugunsten der jeweiligen Erwerberin ein Anwartschaftsrecht an dem betroffenen Grundstück?
→ siehe *Kainer*, Sachenrecht, § 27 Rn. 9 ff.

Weitere Vertiefung und Wiederholung bei Jurafuchs auf jurafuchs.de oder in der Jurafuchs App:

Fall 20: Lastenfreies Grundstück

OLG Naumburg, Beschluss vom 25.2.2003 – 11 Wx 19/02 = NJW 2003, 3209

Gutgläubiger Erwerb von Grundstücksrechten (§ 892 BGB) | Grundzüge des Grundbuchrechts (Teil 2/2)[1]

I. Sachverhalt

R war als Eigentümer eines Grundstücks im Grundbuch eingetragen. Mit seinem Tod wurde seine Ehefrau F aufgrund testamentarischer Erbfolge Alleinerbin. Zugunsten seiner Tochter T war im Testament ein Vermächtnis angeordnet, das auf die Übertragung des Grundstücks gerichtet war. Zur Erfüllung dieses Vermächtnisses übertrug F das Grundstück auf T. Aufgrund der Auflassung vom 30.8.2000 wurde T am 22.2.2001 als Eigentümerin in das Grundbuch eingetragen. 399

Bereits im Jahr 1994 hatte das Grundbuchamt jedoch versehentlich eine auf dem Grundstück lastende Grundschuld gelöscht. Nachdem dieser Fehler bemerkt worden war, trug das Grundbuchamt am 10.6.2002 einen Amtswiderspruch in das Grundbuch ein. T wendet sich gegen diese Eintragung und verlangt dessen Löschung.

II. Zentrale Probleme

Das zentrale Problem des Falles ist in eine für Studierende eher ungewöhnliche verfahrensrechtliche Ausgangssituation eingebettet. Gegen die Eintragung eines Amtswiderspruchs kann sich T mit der Beschwerde nach § 71 GBO wenden. Diese ist begründet, wenn der Amtswiderspruch nicht hätte eingetragen werden dürfen. Nach § 53 I GBO setzt die Eintragung eines Amtswiderspruchs voraus, dass das Grundbuch infolge eines Fehlers des Grundbuchamts unrichtig geworden ist. Entscheidend ist daher, ob das Grundbuch aufgrund der versehentlichen Löschung der Grundschuld tatsächlich unrichtig ist. Dies wäre zu verneinen, wenn T das Grundstück gutgläubig lastenfrei erworben hätte. Zu prüfen ist somit, ob ein gutgläubiger Erwerb nach § 892 BGB vorliegt, der dazu führt, dass T das Eigentum frei von der zuvor bestehenden Grundschuld erlangt hat. Im Kern stellt sich dabei die Frage, ob § 892 BGB auch auf den Eigentumserwerb im Wege der Erfüllung eines Vermächtnisses Anwendung findet. 400

III. Die Entscheidung des OLG Naumburg

Das OLG Naumburg bejaht die Voraussetzungen eines gutgläubigen Erwerbs nach § 892 BGB und konkretisiert diese für die Eigentumsübertragung im Rahmen der Erfüllung eines Vermächtnisses: 401

> aa) Zutreffend ist der Ausgangspunkt der Kammer, wonach § 892 BGB den rechtsgeschäftlichen Eigentumserwerb voraussetzt. Zu der Verfügung muss die Mitwirkung des Erwerbers erforderlich sein […]. Auf das Grundgeschäft kommt es nicht an, sodass § 892 I 1 BGB gerade auch bei der Erfüllung einer Vermächtnisschuld Anwendung findet […]. Das Vermächtnis gibt dem Begünstigten nur einen schuldrechtlichen Anspruch gegen den Erben (§ 2147 BGB) auf Erfüllung (§ 2174 BGB). Geht es dabei um das Eigentum an Grundstücken, hat die Erfüllung über §§ 873 I, 925 BGB durch dingliche Einigung und Eintragung zu

1 Teil 1/2 in Fall 19 – Falsa Demonstratio.

erfolgen, was genau der Situation entspricht, die den Erwerber dem Schutz des § 892 BGB unterstellt [...]. (juris, Rn. 8)

bb) Die Übereignung zugunsten der Bet. stellt sich zudem als Verkehrsgeschäft dar. Mit dem Begriff des Verkehrsgeschäfts wird auf den Schutzbereich des § 892 BGB aufmerksam gemacht. Schutzwürdig ist nur derjenige, der nicht mit dem Verfügenden personengleich oder wirtschaftlich identisch ist [...]. Dazu gehört beispielsweise nicht der Miterbe, der in Erfüllung eines Vermächtnisses einen Nachlassgegenstand von der Erbengemeinschaft übertragen erhält [...]. Dem entspricht die vorliegende Sachlage allerdings nicht. Nach den Feststellungen des LG wurde der Erblasser durch seine Ehefrau allein beerbt. Die Alleinerbin hat sodann über die Liegenschaften verfügt. Die Erwerberin ist mit der Erbin weder personengleich noch sonst wirtschaftlich verflochten. Der Hinweis des LG, dass die [T] als gesetzliche Erbin in Betracht gekommen sei, ist in diesem Zusammenhang bedeutungslos, weil gerade keine gesetzliche, sondern testamentarische Erbfolge eingetreten ist. Nur hierauf kommt es an. Alles andere würde die [T] dem Schutzbereich des § 892 BGB allein aufgrund spekulativer Erwägungen entziehen. [...] (juris, Rn. 9)

Die [T] hat das Grundstückseigentum frei von der zunächst unter lfd. Nr. 12 in Abt. III des Grundbuchs eingetragenen Grundschuld erworben (§§ 892 I 1, 891 II BGB), womit es an der Unrichtigkeit des Grundbuchs und damit an den Voraussetzungen für die Eintragung eines Amtswiderspruchs fehlt. [...] (juris, Rn. 11)

402 Damit lagen die Voraussetzungen für den Amtswiderspruch nach § 53 I GBO nicht vor. Der Widerspruch ist daher nach § 71 II S. 2 Alt. 2 GBO zu löschen, die Beschwerde ist begründet.

IV. Rechtliche Einordnung

403 **1.** Die im juristischen Studium eher seltene Fallgestaltung bietet Anlass, sich mit den Grundzügen der **Grundbuchbeschwerde nach § 71 GBO** zu befassen. Sie dient der gerichtlichen Kontrolle von Entscheidungen des Grundbuchamts. Zum Schutz des öffentlichen Glaubens des Grundbuchs[2] ist eine Beschwerde gegen eine Grundbucheintragung jedoch unzulässig (§ 71 II S. 1 GBO). Insoweit ist es im Wege der Beschwerde lediglich möglich, die Eintragung eines Widerspruchs in das Grundbuch oder die Löschung eines bestimmten Eintrags zu erreichen (§ 71 II S. 2 GBO). Im Übrigen ist die Beschwerde nach § 71 GBO vor allem bei der Versagung einer Eintragung von Bedeutung.

404 Zuständig für die Entscheidung über die Beschwerde ist gemäß § 72 GBO das OLG, in dessen Bezirk das Grundbuchamt seinen Sitz hat. Die Beschwerde ist formgebunden; sie muss nach Maßgabe der §§ 73 f. GBO eingelegt werden und die angegriffene Entscheidung erkennen lassen. Beschwerdeberechtigt ist, wer durch die Entscheidung des Grundbuchamts in seinen Rechten unmittelbar oder mittelbar beeinträchtigt wird.[3] Schließlich muss ein Rechtsschutzbedürfnis bestehen, also ein berechtigtes Interesse daran, die Entscheidung des Grundbuchamts gerichtlich überprüfen zu lassen. Eine Frist besteht grundsätzlich nicht.[4]

405 Begründet ist die Beschwerde, wenn die Entscheidung des Grundbuchamts rechtswidrig ist.

---

2 BGH NJW 1958, 1129.
3 BeckOK-GBO/*Kramer*, § 71 Rn. 178.
4 Siehe aber die Ausnahme nach § 89 GBO.

2.1 Darüber hinaus lenkt die Entscheidung des OLG Naumburg den Blick auf die Voraussetzungen und Folgen des **gutgläubigen Erwerbs von Grundeigentum.** Zentrale Norm für den gutgläubigen Erwerb von Grundstücksrechten insgesamt ist § 892 BGB. Danach kann (allein) die fehlende Berechtigung des Veräußerers durch den öffentlichen Glauben des Grundbuchs überwunden werden. Im Übrigen knüpft auch der gutgläubige Erwerb an die allgemeinen Voraussetzungen des § 873 BGB (i. V. m. §925 BGB) an. Für den gutgläubigen Eigentumserwerb bleiben daher eine wirksame Auflassung, die Eintragung des Erwerbers in das Grundbuch sowie das fortbestehende Einigsein der Parteien im Zeitpunkt der Eintragung erforderlich.[5] 406

2.2 Aus dem Wortlaut des § 892 BGB folgt, dass die fehlende Berechtigung des Veräußerers nur dann überwunden werden kann, wenn dem Rechtserwerb ein Rechtsgeschäft zugrunde liegt. Gesetzliche Erwerbstatbestände, insbesondere die Universalsukzession nach § 1922 I BGB, werden daher nicht erfasst. Im vorliegenden Fall kann sich daher jedenfalls die Erbin F im Hinblick auf die versehentlich gelöschte Grundschuld nicht auf den öffentlichen Glauben des Grundbuchs berufen. 407

Anders liegt es hinsichtlich T: Aufgrund des Vermächtnisses erlangte sie zunächst einen schuldrechtlichen Anspruch gegen die Erbin F gemäß §§ 2147 ff., 2174 BGB auf Übereignung des Grundstücks. Zur Erfüllung dieses Anspruchs wurde ihr das Grundstück nach §§ 873, 925 BGB, mithin durch Rechtsgeschäft, übereignet. 408

Darüber hinaus muss es sich bei dem Rechtsgeschäft um ein **Verkehrsgeschäft** handeln. Dieses Erfordernis ergibt sich nicht aus dem Wortlaut des § 892 BGB, sondern ist erst im Wege seiner teleologischen Reduktion zu entwickeln. Hintergrund ist, dass die Vorschriften über den gutgläubigen Erwerb insgesamt dem Schutz des Rechtsverkehrs dienen. Ein solches Schutzbedürfnis besteht jedoch nur dann, wenn auf der Erwerberseite mindestens eine Person steht, die wirtschaftlich betrachtet nicht zugleich der Veräußererseite zuzurechnen ist.[6] Das OLG Naumburg führt als Negativbeispiel eines solchen Verkehrsgeschäfts den Fall der Erfüllung eines Vermächtnisses an einen Miterben an (juris, Rn. 9). 409

Handelt es sich hingegen – wie im vorliegenden Fall – um die Übereignung eines Grundstücks von der Erbin auf eine außenstehende Vermächtnisnehmerin, soll nach Ansicht des Gerichts ein Verkehrsgeschäft vorliegen, sodass ein gutgläubiger Erwerb nach § 892 BGB grundsätzlich in Betracht kommt. Das LG Magdeburg als Vorinstanz[7] hatte dies noch anders gesehen. So sei T als Tochter des Erblassers grundsätzlich auch als gesetzliche Erbin in Betracht gekommen, sodass sie keine unbeteiligte Dritte sei. Das OLG Naumburg lässt diese „spekulative Erwägung“ jedoch zu Recht nicht gelten (juris, Rn. 9). 410

2.3 Im Falle eines Verkehrsgeschäfts darf der Erwerber grundsätzlich auf die **im Grundbuch ausgewiesene Rechtslage** vertrauen. Voraussetzung für den gutgläubigen Eigentumserwerb vom Nichtberechtigten ist daher, dass der Veräußerer als Eigentümer im Grundbuch eingetragen ist. Ob der Erwerber tatsächlich Einsicht in das Grundbuch genommen hat, ist dabei unerheblich.[8] Vor diesem Hintergrund ist für den maßgeblichen Zeitpunkt daher auch nicht etwa auf die Kenntnisnahme, sondern vielmehr auf den 411

5 Siehe hierzu Fall 19 – Falsa Demonstratio.

6 *Vieweg/Lorz*, Sachenrecht, § 13 Rn. 41.

7 Bis zum Jahr 2009 waren die Landgerichte erstinstanzlich für Entscheidungen über die Beschwerde zuständig, § 72 GBO a. F.

8 *Kainer*, Sachenrecht, § 23 Rn. 7.

Zeitpunkt der Vollendung des Rechtserwerbs abzustellen.[9] Dieser liegt regelmäßig in der Eintragung des Erwerbers in das Grundbuch.

412 Neben der positiven Publizität des Grundbuchs gemäß § 891 I BGB – d. h. der Vermutung des Bestehens eingetragener Rechte, etwa des Eigentums – entfaltet das Grundbuch auch eine negative Publizität. Danach darf der Erwerber grundsätzlich auch darauf vertrauen, dass nicht eingetragene Rechte nicht bestehen, § 891 II BGB. Dies kann – wie im vorliegenden Fall – dazu führen, dass der Erwerber ein Grundstück gutgläubig lastenfrei erwirbt, also frei von Belastungen wie etwa einer Grundschuld, die materiellrechtlich zwar bestehen, im Grundbuch jedoch nicht (mehr) eingetragen sind.

413 **2.4** Der Rechtsschein des Grundbuchs ist gemäß § 892 I S. 1 Hs. 2 Alt. 1 BGB erschüttert, wenn ein **Widerspruch** gegen die Richtigkeit des Grundbuchs eingetragen ist. Ein solcher Widerspruch kann entweder auf einer Bewilligung des als berechtigt Eingetragenen oder auf einer einstweiligen Verfügung beruhen (§ 899 II BGB). Daneben kommt auch die Eintragung eines Widerspruchs aufgrund eines vorläufig vollstreckbaren Urteils (§ 895 ZPO) oder – wie im vorliegenden Fall – eines Amtswiderspruchs nach § 53 I GBO in Betracht. Auch insoweit ist unerheblich, ob der Erwerber tatsächlich Einsicht in das Grundbuch genommen hat. Ein Widerspruch kann seine Schutzwirkung gegenüber den Rechtsfolgen des § 892 BGB jedoch nur entfalten, wenn er vor der Vollendung des Rechtserwerbs eingetragen wird.[10] Daran fehlt es im vorliegenden Fall.

414 **2.5** Schließlich wird der Rechtsschein des Grundbuchs gemäß § 892 I S. 1 Hs. 2 Alt. 2 BGB auch dadurch erschüttert, dass dem Erwerber die Unrichtigkeit des Grundbuchs bekannt ist; dem (potenziellen) Erwerber fehlt es in diesem Fall an der Schutzbedürftigkeit. Anders als beim gutgläubigen Eigentumserwerb an beweglichen Sachen, der nach § 932 II BGB bereits bei grob fahrlässiger Unkenntnis ausgeschlossen ist, schadet hier aufgrund der besonderen Legitimationswirkung des Grundbuchs allerdings nur **positive Kenntnis**. Damit bestehen zulasten des Erwerbers insbesondere keine Nachforschungspflichten hinsichtlich der Richtigkeit des Grundbuchs. Gleichwohl darf sich der Erwerber der Unrichtigkeit des Grundbuchs nicht bewusst verschließen, wenn ihm Tatsachen bekannt sind, aufgrund derer sich die Unrichtigkeit geradezu aufdrängt.[11]

415 Auch hinsichtlich der Gutgläubigkeit ist grundsätzlich auf den Zeitpunkt der Vollendung des jeweiligen Erwerbstatbestands, typischerweise also auf die Eintragung des Erwerbers in das Grundbuch, abzustellen. Damit würde der Erwerber jedoch mit dem Risiko belastet, während des Eintragungsverfahrens, dessen Dauer er nicht beherrscht, noch Kenntnis von der Unrichtigkeit des Grundbuchs zu erlangen und dadurch die Möglichkeit eines gutgläubigen Erwerbs zu verlieren. Vor diesem Hintergrund verlagert § 892 II BGB den maßgeblichen Zeitpunkt für die Gutgläubigkeit auf den Zeitpunkt der Stellung des Eintragungsantrags bzw. auf den Zeitpunkt der Einigung, sofern diese erst nach der Antragstellung erfolgt.

416 **2.6** Liegen die Voraussetzungen der §§ 873, 925 BGB i. V. m. §892 BGB vor, so erlangt der Erwerber vollwirksames Eigentum. Er wird damit zum Berechtigten; für eine nachfolgende Übereignung an Dritte durch ihn kommt es daher nicht mehr auf die Voraussetzungen des § 892 BGB an. Umgekehrt verliert der bisherige Eigentümer sein Eigentum, der sich nach Maßgabe des § 816 I S. 1 BGB lediglich an den nichtberechtigten Veräußerer

9 BGH NJW 2003, 202 (203).
10 *Vieweg/Lorz*, Sachenrecht, § 13 Rn. 51.
11 BGH BeckRS 2024, 10658 Rn. 27.

halten kann. Darüber hinaus kann der Erwerber aufgrund des öffentlichen Glaubens des Grundbuchs auch ein Recht – etwa eine Grundschuld – gutgläubig erwerben, das materiellrechtlich zuvor tatsächlich nicht bestand.

V. Vertiefungsfragen

1. Ändert sich der maßgebliche Zeitpunkt für die erforderliche Gutgläubigkeit des Erwerbers, wenn zu seinen Gunsten eine Vormerkung zur Sicherung des Anspruchs auf Übereignung des Grundstücks (sog. Auflassungsvormerkung) im Grundbuch eingetragen ist? 417
   → siehe BGH NJW 1958, 2013
2. Darf das Grundbuchamt eine Eintragung vornehmen, wenn zwar kein Widerspruch im Grundbuch eingetragen ist, das Grundbuchamt jedoch nach Stellung des Antrags auf Eintragung als neuer Eigentümer Kenntnis von der Unrichtigkeit des Grundbuchs erlangt?
   → siehe etwa *Vieweg/Lorz*, Sachenrecht, § 13 Rn. 53
3. Nach dem Tod des X wird dessen Sohn S durch einen vom Nachlassgericht erteilten Erbschein als Alleinerbe ausgewiesen. Tatsächlich ist jedoch aufgrund eines später aufgefundenen Testaments der Geliebte (G) des X Alleinerbe geworden. Gleichwohl veräußerte S ein zum Nachlass gehörendes Grundstück an K. Vor dem Notar erklärten S und K die Auflassung und beantragten die Eintragung des K als Eigentümer im Grundbuch. Zu diesem Zeitpunkt ist im Grundbuch weiterhin der verstorbene X als Eigentümer des zum Nachlass gehörenden Grundstücks eingetragen. K wusste nichts von dem später aufgefundenen Testament und vertraute auf die Richtigkeit des Erbscheins. Hat K das Eigentum an dem Grundstück erworben?
   → siehe § 2366 BGB; siehe auch *Vieweg/Lorz*, Sachenrecht, § 13 Rn. 46

Weitere Vertiefung und Wiederholung bei Jurafuchs auf jurafuchs.de oder in der Jurafuchs App:

Fall 21: Alles nur Schein

BGH, Urteil vom 15.5.1970 – V ZR 20/68 = BGHZ 54, 56 = NJW 1970, 1541

Vormerkung (§§ 883 ff. BGB)

I. Sachverhalt

418 O war Eigentümer zweier benachbarter Grundstücke, von denen eines mit einem Schlosshotel bebaut ist (Hotelgrundstück). Das andere Grundstück (Nachbargrundstück) veräußerte O durch notariellen Vertrag vom 28.5.1957 an E. In dem Kaufvertrag verpflichtete sich E, das Nachbargrundstück ausschließlich gärtnerisch zu nutzen und – abgesehen von Treibhäusern im Rahmen eines Gärtnereibetriebs – keine weiteren baulichen Anlagen zu errichten. Zur Sicherung dieser Verpflichtung sollte zugunsten des jeweiligen Eigentümers des Hotelgrundstücks eine Grunddienstbarkeit in das Grundbuch eingetragen werden, durch die die Nutzung und Bebauung entsprechend beschränkt wird. Zu einer Eintragung der Grunddienstbarkeit kam es jedoch zunächst nicht.

E veräußerte das Nachbargrundstück später an K. Aus Gründen der Steuerersparnis ließen E und K im notariellen Kaufvertrag jedoch einen um 25.000 DM niedrigeren Kaufpreis beurkunden, als tatsächlich vereinbart. Zur Sicherung des Anspruchs des K auf Übereignung wurde am 3.3.1966 eine Auflassungsvormerkung zugunsten des K in das Grundbuch eingetragen.

Nach dem Tod des O erwarb dessen Erbin H das Hotelgrundstück. Sie ließ am 23.3.1966 zulasten des Nachbargrundstücks eine Vormerkung zur Sicherung ihres Anspruchs auf Eintragung der vereinbarten Grunddienstbarkeit in das Grundbuch eintragen.

Am 19.4.1966 wurde K als Eigentümer des Nachbargrundstücks im Grundbuch eingetragen. K nutzt das Grundstück nicht gärtnerisch, sondern stellt dort Schrottfahrzeuge ab.

H verlangt nun von K die Bewilligung der Eintragung der Grunddienstbarkeit zugunsten des Hotelgrundstücks.

II. Zentrale Probleme

419 Die am 23.3.1966 zugunsten der H eingetragene Vormerkung sichert deren – im Wege der Universalsukzession gemäß § 1922 BGB auf sie übergegangenen – Anspruch auf Eintragung einer Grunddienstbarkeit zugunsten des Hotelgrundstücks gegen E. Nach § 883 II BGB hat eine solche Vormerkung zur Folge, dass spätere Verfügungen über das Grundstück gegenüber dem Vormerkungsberechtigten unwirksam sind, soweit sie den gesicherten Anspruch vereiteln oder beeinträchtigen. Wäre allein diese Vormerkung maßgeblich, könnte H nach der späteren Eigentumsumschreibung auf K grundsätzlich nach § 888 BGB die Zustimmung zur Eintragung der Grunddienstbarkeit verlangen.

420 Dem könnte jedoch entgegenstehen, dass zugunsten des K bereits am 3.3.1966 eine Auflassungsvormerkung in das Grundbuch eingetragen wurde. Diese sichert den Anspruch des K auf Übereignung des Nachbargrundstücks. Da Vormerkungen grundsätzlich nach dem Zeitpunkt ihrer Eintragung rangmäßig geordnet sind, hätte die frühere Vormerkung des K Vorrang. In diesem Fall müsste H die Rechtsstellung des K grundsätzlich hinnehmen.

421 Im Zentrum des Falles steht die Frage, ob sich K überhaupt auf die zu seinen Gunsten eingetragene Auflassungsvormerkung berufen kann. Dies setzt voraus, dass der Vormer-

kung ein wirksamer, vormerkungsfähiger Anspruch auf Übereignung zugrunde lag. Gerade daran bestehen hier Zweifel, weil der zwischen E und K geschlossene Grundstückskaufvertrag aufgrund des nicht vollständig beurkundeten Kaufpreises möglicherweise formnichtig ist.

III. Die Entscheidung des BGH

Der BGH stellt knapp heraus, dass zwischen E und K kein wirksamer Kaufvertrag über das streitgegenständliche Nachbargrundstück geschlossen wurde, sodass es an einem vormerkungsfähigen Anspruch zugunsten des K fehlt: 422

> [...] Der notarielle Vertrag [zwischen E und K] war dann als Scheinvertrag nach § 117 BGB nichtig, da er hinsichtlich des beurkundeten Kaufpreises so von den Vertragspartnern nicht gewollt war. Der mündlich geschlossene Vertrag aber entbehrte hinsichtlich der Kaufpreisvereinbarung der erforderlichen gerichtlichen oder notariellen Beurkundung und war daher ebenfalls nichtig (§§ 117 Abs. 2, 313, 125 BGB). (juris, Rn. 30)
>
> [...] Stand dem [K] infolge des Scheincharakters des notariellen Vertrags kein Auflassungsanspruch daraus zu, so war die Auflassungsvormerkung wirkungslos. (juris, Rn. 31)

Auch die spätere Heilung des formnichtigen Kaufvertrags gemäß § 311 b I S. 2 BGB bleibt nach Auffassung des BGH für die Vormerkung ohne Bedeutung: 423

> d) Auflassung und Eintragung des [K] als Eigentümer in das Grundbuch haben zwar den Formmangel des mündlich abgeschlossenen Vertrags geheilt, wenn die Auflassung in Erfüllung dieses Vertrags erklärt wurde (§ 313 I S. 2 BGB). Die Heilung des Formmangels wirkt jedoch nicht auf den Zeitpunkt des Vertragsschlusses zurück. Vielmehr „wird" der schuldrechtliche Vertrag mit Auflassung und Eintragung ins Grundbuch – d. h. mit dem Zeitpunkt, in dem beide Voraussetzungen erfüllt sind – wirksam (...). Zwar spricht eine tatsächliche Vermutung dafür, daß die Vertragspartner, indem sie sich durch die Auflassung zum Inhalt eines von ihnen abgeschlossenen Kaufvertrags bekennen, einander das gewähren wollen, was sie bei Abschluß des Vertrags einander zu gewähren beabsichtigten [...]. Ein derartiger zu vermutender Vertragswille hat aber nicht zur Folge, daß nunmehr rückwirkend für die Zeit des Vertragsschlusses hinsichtlich einer später eingetragenen Auflassungsvormerkung mit Wirkung gegen Dritte das Bestehen eines Auflassungsanspruchs fingiert würde. (juris, Rn. 33)

Zwar können auch künftige Ansprüche durch eine Vormerkung gesichert werden. Die bloße Aussicht auf eine spätere Heilung soll hierfür jedoch nicht genügen: 424

> Im Zeitpunkt der Eintragung der Auflassungsvormerkung ergab der formnichtige mündliche Vertrag auch keinen „künftigen" Anspruch im Sinne des § 883 I S. 2 BGB. Der Senat ist schon in seinem Beschluß BGHZ 12, 115 im Anschluß an die Reichsgerichtsentscheidung RGZ 151, 75, 77 davon ausgegangen, daß ein vormerkungsfähiger künftiger Anspruch nur dann vorliegt, wenn bereits der Rechtsboden für seine Entstehung durch ein rechtsverbindliches Angebot oder Abkommen soweit vorbereitet ist, daß die Entstehung des Anspruchs nur noch vom Willen des demnächst Berechtigten abhängt. Diese Voraussetzungen hat der Senat in dem dort zu entscheidenden Fall bei einem vor dem Erbfall aus einem Vermächtnis hergeleiteten Anspruch nicht für gegeben erachtet. Ebensowenig vermag, wie schon das Reichsgericht in dem erwähnten Urteil zutreffend entschieden hat, ein formnichtiger Grundstückskaufvertrag Ansprüche zu erzeugen, die eine tragfähige Rechtsgrundlage für eine Vormerkung bilden könnten. Denn solange der Vertrag nicht gerichtlich oder notariell

beurkundet ist und der dingliche Vollzug des Vertrags im Grundbuch die Formnichtigkeit nicht geheilt hat, tritt für keinen der Vertragspartner eine vertragliche Bindung ein, und es ist keinem von ihnen möglich, ohne Mitwirkung des anderen eine solche Bindung herbeizuführen. Eine nur tatsächliche Aussicht, daß es trotz der Formnichtigkeit zur Vertragserfüllung kommen werde, genügt nicht. – Auch die Erklärung der Auflassung hat keinen für die Sicherung durch eine Vormerkung geeigneten Anspruch des Beklagten entstehen lassen. Denn die in der Form des § 873 II BGB erklärte dingliche Einigung der Vertragspartner bindet diese zwar nach Maßgabe dieser Vorschrift, begründet aber ohne die hinzutretende Eintragung ins Grundbuch keinen schuldrechtlichen Leistungsanspruch auf Übereignung des Grundstücks und kann im Rahmen der Vorschriften über die ungerechtfertigte Bereicherung (§§ 812 ff. BGB) zurückgefordert werden [...]. (juris, Rn. 34)

425 Da es an einem wirksamen, vormerkungsfähigen Anspruch des K fehlt, ist auch die zu seinen Gunsten eingetragene Auflassungsvormerkung unwirksam. K kann sich daher im Rangkonflikt der Vormerkungen nicht auf den zeitlichen Vorrang der zu seinen Gunsten erfolgten Eintragung berufen. Die zugunsten der H am 23.3.1966 eingetragene Vormerkung zur Sicherung des Anspruchs auf Eintragung der Grunddienstbarkeit bleibt somit maßgeblich. Infolgedessen kann H von K nach § 888 BGB die Zustimmung zur Eintragung der Grunddienstbarkeit verlangen.

IV. Rechtliche Einordnung

426 **1.** H begehrt von K die Bewilligung der Eintragung einer Grunddienstbarkeit, um künftig gemäß § 1027 BGB i. V. m. §1004 BGB etwaige Störungen aus der Nutzung des Nachbargrundstücks durch K für den Hotelbetrieb abwehren zu können.[1] Eine solche Bewilligung ist nach §§ 19, 39 GBO Voraussetzung für die Eintragung der Rechtsänderung in das Grundbuch, die ihrerseits nach § 873 I BGB i. V. m. §1018 BGB zur Entstehung der Grunddienstbarkeit erforderlich ist.

427 Als Anspruchsgrundlage kommt zunächst § 894 BGB in Betracht. Voraussetzung hierfür ist, dass das Grundbuch unrichtig ist, also die formelle Rechtslage (Inhalt des Grundbuchs) von der materiellen Rechtslage abweicht. Eine etwaige Unrichtigkeit könnte hier darin liegen, dass das Nachbargrundstück im Grundbuch als unbelastet ausgewiesen ist, obwohl zugunsten des Hotelgrundstücks eine Grunddienstbarkeit einzutragen wäre. Da eine Grunddienstbarkeit nach § 873 I BGB i. V. m. §1018 BGB jedoch erst mit ihrer Eintragung entsteht und eine solche Eintragung bislang nicht erfolgt ist, entspricht der Grundbuchinhalt der materiellen Rechtslage. Das Grundbuch ist nicht unrichtig; ein Anspruch aus § 894 BGB scheidet aus.

428 In Betracht kommt demgegenüber ein **Anspruch aus § 888 I BGB.** Nach § 888 I BGB kann der Vormerkungsberechtigte von demjenigen, dessen später erworbenes Recht ihm gegenüber nach § 883 II BGB unwirksam ist, die zur Verwirklichung des gesicherten Anspruchs erforderliche Zustimmung verlangen. Zugunsten der H war am 23.3.1966 eine Vormerkung zur Sicherung ihres – im Wege der Gesamtrechtsnachfolge nach § 1922 BGB auf sie übergegangenen – schuldrechtlichen Anspruchs auf Eintragung der vereinbarten Grunddienstbarkeit (gegen E) in das Grundbuch eingetragen worden. K ist als Eigentümer des Nachbargrundstücks im Grundbuch eingetragen; er ist derjenige, dessen

1 Einzelheiten zur Grunddienstbarkeit siehe Fall 4 – Auf falschen Pfaden.

Zustimmung für die Eintragung der Grunddienstbarkeit erforderlich ist. Die Voraussetzungen des § 888 I BGB sind dem Grunde nach erfüllt.

Fraglich ist jedoch, ob die zugunsten der H eingetragene Vormerkung gegenüber K überhaupt Wirkung entfaltet. Denn zugunsten des K war bereits am 3.3.1966 – und damit vor der Eintragung der Vormerkung zugunsten der H – eine Auflassungsvormerkung in das Grundbuch eingetragen worden. 429

2.1 Die **Wirkung einer Vormerkung** bestimmt sich nach § 883 II BGB. Danach sind Verfügungen, die nach der Eintragung der Vormerkung über das Grundstück getroffen werden, dem Vormerkungsberechtigten gegenüber unwirksam, soweit sie den gesicherten Anspruch vereiteln oder beeinträchtigen würden. Aufgrund dieser sog. relativen Unwirksamkeit wird der Vormerkungsberechtigte so gestellt, als sei die beeinträchtigende Verfügung ihm gegenüber nicht erfolgt. Aus der Vormerkung folgt jedoch insbesondere keine Grundbuchsperre. Sie stellt lediglich sicher, dass sich der Schuldner des gesicherten Anspruchs (hier: E) nicht darauf berufen kann, die Leistung sei infolge der zwischenzeitlichen Verfügung unmöglich geworden (§ 275 I BGB). 430

2.2 Nach dem Wortlaut des § 883 II BGB erstreckt sich die Wirkung einer Vormerkung auf solche „Verfügungen", die den gesicherten Anspruch vereiteln oder beeinträchtigen würden. Im vorliegenden Fall ist jedoch problematisch, ob sich K gegenüber der später zugunsten der H eingetragenen Vormerkung darauf berufen kann, dass zu seinen Gunsten bereits zuvor eine Auflassungsvormerkung im Grundbuch eingetragen worden war. Der BGH thematisiert diese Problematik nicht ausdrücklich. Dies mag insofern überraschen, als die Rechtsnatur der Vormerkung und – daran anschließend – die Rechtsnatur ihrer Bestellung in der Literatur keineswegs unumstritten sind.[2] Gleichwohl ist allgemein anerkannt, dass die Vormerkung über den Wortlaut des § 883 II BGB hinaus etwa auch vor nachträglich eintretenden Verfügungsbeschränkungen, einer späteren Grundbuchberichtigung (§ 894 BGB) oder – wie hier – der Eintragung einer späteren Vormerkung Schutz vermittelt.[3] 431

3.1 Damit verbleibt im vorliegenden Fall allein die Frage, ob zugunsten des K tatsächlich eine wirksame Auflassungsvormerkung besteht, kraft derer die später eingetragene Vormerkung zugunsten der H ihm gegenüber unwirksam wäre. Für das **Entstehen einer Vormerkung** verlangt § 883 I BGB zunächst ihre Eintragung in das Grundbuch, was hier gegeben ist. Darüber hinaus bedarf es nach § 885 BGB grundsätzlich der Bewilligung, mithin der einseitigen Willenserklärung, die grundsätzlich durch den Berechtigten gegenüber dem Erwerber oder dem Grundbuchamt zu erklären ist; eine Einigung nach § 873 I BGB ist nicht erforderlich. 432

Allerdings kann eine Vormerkung unter bestimmten Voraussetzungen auch durch einen Nichtberechtigten bestellt werden; ein gutgläubiger Erwerb der Vormerkung ist heute allgemein anerkannt. Hierfür spricht insbesondere ein erhebliches Verkehrsinteresse: Die Sicherungsfunktion der Vormerkung würde erheblich entwertet, wenn zwar das Grundstücksrecht selbst gutgläubig erworben werden könnte, nicht aber die Vormerkung, die gerade den zukünftigen Rechtserwerb schützen soll. Uneinigkeit besteht lediglich 433

---

2 Die herrschende Ansicht qualifiziert die Vormerkung als ein Sicherungsmittel eigener Art mit partieller dinglicher Wirkung, siehe etwa BGH NJW 1957, 1229; BeckRS 2024, 10658 Rn. 31; Erman/*Artz*, BGB, § 883 Rn. 2; *Westermann/Gursky/Eickmann*, Sachenrecht, § 82 Rn. 4.

3 MüKo-BGB/*Lettmaier*, § 883 Rn. 64; *Wellenhofer*, Sachenrecht, § 18 Rn. 18.

darüber, ob hierfür auf § 892 I S. 1 BGB analog[4] oder auf § 893 Alt. 2 BGB (analog)[5] abzustellen ist. In jedem Fall ist erforderlich, dass der nichtberechtigte Bewilligende im Grundbuch als Berechtigter eingetragen ist, kein Widerspruch gegen die Richtigkeit des Grundbuchs eingetragen ist und der Erwerber im Zeitpunkt der Stellung des Eintragungsantrags gutgläubig ist (§ 892 II BGB).

434 **3.2** Von der Frage der Berechtigung zu trennen ist das Erfordernis eines sicherungsfähigen Anspruchs. So setzt eine Vormerkung ausnahmslos[6] einen wirksamen Anspruch voraus, der auf eine dingliche Änderung von Grundstücksrechten gerichtet ist. § 883 I S. 2 BGB stellt klar, dass hierfür auch ein künftiger oder bedingter Anspruch genügt. Die **Akzessorietät der Vormerkung** zum gesicherten Anspruch wirkt sich nicht nur auf ihre Entstehung, sondern auch auf ihren Fortbestand aus. Erlischt der ursprünglich bestehende Anspruch, so entfällt auch die Grundlage der Vormerkung. Wird etwa der zugrunde liegende Grundstückskaufvertrag wirksam angefochten, wird das Grundbuch mangels einer wirksamen Vormerkung insoweit unrichtig, sodass der eingetragene Vormerkungsberechtigte nach § 894 BGB seine Zustimmung zur Löschung der Vormerkung erteilen muss. Besteht der Anspruch demgegenüber fort, ist er jedoch dauerhaft nicht durchsetzbar, kann nach § 886 BGB die Beseitigung der Vormerkung verlangt werden.

435 **3.3** Vor diesem Hintergrund kommt es im vorliegenden Fall entscheidend darauf an, ob K gegenüber E überhaupt einen vormerkungsfähigen Anspruch auf Übereignung des Grundstücks hatte. Trotz mehrerer denkbarer Anknüpfungspunkte lehnt der BGH dies überzeugend ab. Insbesondere vermag die bloße Aussicht auf eine spätere Heilung des formnichtigen Kaufvertrages nach § 311 b I S. 2 BGB noch keinen künftigen Anspruch im Sinne des § 883 I S. 2 BGB zu begründen. Ein solcher setzt vielmehr eine gesicherte Rechtsposition des demnächst Berechtigten voraus. Daran fehlt es jedoch, wenn die Entscheidung über die Vertragserfüllung weiterhin im Belieben des Schuldners (hier: E) steht. An der Sicherung einer bloßen Erwerbsaussicht besteht noch kein hinreichend schutzwürdiges Interesse des Gläubigers (hier: K).

436 Mangels einer wirksamen Auflassungsvormerkung zugunsten des K kann sich dieser daher nicht auf eine vorrangige Sicherung seines Erwerbs berufen. Die später eingetragene Vormerkung zugunsten der H entfaltet somit gemäß § 883 II BGB uneingeschränkt ihre Wirkung. H kann daher weiterhin von E die Einräumung der vereinbarten Grunddienstbarkeit verlangen.

437 **4.** H kann somit von K nach § 888 BGB die Zustimmung zur Eintragung der Grunddienstbarkeit verlangen. Bei § 888 BGB handelt es sich um einen unselbstständigen Hilfsanspruch, der ausschließlich der Verwirklichung des durch die Vormerkung gesicherten Anspruchs dient.[7] Aus dieser Funktion folgt zugleich, dass K dem Anspruch der H aus § 888 BGB – in analoger Anwendung der §§ 768, 1137, 1211 BGB – alle Einreden entgegenhalten kann, die auch E gegen den gesicherten schuldrechtlichen Anspruch zustehen.[8]

---

4 Siehe etwa *Wellenhofer*, Sachenrecht, § 19 Rn. 32; *Wilhelm*, Sachenrecht, Rn. 2264.

5 Siehe etwa BeckOK-BGB/*Eckert*, § 893 Rn. 3; *Kainer*, Sachenrecht, § 26 Rn. 22.

6 Auch ein gutgläubiger Erwerb der Vormerkung scheidet aus, wenn der zu sichernde Anspruch nicht besteht, siehe etwa *Vieweg/Lorz*, Sachenrecht, § 14 Rn. 15.

7 BGH NJW 2022, 1167 Rn. 5.

8 BGH NJW 2022, 1167 Rn. 14; *Westermann/Gursky/Eickmann*, Sachenrecht, § 82 Rn. 35; einschränkend *Wilhelm*, Sachenrecht, Rn. 2285 (der Schuldner selbst müsse die Einrede geltend machen).

Eine bestimmte Reihenfolge bei der Durchsetzung der Ansprüche gegenüber dem Vormerkungsverpflichteten (hier: E) und dem Dritterwerber nach § 888 BGB (hier: K) besteht nicht. Der Vormerkungsberechtigte kann vielmehr frei wählen, ob er zunächst den Schuldner des gesicherten Anspruchs auf dessen Erfüllung oder den Dritterwerber auf Zustimmung zur Eintragung in Anspruch nimmt.[9] 438

V. Vertiefungsfragen

1. Vermittelt eine wirksam bestellte Vormerkung gemäß § 883 II BGB (analog) auch Schutz vor einer späteren Vermietung oder Verpachtung des entsprechenden Grundstücks? 439
   → siehe BGH NJW 1954, 953; *Baur/Stürner*, Sachenrecht, § 20 Rn. 41; a. A. etwa Erman/*Artz*, BGB, § 883 Rn. 37; *Wilhelm*, Sachenrecht, Rn. 2289
2. Kann eine eingetragene Auflassungsvormerkung, deren ursprünglich gesicherter Anspruch zwischenzeitlich weggefallen ist, durch einen später neu begründeten Anspruch auf Übereignung desselben Grundstücks erneut Wirksamkeit erlangen („Wiederaufladen der Vormerkung")?
   → siehe BGH NJW 2000, 805; BGH NJW 2012, 2032
3. E verkauft ein Grundstück an K. Zur Sicherung des Anspruchs auf Übereignung wird zugunsten des K eine Auflassungsvormerkung in das Grundbuch eingetragen. Noch bevor es zur Eigentumsumschreibung kommt, veräußert E das Grundstück an D, der anschließend als Eigentümer im Grundbuch eingetragen wird. In der Folgezeit lässt D das Dach des auf dem Grundstück stehenden Gebäudes, das bereits erhebliche Schäden aufweist, für 40.000 Euro instand setzen. K verlangt daraufhin von D nach § 888 BGB die Zustimmung zur Eintragung seines Eigentums. D wendet ein, er habe erheblich in das Grundstück investiert, insbesondere die notwendige Dachrenovierung vorgenommen. Kann D ein entsprechendes Zurückbehaltungsrecht gegenüber dem Anspruch des K aus § 888 BGB geltend machen?
   → siehe etwa *Wellenhofer*, Sachenrecht, § 18 Rn. 31

Weitere Vertiefung und Wiederholung bei Jurafuchs auf jurafuchs.de oder in der Jurafuchs App:

9 Staudinger/*Kesseler*, BGB, § 888 Rn. 59.

Fall 22: Von eingetragenen und gelöschten Vormerkungen

BGH, Urteil vom 9.12.2022 – V ZR 91/21 = BGHZ 235, 277 = MittBayNot 2023, 354

Übertragung der Vormerkung | Gutgläubiger Zweiterwerb der Vormerkung

I. Sachverhalt

440 E war Eigentümer eines Grundstücks. Im Jahr 1991 veräußerte er dieses an B. Zur Sicherung des Anspruchs des B auf Übereignung wurde eine Auflassungsvormerkung zugunsten des B in das Grundbuch eingetragen. Zu einer Auflassung zugunsten des B kam es jedoch nicht.

Im Jahr 2014 veräußerte E das Grundstück erneut, diesmal an S. Auch der Anspruch der S auf Übereignung wurde durch eine Vormerkung im Grundbuch gesichert.

Am 2.5.2017 wurde die zugunsten des B eingetragene Vormerkung aus ungeklärten Gründen im Grundbuch gelöscht. Kurz darauf veräußerte S das Grundstück an K, wobei sie der K zugleich den gegen E gerichteten Anspruch auf Übereignung des Grundstücks abtrat.

Im Juni 2017 wurde gegen die Löschung der Vormerkung zugunsten des B ein Widerspruch in das Grundbuch eingetragen.

Im Jahr 2018 ließ E das Grundstück an S auf, wobei S mit Zustimmung der K nur als Zwischenerwerberin auftrat. So ließ S das Grundstück unmittelbar im Anschluss an K auf, die schließlich auch im Grundbuch als Eigentümerin eingetragen wurde.

K verlangt nun von B die Zustimmung zur Löschung des Widerspruchs, der gegen die Löschung der Vormerkung zugunsten des B im Grundbuch eingetragen ist.

II. Zentrale Probleme

441 Als Anspruchsgrundlage für das Begehren der K kommt § 894 BGB in Betracht. Voraussetzung eines solchen Grundbuchberichtigungsanspruchs ist, dass das Grundbuch unrichtig ist, also der formelle Grundbuchinhalt von der materiellen Rechtslage abweicht.[1] K ist zwar mittlerweile zu Recht als Eigentümerin im Grundbuch eingetragen. Allerdings kann auch die im Grundbuch eingetragene wahre Berechtigte anspruchsberechtigt sein, soweit die Beseitigung einer anderweitigen unrichtigen Eintragung verlangt wird. Als unrichtige Eintragung kommt hier der Widerspruch gegen die Löschung der Vormerkung zugunsten des B in Betracht. Allerdings ist bereits fraglich, ob § 894 BGB auf die Bewilligung zur Löschung eines Widerspruchs überhaupt Anwendung finden kann, da der Widerspruch weder ein Grundstücksrecht noch eine Verfügungsbeschränkung im engeren Sinne darstellt.

442 Sofern man diese Hürde überwindet, ist entscheidend, ob der Widerspruch gegen die Löschung zu Recht in das Grundbuch eingetragen wurde. Das hängt davon ab, ob die Vormerkung zugunsten des B materiellrechtlich noch besteht.

443 Dabei ist zu berücksichtigen, dass die bloße Löschung einer Vormerkung aus dem Grundbuch nicht zu ihrem Untergang führt. Die Eintragung ist zwar gemäß § 883 I BGB konstitutiv für die Entstehung der Vormerkung, nicht jedoch für ihren Fortbestand.

---

1 Einzelheiten hierzu unter Fall 19 – Falsa Demonstratio.

Die ursprünglich zugunsten des B eingetragene Vormerkung könnte jedoch dadurch untergegangen sein, dass K das Eigentum an dem Grundstück gutgläubig „vormerkungsfrei“ erworben hat. Zwar erlangte K das Eigentum erst zu einem Zeitpunkt, als der Widerspruch gegen die Löschung der Vormerkung bereits im Grundbuch eingetragen war, sodass ein gutgläubiger lastenfreier Eigentumserwerb insoweit ausscheidet. In Betracht kommt jedoch, dass K von der Vormerkung profitiert, die zur Sicherung des Auflassungsanspruchs der S gegen E in das Grundbuch eingetragen worden war. So wird der nach § 892 II BGB maßgebliche Zeitpunkt für die Gutgläubigkeit in entsprechender Anwendung des § 883 II BGB auf den Zeitpunkt der Stellung des Antrags auf Eintragung der Vormerkung vorverlagert.[2] 444

Problematisch ist allerdings, dass im Zeitpunkt der Bestellung dieser Vormerkung die Vormerkung zugunsten des B noch im Grundbuch eingetragen war, sodass ein gutgläubiger Erwerb der Vormerkung durch S zunächst ausscheidet. Die Vormerkung zugunsten des B wurde jedoch gelöscht, bevor S den gegen E gerichteten Anspruch auf Übereignung an K abtrat. Der Widerspruch gegen diese Löschung wurde hingegen erst nach der Abtretung in das Grundbuch eingetragen. Mit der Abtretung des gesicherten Auflassungsanspruchs könnte daher nicht nur die zugunsten der S bestellte Vormerkung auf K übergegangen sein. Denkbar ist vielmehr, dass K die Vormerkung im Wege eines gutgläubigen Zweiterwerbs derart erlangt hat, dass diese nicht mehr durch eine fortbestehende Vormerkung zugunsten des B „belastet“ war. 445

III. Die Entscheidung des BGH

Der BGH stellt zunächst fest, dass das Begehren der K zur Bewilligung der Löschung des Widerspruchs zwar nicht unmittelbar auf § 894 BGB, wohl aber auf dessen analoge Anwendung gestützt werden kann: 446

> [7] 2. Dieses Rechtsschutzziel kann über einen Grundbuchberichtigungsanspruch gemäß § 894 BGB erreicht werden. Gläubiger des Berichtigungsanspruchs ist zwar gewöhnlich der nicht eingetragene wahre Berechtigte, Schuldner der zu Unrecht eingetragene Buchberechtigte. Die Vorschrift gilt aber entsprechend für den eingetragenen wahren Berechtigten, der – wie hier – die Löschung eines Widerspruchs erreichen möchte, dessen Eintragung der vermeintliche Berechtigte zu Unrecht erwirkt hat […].

Damit stellt sich die Frage, ob das Grundbuch deshalb unrichtig ist, weil K das Eigentum „vormerkungsfrei“ erworben hat: 447

> [15] 1. Richtig ist, dass nach Löschung einer materiellrechtlich bestehenden Vormerkung aus dem Grundbuch ein gutgläubiger „vormerkungsfreier“ Erwerb in Betracht kommt […].
>
> [16] 2. Zutreffend ist auch die Annahme des Berufungsgerichts, dass dann, wenn auf eine Eigentumsübertragung aufgrund des Kaufvertrags zwischen der [S] und der [K] abzustellen wäre, ein hinsichtlich der Vormerkung des Beklagten „lastenfreier“ Eigentumserwerb durch die Klägerin kraft guten Glaubens nach § 892 Abs. 2 BGB nicht (mehr) in Betracht käme, weil zum Zeitpunkt der Stellung des Eintragungsantrags und der Eintragung des Zwischenerwerbs die Widersprüche gegen die Löschung der Vormerkung schon eingetragen waren.

2 BGH NJW 1958, 2013 ff.; MüKo-BGB/*Schäfer*, § 893 Rn. 13.

448 Fraglich ist jedoch, ob K ihrerseits eine Vormerkung erworben hat, die ihr in entsprechender Anwendung des § 883 II BGB einen lastenfreien Eigentumserwerb ermöglicht. In Betracht kommt ein Übergang der zugunsten der S eingetragenen Vormerkung auf K:

> [20] […] Allerdings ist die rechtsgeschäftliche Übertragung einer Vormerkung als solcher rechtlich nicht möglich, und zwar weder isoliert noch gemeinsam mit dem gesicherten Anspruch. Nach § 398 Satz 1 BGB kann eine Forderung von dem Gläubiger durch den Vertrag mit einem anderen übertragen, also abgetreten werden. Soweit die Forderung durch eine Vormerkung gesichert wird, geht die Vormerkung mit der Abtretung des gesicherten Anspruchs wegen der strengen Akzessorietät zum gesicherten Anspruch entsprechend § 401 BGB außerhalb des Grundbuchs kraft Gesetzes über […]. Auf die Eintragung eines Vermerks über den Übergang in das Grundbuch kommt es dabei nicht an; wird der Übergang vermerkt, geschieht dies nur deklaratorisch im Wege der Berichtigung […].
>
> [21] bb) Der gesetzliche Übergang der Vormerkung auf die [K] als Zessionarin kann ihr den im Hinblick auf die Vormerkung des [B] „lastenfreien" Eigentumserwerb ermöglicht haben. Zwar war die [S] bei der Begründung der Vormerkung im Jahr 2014 im Hinblick auf die zugunsten des [B] eingetragene Vormerkung im Sinne des § 892 BGB bösgläubig, weil die Vormerkung zu diesem Zeitpunkt noch nicht gelöscht worden war. Ein gutgläubiger (Erst-)Erwerb der Vormerkung „unbelastet" von der vorrangigen Vormerkung des [B] durch die [S] selbst war damit nicht möglich. Die Klägerin kann aber am 15.5.2017 durch einen im Hinblick auf deren Rangstellung „gutgläubigen Zweiterwerb" eine Vormerkung erworben haben, die ihr einen bezüglich der Vormerkung des Beklagten „lastenfreien" Eigentumserwerb ermöglichte.

449 Kern des Falles ist damit die Frage, ob ein solcher gutgläubiger Zweiterwerb der Vormerkung überhaupt möglich ist. Der BGH bejaht dies:

> [23] (1) Allgemein anerkannt ist, dass eine Vormerkung bei ihrer Begründung aufgrund Bewilligung nach § 885 Abs. 1 Satz 1 Alt. 2 BGB gutgläubig (erst-)erworben werden kann, das Grundbuch also zugunsten des gutgläubigen Erwerbers der Vormerkung im Hinblick auf den eingetragenen Eigentümer und den Grundbuchstand als richtig gilt; aufgrund der strengen Akzessorietät der Vormerkung zum gesicherten Anspruch gilt dies aber nur insoweit, als die gesicherte Forderung tatsächlich besteht. Besteht die Forderung nicht, kann auch die Vormerkung nicht gutgläubig erworben werden […].
>
> [24] (2) In der Rechtsprechung des Senats ist der gutgläubige Zweiterwerb der Vormerkung in gewissem Umfang anerkannt. Zwar kommt auch insoweit ein gutgläubiger Erwerb bei Nichtbestehen des Anspruchs nicht in Betracht. Für den Fall, dass für einen wirksamen Auflassungsanspruch von einem Nichtberechtigten eine Vormerkung zugunsten eines Bösgläubigen bestellt worden ist, kann die Vormerkung aber in der Person eines gutgläubigen Rechtsnachfolgers des Bösgläubigen wirksam werden […]. Kann der Zweiterwerber trotz Bösgläubigkeit des Ersterwerbers eine nichtbestehende Vormerkung gutgläubig erwerben, folgt daraus erst recht, dass ein Zweiterwerber auch eine bestehende Vormerkung gutgläubig lastenfrei bzw. – wie hier – gutgläubig „vormerkungsfrei" von dem bösgläubigen Ersterwerber erwerben kann. […]
>
> [27] (5) Es besteht keine Veranlassung, von der Rechtsprechung des Senats zum gutgläubigen Zweiterwerb der Vormerkung, auf die sich der Rechtsverkehr eingestellt hat, abzurücken. Bei der Abtretung einer durch Vormerkung gesicherten Forderung gilt der Inhalt des Grundbuchs analog § 892 Abs. 1 Satz 1 BGB zugunsten des Zessionars im Hinblick auf den Grundbuchstand unter Einschluss des Rangs der Vormerkung sowie das Vorliegen ihrer sa-

> chenrechtlichen Entstehungsvoraussetzungen unter Einschluss der wirksamen Bewilligung als richtig; der Schutz des öffentlichen Glaubens erstreckt sich hingegen nicht auf den Bestand der gesicherten Forderung. Die derartige analoge Anwendung auf den Zweiterwerb der Vormerkung ist geboten, weil die Vormerkung sowohl in ihrer Wirkung als auch im Hinblick auf die Grundbuchlage in gewissen Beziehungen einem dinglichen Recht angenähert ist und eine mit dem Erwerb eines dinglichen Rechts vergleichbare Interessenlage besteht.

Die analoge Anwendung des § 892 I BGB begründet der BGH wie folgt: 450

> [30] (c) Bei einem Zweiterwerb der Vormerkung liegt auch eine mit dem Erwerb eines dinglichen Rechts vergleichbare Interessenlage vor. Ebenso wie bei der Übertragung eines dinglichen Rechts besteht im Interesse des Rechtsverkehrs auch bei dem gesetzlichen Übergang der Vormerkung infolge der Abtretung des gesicherten Anspruchs ein Bedürfnis, sich auf das Grundbuch verlassen zu können. Die Vormerkung soll dem Berechtigten das zu dem Zeitpunkt des Erwerbs der Vormerkung nach der Grundbuchlage bestehende Erfüllungsvermögen des Schuldners sichern. Die Eintragung der Vormerkung ist insofern Grundlage für das Vertrauen, das Eigentum ohne die im Zeitpunkt des Übergangs nicht vorhandenen oder nachträglich eingetragenen Belastungen erwerben zu können. Derjenige, der den gesicherten Anspruch durch Abtretung erwirbt, ist auf die möglichst frühzeitige Absicherung seines in Aussicht genommenen Rechtserwerbs nicht weniger angewiesen als der ursprüngliche Erwerber. Gerade bei Kettenveräußerungen besteht ein praktisches Bedürfnis für die Verkehrsfähigkeit der Vormerkung. Die Fälligkeit der Kaufpreiszahlung ist oft von der Absicherung des Käufers durch eine Vormerkung abhängig. Eine solche kann der ursprüngliche Erwerber aber nach § 885 Abs. 1 Satz 1 Alt. 2 BGB erst bestellen, wenn er im Grundbuch eingetragen ist […]. Diese Eintragung abzuwarten, wäre mit einem erheblichen Aufwand von Zeit und Kosten verbunden, der den praktischen Bedürfnissen des Rechtsverkehrs zuwiderliefe. […]

Problematisch ist schließlich, wie sich der Umstand auswirkt, dass E das Grundstück – trotz des an K abgetretenen Auflassungsanspruchs – zunächst an S aufgelassen hat, die es sodann unmittelbar an K übereignet hat: 451

> [36] aa) Anders als das Berufungsgericht meint, erfordert der Eigentumserwerb aufgrund des vormerkungsgesicherten Anspruchs nicht zwingend, dass der Vormerkungsschuldner [hier: E] unmittelbar an den Anspruchsinhaber und Vormerkungsberechtigten [hier: K] leistet. Der Senat hat für eine vergleichbare Fallkonstellation entschieden, dass die Wirkungen einer dem Käufer eingeräumten Auflassungsvormerkung dem Dritten [hier: S] zugutekommen, an den der Verkäufer mit Zustimmung des Käufers (§ 362 Abs. 2, § 185 Abs. 1 BGB) übereignet. Tritt der Zedent seinen durch Vormerkung gesicherten, gegen den Erstverkäufer gerichteten Auflassungsanspruch an einen in Ansehung eines nicht eingetragenen vorrangigen Rechts gutgläubigen Zessionar ab und übereignet der Erstverkäufer das Grundstück sodann mit Zustimmung des Zessionars an den Zedenten als Zwischenerwerber, so kommen die Wirkungen der Vormerkung dieser Entscheidung zufolge dem Zedenten zugute. Aufgrund der dem Zedenten vom Anspruchsinhaber gemäß § 362 Abs. 2, § 185 Abs. 1 BGB erteilten Ermächtigung, die geschuldete Leistung in Empfang zu nehmen, stellt sich der Zwischenerwerb nämlich als Erfüllung des vormerkungsgesicherten Anspruchs dar […].
>
> [41] (a) Stellt sich die Übertragung des Eigentums als Erfüllung des durch die Vormerkung gesicherten Anspruchs dar, ist allein entscheidend, welche Wirkung die Auflassungsvormerkung zugunsten des Gläubigers des Anspruchs im Zeitpunkt der Erfüllung hatte. Denn die

> Auflassungsvormerkung besteht nur mit dem Inhalt, den sie für den Gläubiger hatte. Ist ein gutgläubiger Erwerb einer Rechtsposition erfolgt, ist diese im Rechtsverkehr genauso wirksam, als wäre der Erwerb vom Berechtigten erfolgt. Ebenso wie sich der Inhalt der gutgläubig erworbenen Auflassungsvormerkung nicht mehr ändert, wenn der Berechtigte nach dem gutgläubigen Erwerb bösgläubig oder ein Widerspruch eingetragen wird [...], kann die Übereignung an einen Dritten mit Zustimmung des Gläubigers in Erfüllung des gesicherten Anspruchs nichts an der Sicherungswirkung der Auflassungsvormerkung ändern. [...]
>
> [12] (b) Dieses Ergebnis wird auch durch die Überlegung gestützt, dass es demjenigen, der gutgläubig eine Vormerkung erworben hat, nicht zur Last fallen kann, wenn er entscheidet, dass die Erfüllung des vormerkungsgesicherten Anspruchs an einen Dritten erfolgen soll. Andernfalls hinge der Wert des von ihm erworbenen Rechts nämlich davon ab, ob die Erfüllung an ihn selbst, einen gutgläubigen Dritten oder einen bösgläubigen Dritten erfolgt. Dies würde zu einer deutlichen Schmälerung der Rechtsstellung des Vormerkungsinhabers führen, was gerade in der hier vorliegenden Konstellation deutlich wird: Hätte die Erstverkäuferin direkt an die Klägerin übereignet, beständen an einem im Hinblick auf die Vormerkung des Beklagten „lastenfreien" Eigentumserwerb der Klägerin keine Zweifel. Ein Zwischenerwerb der Streithelferin, die selbst nicht mehr Inhaberin des gesicherten Auflassungsanspruchs war, kann daran nichts ändern.

452 Im Ergebnis hält es der BGH damit für möglich, dass K das Eigentum an dem Grundstück „vormerkungsfrei" erworben hat. In diesem Fall wäre die zugunsten des B eingetragene Vormerkung untergegangen, sodass der gegen ihre Löschung eingetragene Widerspruch zu Unrecht im Grundbuch stünde. Dies führte zur Unrichtigkeit des Grundbuchs und begründete damit einen Anspruch der K gegen B auf Zustimmung zur Löschung des Widerspruchs aus § 894 BGB (analog). Mangels Entscheidungsreife hat der BGH die Sache jedoch gemäß § 563 I S. 1 ZPO an das Berufungsgericht zurückverwiesen.

IV. Rechtliche Einordnung

453 **1.** Mit dem vorliegenden Urteil hatte der BGH erstmals seit 1957[3] erneut Gelegenheit, sich mit der Frage des **gutgläubigen Zweiterwerbs einer Vormerkung** auseinanderzusetzen. Diese Problematik ist hier in eine recht komplexe Ausgangslage eingebettet. Der Standardfall ist typischerweise einfacher gelagert: Ein nichtberechtigter Veräußerer (V), der im Grundbuch als Eigentümer eingetragen ist, veräußert ein Grundstück an den bösgläubigen Erwerber X, der sich zur Sicherung seines Anspruchs mit Bewilligung des V eine Vormerkung in das Grundbuch eintragen lässt. Ein gutgläubiger Erwerb der Vormerkung zugunsten des X nach § 892 I BGB analog (teilweise auch unter Heranziehung von § 893 BGB analog)[4] scheitert in dieser Konstellation an der fehlenden Gutgläubigkeit des X. Tritt X nun jedoch seinen gegen V gerichteten Anspruch auf Übereignung des Grundstücks an den gutgläubigen Erwerber E ab, stellt sich die Frage, ob jedenfalls E Inhaber der im Grundbuch eingetragenen Vormerkung wird und damit von deren Sicherungswirkung profitieren kann.

454 **2.** Hintergrund dieser Problematik ist die besondere Art der **Übertragung einer Vormerkung.** Da die Vormerkung der Sicherung eines schuldrechtlichen Anspruchs dient, kann sie weder ohne einen solchen Anspruch bestehen noch isoliert übertragen werden. Aufgrund ihrer strengen Akzessorietät folgt sie vielmehr dem gesicherten Anspruch

3 BGH NJW 1957, 1229.

4 Siehe hierzu Fall 21 – Alles nur Schein.

kraft Gesetzes analog § 401 BGB. Mit der Abtretung der Forderung geht daher auch die Vormerkung auf den neuen Gläubiger über, ohne dass es hierfür einer Änderung des Grundbuchs bedarf (Rn. 20). Auch ein gutgläubiger Zweiterwerb einer Vormerkung kommt überhaupt nur dann in Betracht, wenn ein sicherungsfähiger Anspruch besteht, der auf den Zweiterwerber übertragen wird.

3.1 Besteht zwar ein solcher Anspruch, ist die eingetragene Vormerkung jedoch – etwa mangels wirksamer Bewilligung oder wegen fehlender Gutgläubigkeit des Ersterwerbers – tatsächlich nicht wirksam entstanden, stellt sich die weitergehende Frage, ob mit dem Übergang des gesicherten Anspruchs nunmehr in der Person des Zweiterwerbers eine wirksame Vormerkung entstehen kann, etwa in entsprechender Anwendung des § 892 I BGB. Dies erscheint deshalb zweifelhaft, weil der gutgläubige Erwerb im Allgemeinen ein **Rechtsgeschäft im Sinne eines Verkehrsgeschäfts** voraussetzt.[5] Dem Übergang der Vormerkung liegt jedoch gerade kein eigener rechtsgeschäftlicher Übertragungstatbestand zugrunde. Vielmehr folgt die Vormerkung aufgrund ihrer Akzessorietät dem gesicherten Anspruch gemäß § 401 BGB analog kraft Gesetzes, ohne dass es hierfür eines gesonderten dinglichen Rechtsgeschäfts bedarf. Vor diesem Hintergrund lehnen gewichtige Stimmen in der Literatur die Möglichkeit eines gutgläubigen Zweiterwerbs der Vormerkung ab.[6] 455

Der BGH bestätigt demgegenüber – im Einklang mit weiten Teilen der Literatur – seine funktionale Betrachtungsweise. Danach beruht auch der Übergang der Vormerkung letztlich auf einem Rechtsgeschäft, nämlich der Abtretung der gesicherten Forderung (Rn. 32). Der Übergang lässt sich damit jedenfalls mittelbar auf den Parteiwillen zurückführen. 456

3.2 Darüber hinaus wird gegen die Möglichkeit eines gutgläubigen Zweiterwerbs der Vormerkung eingewandt, dass sich dieser außerhalb des Grundbuchs vollzieht. Es fehlt damit an einem **sachenrechtlichen Publizitätsakt**, der dem Erwerber die im Grundbuch ausgewiesene Rechtsposition vermittelt.[7] 457

Dem wird jedoch entgegengehalten, dass der Zessionar bereits deshalb schutzwürdig ist, weil der Veräußerer im Grundbuch als Inhaber der Vormerkung eingetragen ist und damit einen entsprechenden Rechtsschein vermittelt (Rn. 33).[8] 458

4. Bejaht man mit dem BGH die generelle Möglichkeit eines gutgläubigen Zweiterwerbs der Vormerkung, setzt dieser in entsprechender Anwendung des § 892 I BGB neben der Gutgläubigkeit des Zweiterwerbers und der Unrichtigkeit des Grundbuchs voraus, dass kein Widerspruch gegen die Richtigkeit des Grundbuchs eingetragen ist. 459

Liegen diese Voraussetzungen vor, profitiert der Zweiterwerber – wie hier K – insbesondere auch von der negativen Publizität des Grundbuchs nach § 891 II BGB. Danach durfte K darauf vertrauen, dass die zuvor gelöschte Vormerkung zugunsten des B tatsächlich nicht mehr besteht. Aufgrund der Sicherungswirkung der Vormerkung kommt es auf den erst nachträglich eingetragenen Widerspruch gegen die Löschung der Vormerkung zugunsten des B nicht mehr an. 460

---

5 Siehe Fall 20 – Lastenfreies Grundstück.

6 Staudinger/*Picker*, BGB, § 892 Rn. 60; BeckOK-BGB/*Eckert*, § 885 Rn. 27; *Baur/Stürner*, Sachenrecht, § 20 Rn. 52; im Ergebnis auch *Medicus/Petersen*, Bürgerliches Recht, Rn. 557; *Lüke*, Sachenrecht, Rn. 450.

7 *Wieling/Finkenauer*, Sachenrecht, § 22 Rn. 17; *Wilhelm*, Sachenrecht, Rn. 2299.

8 MüKo-BGB/*Lettmaier*, § 885 Rn. 47.

461 **5.** Hat K die Vormerkung gutgläubig mit dem Rang erworben, der sich nach der Löschung der Vormerkung des B aus dem Grundbuch ergab, ist die Vormerkung des B somit untergegangen. In diesem Fall kann K von B gemäß **§ 894 BGB analog** die Zustimmung zur Löschung des Widerspruchs verlangen, der gegen die Löschung der Vormerkung eingetragen wurde. Die analoge Anwendung des § 894 BGB folgt daraus, dass die Vorschrift ihrem Wortlaut nach zwar nur Grundstücksrechte und Verfügungsbeschränkungen erfasst, jedoch auch bei einem unrichtig eingetragenen Widerspruch ein Bedürfnis nach dessen Beseitigung besteht.[9] Insbesondere beeinträchtigt ein eingetragener Widerspruch die Verkehrsfähigkeit des Grundstücks erheblich, weil er Zweifel an der Richtigkeit des Grundbuchs dokumentiert und damit die Belastungssituation des Grundstücks unklar erscheinen lässt.

462 Entsprechendes gilt im Übrigen für eine unrichtig eingetragene Vormerkung: Erlischt etwa der durch sie gesicherte Anspruch (beispielsweise infolge eines Rücktritts vom zugrunde liegenden Kaufvertrag), entfällt zugleich die Grundlage der Vormerkung. In diesem Fall kann der Eigentümer ebenfalls nach § 894 BGB die Zustimmung zur Löschung der Vormerkung verlangen.[10]

V. Vertiefungsfragen

463 **1.** Die bloße Löschung einer Vormerkung aus dem Grundbuch führt – wie gesehen – noch nicht zu ihrem Untergang. Auf welche Weise kann eine Vormerkung aufgehoben werden?
→ siehe etwa *Baur/Stürner*, Sachenrecht, § 20 Rn. 55

2. § 892 BGB schützt auch den guten Glauben des Erwerbers daran, dass nicht eingetragene Verfügungsbeschränkungen nicht bestehen. Welche Verfügungsbeschränkungen werden hiervon erfasst?
→ siehe etwa *Wellenhofer*, Sachenrecht, § 19 Rn. 11 f.

Weitere Vertiefung und Wiederholung bei Jurafuchs auf jurafuchs.de oder in der Jurafuchs App:

9 BGH NJW 1969, 93; BGH NJW-RR 2006, 1242 Rn. 5.
10 BGH NJW 2025, 1646 Rn. 6; MüKo-BGB/*Schäfer*, § 894 Rn. 18.

Fall 23: Forderungsentkleidete Hypothek

RG, Urteil vom 29.6.1932 – V ZR 82/32 = RGZ 137, 95 = BeckRS 1932, 100304

Hypothek (§§ 1113 ff. BGB) | Gutgläubiger Erwerb einer nicht valutierten Hypothek (§§ 892, 1138 BGB)

I. Sachverhalt

K ist Eigentümer eines Grundstücks. Zur Absicherung eines Darlehens bestellte er am 14.7.1930 an diesem Grundstück eine Hypothek über 6.000 RM zugunsten des D; zu einer Auszahlung des Darlehens kam es in der Folge jedoch nicht. Zugleich vereinbarten K und D, dass D berechtigt sein sollte, sich den Hypothekenbrief vom Grundbuchamt aushändigen zu lassen. Die Hypothek wurde am 19.7.1930 im Grundbuch eingetragen. Der gleichzeitig ausgestellte Hypothekenbrief wurde vom Grundbuchamt jedoch zunächst zurückbehalten, da die anfallenden Kosten noch nicht beglichen worden waren. 464

Am 6.8.1930 trat D die Hypothek durch öffentlich beglaubigte Urkunde an B ab. Zugleich vereinbarten D und B, dass B berechtigt sein sollte, den noch beim Grundbuchamt befindlichen Hypothekenbrief in Empfang zu nehmen. Die Abtretung wurde am 8.8.1930 in das Grundbuch eingetragen.

Ende September 1930 erfuhr B, dass K von D kein Darlehen erhalten hatte. Nachdem B gleichwohl später die Kosten beim Grundbuchamt beglichen hatte, wurde ihm am 7.10.1930 der Hypothekenbrief ausgehändigt.

K verlangt nun von B die Zustimmung zur Umschreibung der eingetragenen Darlehenshypothek in eine Eigentümergrundschuld sowie die Herausgabe des Hypothekenbriefs.

II. Zentrale Probleme

Im Ausgangspunkt stellt sich die Frage, ob zugunsten des B eine Hypothek besteht. Daran bestehen Zweifel, weil die Hypothek nach § 1113 I BGB akzessorisch ausgestaltet ist und damit den Bestand einer zu sichernden Forderung voraussetzt. Regelmäßig handelt es sich dabei – wie auch hier beabsichtigt – um eine Darlehensforderung. Zu einer Auszahlung des Darlehens an K ist es jedoch nicht gekommen, sodass ein zu sichernder Rückzahlungsanspruch des D aus § 488 I S. 2 BGB nicht entstanden ist. Fehlt es aber an der gesicherten Forderung, kann auch die Hypothek nicht zur Entstehung gelangen. 465

Gleichwohl wurde zugunsten des D eine Hypothek im Grundbuch eingetragen. An diese Eintragung knüpft der öffentliche Glaube des Grundbuchs an, auf dessen Richtigkeit B nach §§ 891 f. BGB grundsätzlich vertrauen darf. In Betracht kommt daher ein gutgläubiger Erwerb der Hypothek durch B. Der Fall wirft damit das Problem auf, ob und inwieweit sich der gute Glaube an das Grundbuch auch auf die Existenz der gesicherten Forderung erstreckt. 466

III. Die Entscheidung des RG

Mögliche Grundlage für die von K begehrte Zustimmung des B zur Umschreibung der Hypothek in eine Eigentümergrundschuld ist § 894 BGB. Voraussetzung hierfür ist, dass das Grundbuch unrichtig ist, die formelle Rechtslage (Eintragung im Grundbuch) also mit der materiellen Rechtslage nicht übereinstimmt. Maßgeblich ist damit, ob die eingetragene Hypothek tatsächlich besteht. 467

468 Das RG stellt zunächst klar, dass jedenfalls zugunsten des D keine wirksame Hypothek entstanden ist:

> Das Berufungsgericht geht zutreffend davon aus, daß D. nicht Hypothekengläubiger geworden ist. Während der Eintragung des D. war das für ihn gebuchte Recht mangels Entstehung der gesicherten Darlehensforderung in Wirklichkeit keine Gläubigerhypothek, sondern eine Eigentümergrundschuld des Klägers (§ 1163 Abs. 1 Satz 1, § 1177 Abs. 1 Satz 1 BGB). Gegen D. wäre also während seiner Eintragung als Hypothekengläubiger eine Berichtigungsklage des Klägers durchgedrungen. [...] (BeckRS, Rn. 4)

469 Allerdings habe B die Hypothek gutgläubig erworben:

> Der Vorderrichter [das Berufungsgericht] leitet den gutgläubigen Rechtserwerb des Beklagten nur aus den §§ 1154, 1117 BGB in Verbindung mit § 892 BGB her. Er meint, die schriftliche Abtretungserklärung des D. vom 6.8.1930 und die gleichzeitig zwischen ihm und dem Beklagten getroffene Vereinbarung über die Aushändigung des noch beim Grundbuchamt liegenden Hypothekenbriefs an den Beklagten im Verein mit der unstreitigen Tatsache, daß damals der Mangel der Entstehung einer Darlehensforderung des D. gegen den Kläger dem Beklagten noch unbekannt war, genüge zum wirksamen Erwerb der Hypothek durch den Beklagten. Der Kläger weist demgegenüber darauf hin, daß § 1154 Abs. 1 Satz 1 BGB, insbesondere die dort im zweiten Halbsatz durch Verweisung auf § 1117 Abs. 2 BGB als Ersatz für die Briefübergabe zugelassene Vereinbarung über die Aushändigung des Briefs vom Grundbuchamt an den neuen Gläubiger, zur Voraussetzung habe, daß der abtretende Gläubiger die abgetretene, hypothekarisch gesicherte Forderung erlangt habe und somit wahrer Hypothekengläubiger geworden sei. Indes übersieht der Kläger dabei die auch vom Berufungsgericht nicht angezogene Vorschrift des § 1138 BGB, die in Verbindung mit § 893 BGB den Erwerb des Beklagten an der Hypothek auch in Ansehung der ihm unbekannten Nichtentstehung der Forderung schützt, soweit um das dingliche Hypothekenrecht zwischen ihm und dem Grundstückseigentümer gestritten wird. Wie der Beklagte kraft dieses Schutzes die gutgläubig erworbene Hypothek dinglich gegen den Kläger geltend machen könnte, ohne einer Einrede aus der Nichtentstehung der Forderung ausgesetzt zu sein, so steht ihm auch gegenüber der dinglichen Berichtigungsklage aus § 894 BGB die gesetzliche Vermutung zur Seite, daß das Grundbuch bei seinem Erwerb im August 1930 nicht nur bezüglich des eingetragenen dinglichen Rechts, sondern auch bezüglich der eingetragenen gesicherten Forderung richtig war. Der Erwerb des Beklagten ist mithin dem Kläger gegenüber rechtlich nicht anders zu beurteilen, als wenn damals die hypothekarisch gesicherte Darlehensforderung des D. gegen den Kläger bestanden hätte [...] und als wenn deshalb durch die Entstehung der Forderung, durch Einigung und Eintragung nach § 873 BGB und durch die am 14.7.1930 getroffene Vereinbarung des Klägers mit D. nach § 1117 Abs. 2 BGB das Gläubigerrecht aus der Hypothek für D. begründet gewesen wäre [...]. Dann unterliegt aber der wirksame Erwerb des Beklagten an der Hypothek im August 1930 keinen Rechtsbedenken mehr. Denn alle Voraussetzungen nach § 1154 Abs. 1 Satz 1, § 1117 Abs. 2 BGB sind nunmehr unter Berücksichtigung des Eingreifens der §§ 1138, 892 BGB erfüllt. Das Grundbuch ist daher seit der Eintragung vom 8.8.1930 nicht mehr unrichtig. Der bereits im August vollendete Erwerb des Beklagten und die dadurch begründete Richtigkeit des Grundbuchs konnten durch die erst nachträglich im September vom Beklagten erlangte Kenntnis der unterbliebenen Hingabe des dem Kläger durch D. versprochenen Darlehens nicht mehr erschüttert werden. (BeckRS, Rn. 5)

K hat demnach gegen B keinen Anspruch auf Zustimmung zur Umschreibung der Hypothek in eine Eigentümergrundschuld gemäß § 894 BGB. 470

IV. Rechtliche Einordnung

1. Ausbildungsrelevante Entscheidungen zur Hypothek sind vergleichsweise selten. Dies erklärt sich daraus, dass in der Praxis aufgrund ihrer größeren Flexibilität regelmäßig die Grundschuld als Sicherungsmittel bevorzugt wird. Gleichwohl ist die Hypothek vom Gesetzgeber als Grundform der Grundpfandrechte, das heißt der dinglichen Sicherungsrechte an Grundstücken, konzipiert. Dies zeigt sich daran, dass gemäß § 1192 I BGB die Vorschriften über die Hypothek auf die Grundschuld entsprechende Anwendung finden, soweit sich nicht daraus etwas anderes ergibt, dass die Grundschuld nicht den Bestand einer Forderung voraussetzt. Insofern kommt dem Recht der Hypothek (§§ 1113–1190 BGB) dennoch erhebliche praktische Bedeutung zu. Obgleich der vorliegende Fall keinen klassischen Meinungsstreit zum Gegenstand hat, eignet er sich gut, um die Grundzüge des Hypothekenrechts nachzuzeichnen. 471

2. Als Sicherungsmittel ermöglicht die Hypothek dem Gläubiger, sich wegen der gesicherten Forderung aus dem Grundstück zu befriedigen. Verwirklichen lässt sich dieser Sicherungszweck durch einen **Anspruch des Hypothekengläubigers gegen den Eigentümer auf Duldung der Zwangsvollstreckung gemäß § 1147 BGB**. Zwar kann der Eigentümer die Zwangsvollstreckung durch Zahlung abwenden (§ 1142 BGB). Einen unmittelbaren Zahlungsanspruch gegen den Eigentümer gewährt die Hypothek dem Gläubiger jedoch nicht. 472

3.1 Als dingliches Recht an einem Grundstück richtet sich die **Bestellung einer Hypothek** (Ersterwerb) zunächst nach § 873 BGB. Erforderlich ist damit die (formlose) Einigung zwischen Gläubiger und Eigentümer sowie die Eintragung der Hypothek in das Grundbuch. § 1115 BGB konkretisiert Letzteres dahin gehend, dass insbesondere der Gläubiger, der Geldbetrag der Forderung und ein etwaiger Zinssatz in das Grundbuch aufzunehmen sind. 473

3.2 Der Bestand der gesicherten Forderung bildet zugleich das wesentliche Strukturmerkmal der Hypothek (vgl. § 1113 I BGB) und unterscheidet sie von der Grundschuld. Zwar wird auch die Grundschuld regelmäßig zur Sicherung einer Geldforderung bestellt. Diese ist für die Existenz des dinglichen Rechts als solches jedoch nicht erforderlich, sondern lediglich über eine schuldrechtliche Abrede (Sicherungsvertrag) mit der Grundschuld verknüpft. Das Erlöschen der zu sichernden Forderung hat daher insbesondere keine unmittelbaren Auswirkungen auf die Grundschuld.[1] 474

Bei der Hypothek ist dies aufgrund ihrer **Akzessorietät** anders. Das Erlöschen der gesicherten Forderung führt dazu, dass sich die Hypothek in eine Eigentümergrundschuld umwandelt (§§ 1163 I, 1177 I BGB). Entsprechendes gilt auch dann, wenn die gesicherte Forderung – wie im vorliegenden Fall – von vornherein nicht entsteht. Mangels Auszahlung des Darlehens ist ein Rückzahlungsanspruch des D aus § 488 I S. 2 BGB gegen K nicht begründet worden, sodass zugunsten des D keine Hypothek entstehen konnte (Rn. 4). 475

3.3 Unabhängig davon, dass es im vorliegenden Fall bereits an der gesicherten Forderung fehlt, setzt die Entstehung einer Hypothek weitere Voraussetzungen voraus, die sich nach 476

1 Siehe Fall 25 – Isolierte Grundschuld.

ihrer jeweiligen Ausgestaltung richten. Bei der **Briefhypothek** ist ein Hypothekenbrief auszustellen (§ 1116 I BGB) und an den Gläubiger zu übergeben (§ 1117 I BGB). Die Übergabe kann gemäß § 1117 II BGB durch die Vereinbarung ersetzt werden, dass der Gläubiger berechtigt sein soll, sich den Brief vom Grundbuchamt aushändigen zu lassen (Aushändigungsvereinbarung). Auch im vorliegenden Fall wurde die Übergabe auf diese Weise ersetzt. Da nach dem Wortlaut bereits diese Vereinbarung die Übergabe ersetzt, kommt es für die Entstehung der Hypothek nicht auf den Zeitpunkt der tatsächlichen Aushändigung des Briefes an.

477 Die Erteilung eines Hypothekenbriefes kann jedoch ausgeschlossen werden. Dies setzt nach § 1116 II BGB neben einer entsprechenden Einigung die Eintragung des Ausschlusses im Grundbuch voraus (**Buchhypothek**).

478 **4.1** Wird die Hypothek durch einen Nichtberechtigten bestellt, kann die fehlende Berechtigung nach Maßgabe des § 892 BGB überwunden werden. Von einem solchen gutgläubigen Ersterwerb ist der **gutgläubige Zweiterwerb** zu unterscheiden. Dieser betrifft Fallgestaltungen, in denen eine Hypothek nicht wirksam entstanden ist – etwa wegen einer unwirksamen Einigung oder der Bösgläubigkeit des Ersterwerbers –, der im Grundbuch eingetragene (vermeintliche) Berechtigte jedoch gleichwohl einem Dritten ein entsprechendes Recht verschafft.

479 **4.2** Die Hypothek ist als akzessorisches Recht grundsätzlich nicht isoliert übertragbar, sondern folgt stets der gesicherten Forderung: Wird die Forderung abgetreten, so geht die Hypothek gemäß §§ 401 I, 1153 BGB kraft Gesetzes auf den neuen Gläubiger über. Problematisch ist dies, wenn – wie im vorliegenden Fall – keine abtretbare Forderung besteht.

480 Im Interesse des Rechtsverkehrs wird der gute Glaube an die Eintragung einer Hypothek jedoch auch in diesem Fall geschützt. So fingiert § 1138 BGB unter den Voraussetzungen der §§ 891 ff. BGB das Bestehen der gesicherten Forderung, um den Übergang der Hypothek zu ermöglichen. Der Erwerber erlangt auf diese Weise die Hypothek, ohne dass es auf das tatsächliche Bestehen der Forderung ankommt; die Forderung selbst wird hingegen nicht erworben („für die Hypothek", § 1138 BGB).

481 **4.3** Allerdings setzt § 1154 I BGB im Falle einer Briefhypothek[2] voraus, dass die **Abtretungserklärung in schriftlicher Form** erfolgt und der **Hypothekenbrief übergeben** wird. Dies ist im vorliegenden Fall problematisch, weil der Zedent D nicht im Besitz des Hypothekenbriefes war, sondern vielmehr mit K eine Aushändigungsvereinbarung nach § 1117 II BGB getroffen hatte. Eine Übergabe des Hypothekenbriefes von D an B kam daher nicht in Betracht.

482 § 1154 I S. 1 Hs. 2 BGB lässt durch den Verweis auf § 1117 BGB jedoch die dort geregelten Übergabesurrogate zu. Damit konnte die Übergabe im vorliegenden Fall durch eine Aushändigungsvereinbarung zwischen D und B nach § 1117 II BGB ersetzt werden.[3] Ob der vom Grundbuchamt auszuhändigende Hypothekenbrief zu diesem Zeitpunkt bereits erstellt war, ist unbeachtlich; ausreichend ist vielmehr, dass die Voraussetzungen für seine Erstellung vorlagen,[4] was hier der Fall war.

483 **4.4** Ist der Zedent – wie hier – nicht Inhaber der Hypothek, kann die **fehlende Berechtigung** im Falle ihrer Übertragung nach Maßgabe des § 892 BGB überwunden werden.

2 Im Falle der Buchhypothek ist die Abtretung in das Grundbuch einzutragen, § 1154 III BGB.
3 Siehe hierzu BeckOK-BGB/*Rohe*, § 1154 Rn. 15.
4 BayObLG 1987, 97 (102).

Dies gilt unabhängig von § 1138 BGB, der lediglich das Bestehen der gesicherten Forderung fingiert, nicht jedoch die fehlende Berechtigung hinsichtlich der Hypothek als solcher ersetzt.

Ein gutgläubiger Zweiterwerb der Hypothek ist nach § 892 I S. 1 BGB ausgeschlossen, 484
wenn ein Widerspruch gegen die Eintragung der Hypothek im Grundbuch eingetragen ist oder dem Erwerber die Unrichtigkeit bekannt ist. Maßgeblicher Zeitpunkt ist insoweit die Vollendung des Rechtserwerbs. Diese trat im vorliegenden Fall bereits am 6.8.1930 mit der formwirksamen Abtretung der vermeintlichen Forderung sowie der Aushändigungsvereinbarung im Sinne des § 1117 II BGB ein; auf die spätere Aushändigung des Hypothekenbriefs durch das Grundbuchamt kommt es – wie gezeigt – nicht an. Zu Recht geht das RG daher davon aus, dass die erst im September 1930 erlangte Kenntnis des B von der fehlenden Forderung unbeachtlich ist.

Da die Briefhypothek außerhalb des Grundbuchs übertragen werden kann und § 892 485
BGB insoweit keinen unmittelbaren Schutz vermittelt, bestehen im Hinblick auf ihren gutgläubigen Zweiterwerb Besonderheiten. So erstreckt § 1155 BGB den Gutglaubensschutz der §§ 891 ff. BGB auf Fälle, in denen der Zedent im Besitz des Hypothekenbriefs ist und sein Recht durch eine ununterbrochene Reihe öffentlich beglaubigter Abtretungserklärungen auf den zuletzt im Grundbuch eingetragenen Gläubiger zurückführen kann. Darüber hinaus kann der Hypothekenbrief gemäß § 1140 BGB den Rechtsschein des Grundbuchs erschüttern. Dies ist etwa der Fall, wenn sich aus einem Vermerk auf dem Hypothekenbrief ergibt, dass die gesicherte Forderung bereits vollständig oder teilweise (vgl. § 1145 BGB) getilgt wurde.[5]

5. Nach dieser Maßgabe konnte B vorliegend nach herrschender Ansicht[6] gutgläubig eine 486
Hypothek erwerben, obwohl es an der zu sichernden Forderung fehlt (sog. **forderungsentkleidete Hypothek**). Teilweise wird demgegenüber vertreten, der Erwerber könne über § 1138 BGB mangels einer zu sichernden Forderung lediglich eine Grundschuld erwerben.[7] In jedem Fall ist K nach § 894 BGB jedoch nicht berechtigt, die Zustimmung zur Eintragung einer Eigentümergrundschuld zu verlangen.

6. Darüber hinaus verlangt K von B die **Herausgabe des Hypothekenbriefs.** Ein sol- 487
cher Anspruch könnte sich aus § 985 BGB ergeben. Voraussetzung hierfür ist, dass K Eigentümer des Hypothekenbriefs ist. Gemäß § 952 I, II BGB folgt das Eigentum am Hypothekenbrief der Inhaberschaft der Hypothek. K kann den Brief daher nur dann herausverlangen, wenn ihm auch das Grundpfandrecht zusteht – was, wie gezeigt, nicht der Fall ist. Mangels Eigentums steht K somit kein Herausgabeanspruch gegen B zu.

V. Vertiefungsfragen

1. Warum ordnen §§ 1163 I, 1177 I BGB beim Wegfall der gesicherten Forderung die 488
Umwandlung der Hypothek in eine Eigentümergrundschuld an, anstatt die Hypothek ersatzlos untergehen zu lassen?
→ siehe etwa *Wieling/Finkenauer*, Sachenrecht, § 30 Rn. 1

5 Siehe *Prütting*, Sachenrecht, Rn. 652.
6 Unter Verweis auf § 1138 BGB *Westermann/Gursky/Eickmann*, Sachenrecht, § 104 Rn. 6; siehe etwa auch Grüneberg/*Herrler*, BGB § 1138 Rn. 6; Staudinger/*Wolfsteiner*, BGB, § 1138 Rn. 8; *Wellenhofer*, Sachenrecht, § 27 Rn. 51.
7 Umfassend *Maurer* Jura 2021, 369 (373); *Prütting*, Sachenrecht, Rn. 693.

2. B gewährt S ein Darlehen und lässt sich zur Absicherung des Rückzahlungsanspruchs wirksam eine Hypothek an einem Grundstück der S bestellen. In der Folge tritt B ihre Forderung gegen S formwirksam an C ab. C überträgt Forderung und Hypothek ihrerseits formgerecht an den gutgläubigen D. Später stellt sich heraus, dass B bei der Abtretung an C geschäftsunfähig war. Wer ist Inhaber der Forderung, und wer ist Inhaber der Hypothek?
→ siehe etwa *Kainer*, Sachenrecht, § 37 Rn. 57

Weitere Vertiefung und Wiederholung bei Jurafuchs auf jurafuchs.de oder in der Jurafuchs App:

Fall 24: Überforderte Sicherungsgeber

BGH, Urteil vom 19.6.2002 – IV ZR 168/01 = BGHZ 152, 147 = NJW 2002, 2633

Bestellung einer Grundschuld und ihre Sittenwidrigkeit | Vollstreckungsabwehrklage (§ 767 ZPO)

I. Sachverhalt

K und L sind ältere Eheleute und Miteigentümer einer selbst bewohnten Immobilie. Am 29.12.1997 bestellten sie zugunsten der Bank (B) eine Grundschuld über 150.000 DM an ihrem Grundstück und unterwarfen sich zugleich der sofortigen Zwangsvollstreckung aus der notariellen Urkunde. Die Grundschuld diente zur Sicherung mehrerer Darlehen, welche die B dem Schwiegersohn der K und L gewährt hatte. Dieser verwendete die Mittel teilweise zur Sanierung eines Unternehmens, an dem er beteiligt war. 489

Nach dem Tod des Schwiegersohns wurden die Darlehen nicht mehr bedient. B betreibt daraufhin die Zwangsvollstreckung in das Grundstück der K und L. Diese wenden sich hiergegen mit der Vollstreckungsabwehrklage.

II. Zentrale Probleme

Mit einer Vollstreckungsabwehrklage gemäß § 767 ZPO kann geltend gemacht werden, dass dem titulierten Anspruch materiellrechtliche Einwendungen entgegenstehen. Der Vollstreckungstitel beruht hier auf der notariellen Unterwerfungserklärung (§ 794 I Nr. 5 ZPO) und betrifft einen Anspruch auf Duldung der Zwangsvollstreckung aus der Grundschuld (§§ 1192 I, 1147 BGB). 490

Als Einwendung kommt in Betracht, dass die Bestellung der Grundschuld sittenwidrig und damit gemäß § 138 I BGB unwirksam ist. Dies liegt vor dem Hintergrund der Rechtsprechung zur Sittenwidrigkeit von Bürgschaften bei krasser finanzieller Überforderung von Angehörigen nahe. Der Fall wirft damit die zentrale Frage auf, ob diese Grundsätze auf die Bestellung einer Sicherungsgrundschuld übertragbar sind oder ob die strukturellen Unterschiede der Haftung einer solchen Übertragung entgegenstehen. 491

III. Die Entscheidung des BGH

Der BGH rekapituliert zunächst seine Rechtsprechung zur Sittenwidrigkeit einer Bürgschaft: 492

> 1. Nach gefestigter Rechtsprechung des Bundesgerichtshofs kann eine Bürgschaft sittenwidrig und damit nichtig sein, wenn ihr Verpflichtungsumfang die finanzielle Leistungsfähigkeit des Bürgen erheblich übersteigt und weitere Umstände hinzukommen, durch die ein unerträgliches Ungleichgewicht zwischen den Vertragspartnern hervorgerufen wird, welches die Verpflichtung des Bürgen auch unter Berücksichtigung der berechtigten Belange des Gläubigers als rechtlich nicht mehr hinnehmbar erscheinen läßt. Das gilt im besonderen Maße für eine Haftungsübernahme, die aus emotionaler Verbundenheit mit dem Schuldner erfolgt […] (juris, Rn. 7)

493 Diese Grundsätze überträgt der BGH jedoch nicht auf die Grundschuld. Zur Begründung führt er aus:

> […] Haftungsgrundlage ist die mit dem Grundpfandrecht belastete Immobilie. Allein wegen dieses Vermögensgegenstandes laufen die Kläger Gefahr, wegen der besicherten Verbindlichkeiten in Anspruch genommen zu werden. Schon das steht einer Gleichsetzung mit einem Bürgen, der mit seinem gesamten Einkommen und Vermögen der Haftung unterliegt, entgegen. Wegen ihrer dinglich beschränkten Haftung droht den Klägern keine weitergehende Inanspruchnahme. Anders als beim Bürgen kann sich ein besonders grobes Mißverhältnis zwischen der übernommenen Zahlungsverpflichtung und der wirtschaftlichen Leistungsfähigkeit grundsätzlich nicht ergeben. Können die Kläger über die von ihnen gestellte Sicherheit die Verbindlichkeiten ihres verstorbenen Schwiegersohnes nicht zurückführen, ist der Beklagten der Zugriff auf laufende Renteneinkünfte oder auf das übrige Vermögen verwehrt. (juris, Rn. 8)
>
> 2. Durch den Einsatz ihres Grundstücks als Sicherheit haben die Kläger zudem gezeigt, daß sie über Vermögen verfügen. Das unterscheidet sie von einem finanziell nicht leistungsfähigen Bürgen. […] Die Vorschrift des § 138 Abs. 1 BGB will den Sicherungsgeber nicht davor bewahren, einen Vermögensgegenstand als Sicherheit zu geben, bei dessen Verwertung er neben wirtschaftlichen auch persönliche Nachteile, wie etwa den Verlust des langjährig genutzten Eigenheimes, erleidet. Der Einsatz des einzigen oder letzten Vermögensgutes als Sicherungsmittel ist nicht ohne Weiteres verwerflich im Sinne des § 138 Abs. 1 BGB. […] (juris, Rn. 9)

494 Mangels einer materiellrechtlichen Einwendung gegen den titulierten Anspruch auf Duldung der Zwangsvollstreckung bleibt die Vollstreckungsabwehrklage der Kläger damit ohne Erfolg.

IV. Rechtliche Einordnung

495 **1.1** Das Zwangsvollstreckungsrecht ist durch den Grundsatz der Formalisierung geprägt: Im Interesse von Schnelligkeit und Rechtssicherheit kommt es für die Zulässigkeit der Vollstreckung grundsätzlich nicht darauf an, ob der titulierte Anspruch materiellrechtlich besteht. Der Schuldner kann materiellrechtliche Einwendungen jedoch im Wege der **Vollstreckungsabwehrklage gemäß § 767 ZPO** geltend machen und so ein Urteil erwirken, das die Zwangsvollstreckung für unzulässig erklärt (§ 775 Nr. 1 ZPO).

496 Wird die Vollstreckung – wie hier – nicht aus einem Urteil, sondern aus einem anderen Vollstreckungstitel im Sinne des § 794 ZPO betrieben, ergibt sich die entsprechende Anwendbarkeit des § 767 ZPO aus § 795 ZPO.

497 **1.2** Die Vollstreckungsabwehrklage ist begründet, wenn dem titulierten Anspruch materiellrechtliche Einwendungen entgegenstehen – sei es in Form rechtshindernder, rechtsvernichtender oder rechtshemmender Einwendungen. Ihre Geltendmachung unterliegt jedoch der Präklusionsregel des § 767 II ZPO: Einwendungen sind danach grundsätzlich nur insoweit zulässig, als die Gründe, auf denen sie beruhen, erst nach Schluss der mündlichen Verhandlung im Erkenntnisverfahren entstanden sind. Diese Regelung dient dem Schutz der materiellen Rechtskraft und greift daher nur bei rechtskraftfähigen Titeln, insbesondere bei Urteilen. Sie schließt insoweit rechtshindernde Einwendungen aus, die bereits die Entstehung des Anspruchs betreffen (etwa Nichtigkeit nach §§ 105, 125, 134 BGB).

Anders liegt es bei der Vollstreckung aus einer notariellen Urkunde. Mangels materieller Rechtskraft findet § 767 II ZPO gemäß § 797 IV ZPO keine Anwendung. Auch rechtshindernde Einwendungen können daher gegen einen solchen Titel geltend gemacht werden.[1] 498

2.1 Dies ist für den vorliegenden Fall von entscheidender Bedeutung, da K und L geltend 499 machen, die zugunsten der B bestellte Grundschuld sei nichtig. Wäre dies zutreffend, fehlte es an einem wirksamen Grundpfandrecht, sodass der Beklagten kein Anspruch auf Duldung der Zwangsvollstreckung aus §§ 1192 I, 1147 BGB zustünde.

Die **Bestellung einer Grundschuld** als dingliches Recht an einem Grundstück richtet 500 sich zunächst nach § 873 BGB und setzt eine Einigung sowie die Eintragung in das Grundbuch voraus. Bei der Briefgrundschuld treten Ausstellung und Übergabe des Grundschuldbriefs hinzu (§§ 1192 I, 1116 I, 1117 I S. 1 BGB), wobei die Übergabe durch die Surrogate des § 1117 I S. 2, II BGB ersetzt werden kann. Die Buchgrundschuld entsteht demgegenüber durch Ausschluss der Brieferteilung, die ihrerseits der Einigung und Eintragung bedarf (§§ 1192 I, 1116 II BGB).

2.2 Der zentrale Unterschied zwischen Grundschuld und Hypothek besteht darin, dass 501 Letztere akzessorisch ausgestaltet ist und damit das Bestehen einer zu sichernden Forderung voraussetzt. Die Grundschuld ist demgegenüber in ihrem Bestand **von einer Forderung unabhängig**. Zwar wird auch sie regelmäßig zur Sicherung einer Forderung bestellt (Sicherungsgrundschuld, § 1192 Ia BGB); die Verknüpfung erfolgt jedoch nicht dinglich, sondern ausschließlich schuldrechtlich durch einen Sicherungsvertrag. Dieser begrenzt die Rechtsmacht des Grundschuldgläubigers im Innenverhältnis auf das Maß des gesicherten Kausalverhältnisses und schützt so den Sicherungsgeber vor einer darüber hinausgehenden Inanspruchnahme.[2]

3.1 Da die Voraussetzungen einer wirksamen Grundschuldbestellung nach §§ 873, 502 1192 I BGB im vorliegenden Fall dem Grunde nach erfüllt waren, kommt es entscheidend auf die Frage an, ob die Bestellung gleichwohl wegen Sittenwidrigkeit gemäß § 138 I BGB nichtig ist. Sittenwidrig ist jedes Rechtsgeschäft, das gegen das Anstandsgefühl aller billig und gerecht Denkenden verstößt.[3] Bei der Beurteilung dinglicher Geschäfte ist dabei besondere Sorgfalt geboten: Aufgrund des Abstraktionsprinzips erfasst die Sittenwidrigkeit des Verpflichtungsgeschäfts das Verfügungsgeschäft im Regelfall nicht ohne Weiteres. Nichtig ist das Verfügungsgeschäft jedoch dann, wenn sich die Sittenwidrigkeit gerade aus ihm selbst ergibt oder mit ihm eigenständige sittenwidrige Zwecke verfolgt werden. Dies kommt etwa bei einer Globalzession oder Sicherungsübereignung in Betracht, die zu einer anfänglichen Übersicherung führt, d. h., wenn bereits bei Vertragsschluss feststeht, dass im Verwertungsfall ein auffälliges Missverhältnis zwischen dem realisierbaren Wert der Sicherheit und der gesicherten Forderung bestehen wird.[4]

3.2 Im vorliegenden Fall stellt sich die Frage, ob die Grundschuldbestellung deshalb 503 sittenwidrig ist, weil K und L aus familiärer Verbundenheit das Haftungsrisiko für ihren Schwiegersohn übernommen haben. Maßgeblich könnte insoweit die Rechtsprechung zur Sittenwidrigkeit von Bürgschaften naher Angehöriger sein. Danach begründet die krasse finanzielle Überforderung eines emotional verbundenen Bürgen eine widerlegli-

1 MüKo-ZPO/*Schmidt/Brinkmann*, § 767 Rn. 59.
2 Siehe hierzu Fall 25 – Isolierte Grundschuld.
3 BGH NJW 1999, 2266 (2267).
4 BGH NJW 1998, 2047.

che Vermutung für die Sittenwidrigkeit, wenn die Bank die familiäre Verbundenheit in sittlich anstößiger Weise ausnutzt.[5]

504 Der BGH lehnt eine Übertragbarkeit dieser Maßstäbe auf die Bestellung einer Grundschuld jedoch aus zwei Gründen ab. Zum einen unterscheiden sich Bürgschaft und Grundschuld grundlegend im Haftungsumfang. Während der Bürge persönlich mit seinem gesamten Vermögen haftet (Personalsicherheit), beschränkt sich die Haftung des Grundschuldbestellers darauf, die Zwangsvollstreckung in das belastete Grundstück zu dulden (Realsicherheit). Der beschränkte Haftungsumfang führe dazu, dass der Sicherungsgeber im Falle der Grundschuldbestellung grundsätzlich weniger schutzbedürftig ist als ein Bürge in vergleichbarer Lage. Zum anderen indiziere bereits der Einsatz eines Grundstücks als Sicherheit das Vorhandensein werthaltigen Vermögens, während es an einem entsprechenden Indiz bei der Bürgschaft fehle.

505 **3.3** Fraglich ist jedoch, ob daraus folgt, dass die Bestellung eines Grundpfandrechts generell nicht sittenwidrig sein kann. Zweifel daran weckt die Rechtsprechung des BVerfG zur Inhaltskontrolle von Bürgschaften durch Familienangehörige: Danach muss die Zivilrechtsordnung vor dem Hintergrund der grundrechtlich verbürgten Privatautonomie (Art. 2 I GG) und des Sozialstaatsprinzips (Art. 20 I, 28 I GG) eine ungewöhnliche Belastung des strukturell unterlegenen Vertragsteils angemessen berücksichtigen.[6] Eine solche Belastung kann auch aus der Inanspruchnahme einer Realsicherheit folgen, insbesondere wenn das belastete Grundstück das wesentliche oder sogar einzige Vermögen des Sicherungsgebers darstellt. Es erscheint daher sachgerecht, im Einzelfall zu prüfen, wie sich die Verwertung der Sicherheit auf die Vermögenslage des Sicherungsgebers auswirkt.[7]

V. Vertiefungsfragen

506 **1.** Welche Rechtslage besteht, wenn bei einer Briefgrundschuld der Grundschuldbrief weder übergeben noch ein Übergabesurrogat vereinbart wurde?
→ siehe §§ 1192 I, 1163 II BGB

2. Welche Rechtsfolgen ergeben sich, wenn eine Sicherungsgrundschuld wirksam bestellt wurde, die zu sichernde Forderung jedoch nicht entstanden ist?
→ siehe etwa *Vieweg/Lorz*, Sachenrecht, § 15 Rn. 91

3. Eine Grundschuld kann im Wege der Abtretung übertragen werden (§§ 398, 412 BGB). Bei der Briefgrundschuld hat die Abtretung gemäß §§ 1192 I, 1154 I BGB zu erfolgen; bei der Buchgrundschuld bedarf es gemäß §§ 1192 I, 1154 III BGB neben der Einigung auch der Eintragung ins Grundbuch.
Aufgrund der fehlenden Akzessorietät der Grundschuld gilt das Trennungsverbot des § 1153 II BGB nicht, die zu sichernde Forderung kann damit isoliert von der Grundschuld abgetreten werden. Welche Folgen hat es, wenn die zu sichernde Forderung losgelöst von der Grundschuld abgetreten wird?
→ siehe etwa *Kainer*, Sachenrecht, § 38 Rn. 35 f.

5 BGH NJW 1995, 592 (593 f.); BGH NJW 1996, 2088 (2089); BGH NJW 1998, 597 (598); siehe auch *Denga*, Vertragsrecht, Fall 14 – Sittenwidrigkeit der Bürgschaft.
6 BVerfG NJW 1994, 36 (38).
7 *Wagner* AcP 205 (2005), 715 (723).

V. Vertiefungsfragen

Weitere Vertiefung und Wiederholung bei Jurafuchs auf jurafuchs.de oder in der Jurafuchs App:

Fall 25: Isolierte Grundschuld

BGH, Urteil vom 20.10.2023 – V ZR 9/22 = NJW 2024, 834

Sicherungsgrundschuld | Einreden aus dem Sicherungsvertrag (§ 1192 Ia BGB) | Übergang der Sicherungsgrundschuld bei Schuldübernahme (§ 418 I S. 2 BGB analog)

I. Sachverhalt

507 K war Eigentümer eines mit einem Hotelgebäude bebauten Grundstücks. Im Jahr 1999 veräußerte er das Grundstück an P, die daraufhin als Eigentümerin im Grundbuch eingetragen wurde. Kurze Zeit später erklärte K den Rücktritt vom Kaufvertrag und nahm P gerichtlich auf Rückauflassung und Herausgabe des Grundstücks in Anspruch.

Am 22.2.2003 bestellte P – noch als eingetragene Eigentümerin und während des anhängigen Rechtsstreits über die Rückabwicklung – zugunsten der H eine Sicherungsgrundschuld über 2 Mio. Euro nebst 15 Prozent Zinsen jährlich zur Sicherung eines Darlehens. Die Grundschuld wurde am 11.8.2003 im Grundbuch eingetragen.

Am 25.9.2003 wurde zugunsten des K eine Auflassungsvormerkung im Grundbuch eingetragen.

Im Jahr 2008 wurden die gesicherten Verbindlichkeiten der P umgeschuldet. Zu diesem Zweck gewährte B ein Darlehen über ca. 2,4 Mio. Euro, tilgte damit die Forderungen der H und schloss mit P eine neue Sicherungsabrede, nach der die Grundschuld nunmehr die Ansprüche der B aus dem neuen Darlehen sichern sollte. Die H trat die Grundschuld daraufhin an B ab.

Im Jahr 2009 wurde P rechtskräftig zur Rückübertragung des Grundstücks verurteilt. K wurde daraufhin 2010 wieder als Eigentümer eingetragen; die Eintragung der Grundschuld blieb hiervon unberührt.

Im Jahr 2013 wurde mit Zustimmung der B eine Schuldübernahme vereinbart, durch welche die persönliche Haftung für das Darlehen der P auf die Gesellschaft X überging. K war hieran nicht beteiligt.

Im Jahr 2014 verlangt B von K die Duldung der Zwangsvollstreckung in das Grundstück. K wendet ein, ihm stehe ein Anspruch auf Rückgewähr der Grundschuld zu. Die Grundschuld habe ursprünglich ausschließlich der Sicherung der Forderung der H gedient. Diese sei im Rahmen der Umschuldung erfüllt worden, wodurch ein Rückgewähranspruch entstanden sei. Dieser Anspruch sei ihm jedenfalls im Zusammenhang mit der Rückübertragung des Eigentums auf ihn übergegangen. Hilfsweise macht K geltend, die Grundschuld sei infolge der Schuldübernahme durch X auf ihn als Eigentümer übergegangen.

II. Zentrale Probleme

508 In dem hier bereits stark vereinfachten Sachverhalt verlangt B von K die Duldung der Zwangsvollstreckung aus der Sicherungsgrundschuld. Ein solcher Anspruch kann sich aus §§ 1192 I, 1147 BGB ergeben. Er setzt voraus, dass dem Gläubiger die Grundschuld zusteht, der Anspruchsgegner Eigentümer des Grundstücks ist und die Grundschuld fällig ist. Zweifelhaft erscheint insoweit vor allem, ob B noch Inhaberin der Grundschuld ist. Insbesondere ist zu prüfen, ob die im Jahr 2013 vereinbarte Schuldübernahme dazu

führt, dass die Grundschuld gemäß § 418 I S. 2 BGB auf K als Eigentümer übergegangen ist.

Der Anspruch ist ferner ausgeschlossen, wenn K als Eigentümer Einreden gegen die Grundschuld zustehen. In Betracht kommen insoweit Einreden aus § 1192 Ia BGB i. V. m. §1169 BGB, die einen Anspruch auf Rückgewähr der Grundschuld infolge Wegfalls des Sicherungszwecks voraussetzen. Vor diesem Hintergrund stellen sich mehrere miteinander verknüpfte Fragen: Zunächst ist zweifelhaft, ob K überhaupt in den persönlichen Anwendungsbereich des § 1192 Ia BGB fällt, da er die Grundschuld nicht selbst bestellt hat und nicht Partei des Sicherungsvertrags war, sondern das Grundstück erst später und bereits belastet zurückerlangt hat. Weiter ist zu klären, ob durch die Umschuldung im Jahr 2008 ein Rückgewähranspruch entstanden ist oder ob die Tilgung der ursprünglichen Forderung lediglich im Zusammenhang mit der Begründung neuer Verbindlichkeiten erfolgte und die Grundschuld daher im Rahmen einer fortbestehenden Sicherungsabrede weiterverwendet wurde. Selbst wenn ein Rückgewähranspruch entstanden sein sollte, stellt sich zudem die Frage, ob dieser im Zusammenhang mit der Rückübertragung des Eigentums auf K übergegangen ist oder einer gesonderten Abtretung bedurfte. Schließlich ist zu prüfen, ob K aus der zu seinen Gunsten eingetragenen Auflassungsvormerkung nach § 883 II BGB Schutz gegenüber der späteren Änderung der Sicherungsabrede herleiten kann. 509

III. Die Entscheidung des BGH

Der BGH verneint eine Einrede des K gegen den Anspruch der B auf Duldung der Zwangsvollstreckung aus mehreren Gründen. Insbesondere stehe K kein Anspruch auf Rückgewähr der Grundschuld aus dem Sicherungsvertrag zu: 510

> [10] bb) Aus dem Sicherungsvertrag, der der Grundschuldbestellung vom 22.2.2003 zugrunde liegt, steht dem [K] jedenfalls kein Anspruch auf Rückgewähr der Grundschuld zu. Er war nicht Partei der Sicherungsabrede. [...] Jedenfalls hat die [P] die Grundschuld bestellt und war dazu als damalige Eigentümerin dinglich berechtigt. Ihre Eigentümerstellung war entgegen der Ansicht des BerGer. im Verhältnis zu dem [K] nicht nur formal. Sie konnte trotz der Annahme eines Rückabwicklungsschuldverhältnisses [...] die Grundschuld bestellen [...]. Dass sie sich dadurch möglicherweise Schadensersatzansprüchen aus dem Rückgewährschuldverhältnis aussetzte, hat mit der dinglichen Berechtigung nichts zu tun. Die Grundschuldbestellung ist auch wirksam. [...]

Schon deshalb scheidet ein unmittelbarer Rückgewähranspruch des K aus dem ursprünglichen Sicherungsvertrag aus. Unabhängig davon ist nach Auffassung des BGH bereits zweifelhaft, ob im Zuge der Umschuldung überhaupt ein Rückgewähranspruch zugunsten der P entstanden ist: 511

> [13] [...] Zwar tritt bei einer engen Sicherungsabrede die aufschiebende Bedingung, unter der der Rückgewähranspruch steht, mit der Tilgung der Anlassverbindlichkeit ein [...]. Das BerGer. verkennt jedoch die Wirkungen der im Jahr 2008 durchgeführten Umschuldung. Die Forderungen der [H] wurden nur im Zuge der Begründung neuer Forderungen erfüllt. Das spricht dagegen, dass überhaupt ein fälliger Rückgewähranspruch der [P] entstanden ist. Selbst wenn dies zu bejahen wäre, wäre der Rückgewähranspruch der [P] jedenfalls dadurch erfüllt worden, dass die [H] die Grundschuld in Umsetzung der Umschuldungsvereinbarungen am 17.9.2008 an die [B] abgetreten hat [...].

512 Darüber hinaus könne sich K auch nicht auf § 1192 Ia BGB berufen:

> [15] (a) Nach § 1192 Ia BGB können Einreden, die dem Eigentümer aufgrund des Sicherungsvertrags mit dem bisherigen Gläubiger gegen eine Sicherungsgrundschuld zustehen oder sich aus dem Sicherungsvertrag ergeben, auch jedem Erwerber der Grundschuld entgegengesetzt werden; § 1157 S. 2 BGB, der auf die Vorschriften über den guten Glauben verweist, findet insoweit keine Anwendung. Die durch das Risikobegrenzungsgesetz (v. 12.8.2008, BGBl. 2008 I 1666) eingeführte Vorschrift ist nur für die sicherungsvertraglich (treuhänderisch) gebundene Grundschuld eröffnet.
>
> [16] (b) Daran fehlt es im Verhältnis zu dem [K]. Er ist erst 2010 durch Rückabwicklung des im Jahr 1999 mit der [P] geschlossenen Kaufvertrags (wieder) Eigentümer des Grundstücks geworden. Er hat die Grundschuld 2003 nicht als Eigentümer bestellt und ist auch nicht Sicherungsgeber. Er hat vielmehr das Eigentum an dem Grundstück belastet mit der von der [P] bestellten Sicherungsgrundschuld zurückerlangt. Im Verhältnis zu ihm hat die Grundschuld keinen Bezug zu einer gesicherten Forderung (sog. isolierte Grundschuld [...]). Die Vorschrift des § 1192 Ia BGB findet auf den Erwerber eines bereits mit einer Sicherungsgrundschuld belasteten Grundstücks keine Anwendung; er kann aus dem Wegfall des Sicherungszwecks nur dann eine Einrede herleiten, wenn der Anspruch auf Rückgewähr der Grundschuld an ihn abgetreten wurde oder er in den Sicherungsvertrag eingetreten ist [...].

513 Beides ist hier nicht der Fall (Rn. 17). Auch aus der zugunsten des K eingetragenen Auflassungsvormerkung ergebe sich keine Einrede:

> [20] (1) Gemäß § 883 II 1 BGB ist eine Verfügung, die nach der Eintragung der Vormerkung über das Grundstück oder das Recht getroffen wird, insoweit unwirksam, als sie den gesicherten Anspruch vereiteln oder beeinträchtigen würde. Verfügungen iSd § 883 II BGB sind alle Rechtsgeschäfte, durch die ein bestehendes Recht unmittelbar übertragen, belastet, aufgehoben oder inhaltlich geändert wird [...]. Eine Grundschuldbestellung stellt zwar eine Verfügung iSd § 883 II BGB dar. Die Sicherungsgrundschuld ist hier aber, wie das BerGer. richtig sieht, nicht vormerkungswidrig, weil sie bereits 2003 und damit vor der Vormerkung in das Grundbuch eingetragen worden ist. Sie ist daher vorrangig (§ 883 III BGB). Vor einer Revalutierung einer vorrangigen Sicherungsgrundschuld ist der Eigentümer nicht nach § 883 II BGB geschützt. Auch die Änderung der auf eine vorrangige Grundschuld bezogenen Sicherungsvereinbarung ist keine vormerkungswidrige Verfügung iSv § 883 II BGB. Sie hat keine dingliche Wirkung, sondern betrifft allein das Treuhandverhältnis zwischen Sicherungsgeber und Sicherungsnehmer.

514 Im Ergebnis stehen dem K nach Ansicht des BGH somit keine Einreden gegen die Zwangsvollstreckung aus der Grundschuld zu.

515 Schließlich führe auch die im Jahr 2013 vereinbarte Schuldübernahme nicht zu einem Übergang der Grundschuld auf K:

> [36] (1) Nach § 418 I 1 BGB erlöschen infolge der Schuldübernahme die für die Forderung bestellten Bürgschaften und Pfandrechte. Besteht für die Forderung eine Hypothek oder eine Schiffshypothek, so tritt das Gleiche ein, wie wenn der Gläubiger auf die Hypothek oder die Schiffshypothek verzichtet (§ 418 I 2 BGB). Die Hypothek fällt somit als Eigentümergrundschuld dem Grundstückseigentümer zu (§§ 1168 I, 1177 I BGB).
>
> [37] (2) Der BGH hat diese Grundsätze zwar auf die Sicherungsgrundschuld übertragen. Nach einer Schuldübernahme geht auch eine für die übernommene Schuld bestellte Siche-

> rungsgrundschuld gem. § 418 I 2, §§ 1192 I, 1168 I BGB auf den Grundstückseigentümer über […]. Das folgt aus dem Normzweck. § 418 I 2 BGB dient dem Schutz des Eigentümers, der im Vertrauen auf die Zahlungsfähigkeit und -bereitschaft eines bestimmten Schuldners eine Hypothek bestellt. Er soll im Falle eines ohne seine Einwilligung vorgenommenen Schuldnerwechsels frei werden und nicht für einen anderen, möglicherweise unsicheren Schuldner mit seinem Grundstück haften müssen. In vergleichbarer Situation befindet sich ein Eigentümer, der nicht eine Hypothek, sondern eine Sicherungsgrundschuld bestellt hat. Auch er hat ein schutzwürdiges Interesse daran, nicht ohne seinen Willen für einen anderen Schuldner aufgrund der Grundschuld einstehen zu müssen.
>
> [38] (3) Der Normzweck des § 418 I 2 BGB greift aber nicht ein, wenn der Eigentümer das mit der Grundschuld belastete Grundstück erworben hat, ohne in die Sicherungsabrede einzutreten. Dann hat er kein schützenswertes Vertrauen in die Person des Schuldners gehegt. Nach einer auf die gesicherte Forderung bezogenen Schuldübernahme geht eine Sicherungsgrundschuld nicht auf den Eigentümer über, der das bereits belastete Grundstück erworben hat und nicht Partei der Sicherungsabrede ist. So ist es hier. Der [K] hat sein Grundstück veräußert und die Sicherungsgrundschuld wurde ohne sein Zutun von dem Erwerber, der [P], bestellt. Im Verhältnis zu dem [K], der das Eigentum an dem Grundstück belastet mit der Grundschuld zurückerlangt hat, handelt es sich um eine isolierte Grundschuld. Für diese gilt § 418 I 2 BGB nicht.

Damit kommt der BGH zu dem Ergebnis, dass K weder Einreden aus dem Sicherungsvertrag noch sonstige Einwendungen zustehen und die Grundschuld auch nicht infolge der Schuldübernahme auf ihn übergegangen ist. B kann daher von K die Duldung der Zwangsvollstreckung gemäß §§ 1192 I, 1147 BGB verlangen. 516

IV. Rechtliche Einordnung

1. Nach der Legaldefinition des § 1192 Ia S. 1 BGB ist die **Sicherungsgrundschuld** eine Grundschuld, die zur Sicherung eines Anspruchs bestellt worden ist. Ihr kommt – insbesondere zur Absicherung von Immobiliardarlehen – erhebliche praktische Bedeutung zu. Der wirtschaftliche Sicherungszweck darf dabei nicht darüber hinwegtäuschen, dass die Grundschuld als dingliches Recht vom Bestand der gesicherten Forderung unabhängig ist. Die Verbindung zwischen Grundschuld und Forderung wird jedoch ausschließlich durch einen schuldrechtlichen Sicherungsvertrag hergestellt. Im Verhältnis zwischen Darlehensgeber und Darlehensnehmer (= Sicherungsgeber) sind daher regelmäßig drei Rechtsverhältnisse zu unterscheiden: der Darlehensvertrag (§ 488 BGB), die Bestellung der Grundschuld (§ 873 BGB i. V. m. §§1191 I, 1115 ff. BGB)[1] sowie der schuldrechtliche Sicherungsvertrag. 517

2. In der Fallbearbeitung bereitet der Umstand, dass bei Bestellung einer Sicherungsgrundschuld regelmäßig von einem konkludenten Abschluss eines Sicherungsvertrags auszugehen ist, häufig Schwierigkeiten. Ursache hierfür ist, dass damit zugleich die Kenntnis der wesentlichen **Inhalte typischer Sicherungsverträge** vorausgesetzt wird. 518

2.1 Der Sicherungsvertrag bildet nicht nur den Rechtsgrund für die Bestellung der Grundschuld, sondern bestimmt insbesondere den Sicherungszweck, also die Forderung, für welche die Grundschuld haften soll. Neben der Sicherung einer einzelnen Forderung kann die Grundschuld auch sämtliche Forderungen aus einer laufenden Geschäftsverbin- 519

1 Siehe hierzu Fall 24 – Überforderte Sicherungsgeber.

dung erfassen.[2] Eine nachträgliche Änderung des Sicherungszwecks ist grundsätzlich möglich. Darin liegt jedoch keine Verfügung, sodass eine Vormerkung hiergegen keinen Schutz vermittelt (Rn. 20).

520 Kommt die gesicherte Forderung nicht (vollständig) zustande, steht dem Sicherungsgeber gegen die Inanspruchnahme aus der Grundschuld kraft des Sicherungsvertrags die sog. Einrede der (teilweisen) Nichtvalutierung zu. Zugleich hat er einen Anspruch auf Rückgewähr der Grundschuld. Umstritten ist insoweit lediglich die dogmatische Herleitung dieses Anspruchs: In Betracht kommt sowohl ein bereicherungsrechtlicher Anspruch (§ 812 I S. 2 Alt. 2 BGB)[3] als auch ein vertraglicher Anspruch, wobei insoweit – im Ergebnis von geringer praktischer Bedeutung – entweder unmittelbar auf den Sicherungsvertrag[4] oder auf § 346 I BGB[5] abgestellt wird.

521 Einigkeit besteht dagegen für den Fall, dass die gesicherte Forderung nachträglich wegfällt, etwa durch Erfüllung. In diesem Fall ergibt sich der Rückgewähranspruch unmittelbar aus dem Sicherungsvertrag.[6] Dieser Anspruch steht unter der aufschiebenden Bedingung des endgültigen Wegfalls des Sicherungszwecks, insbesondere durch eine Tilgung der gesicherten Forderung.[7] Dem Sicherungsgeber stehen dabei verschiedene Möglichkeiten offen: Er kann die Löschung der Grundschuld (§ 875 BGB i. V. m. §§1192 I, 1183 BGB), einen Verzicht (§§ 1192 I, 1168 BGB) oder die Übertragung der Grundschuld auf sich oder einen Dritten verlangen. In jedem Fall kann er dem Gläubiger im Falle der Inanspruchnahme aus der Grundschuld die Einrede aus §§ 1192 I, 1169 BGB entgegenhalten, sofern der Sicherungszweck entfallen ist.

522 **2.2** Mit der Vereinbarung eines Sicherungszwecks geht regelmäßig auch ein **Verbot der isolierten Abtretung der Grundschuld** einher. Aufgrund des rein schuldrechtlichen Charakters des Sicherungsvertrags und der fehlenden Akzessorietät der Grundschuld bleibt deren (dingliche) Abtretbarkeit hiervon jedoch unberührt; ein Verstoß gegen den Sicherungsvertrag wirkt lediglich inter partes.

523 Weniger eindeutig ist, ob ein **Verbot der isolierten Abtretung der gesicherten Forderung** lediglich schuldrechtliche oder auch dingliche Wirkung (§ 399 BGB) entfaltet. Ausgehend vom Grundsatz der freien Abtretbarkeit von Forderungen (§ 398 BGB) verlangt der BGH für ein Abtretungsverbot im Sinne des § 399 Alt. 2 BGB eine ausdrückliche Vereinbarung; konkludent lasse sich regelmäßig nur eine schuldrechtliche Bindung zur Wahrung des Sicherungszwecks annehmen.[8] Die Gegenansicht befürwortet demgegenüber die Annahme eines konkludent vereinbarten Abtretungsausschlusses nach § 399 BGB, um ein Auseinanderfallen von Forderung und Grundschuld möglichst zu vermeiden.[9]

524 **2.3** Schließlich ist die Bestimmung der **Fälligkeit der Grundschuld** ein zentrales Element des Sicherungsvertrags. Bereits die Bestellung einer Sicherungsgrundschuld impliziert, dass eine Verwertung grundsätzlich erst nach Fälligkeit der gesicherten Forderung erfolgen darf.[10] Darüber hinaus können die Parteien gemäß § 1193 II S. 1 BGB grund-

2 BGH NJW 2022, 2544 ff.
3 *Westermann/Gursky/Eickmann*, Sachenrecht, § 114 Rn. 26.
4 *Wellenhofer*, Sachenrecht, § 28 Rn. 26; *Baur/Stürner*, Sachenrecht, § 45 Rn. 26.
5 *Medicus/Petersen*, Bürgerliches Recht, Rn. 496.
6 BGH NJW 2019, 439 Rn. 22.
7 BGH NJW 2024, 834 Rn. 13.
8 BGH NJW-RR 1991, 305; BGH NJW 2007, 2106 Rn. 14.
9 *Wieling/Finkenauer*, Sachenrecht, § 33 Rn. 8.
10 BGH NJW 2019, 439 Rn. 22.

sätzlich weitere Vereinbarungen treffen, insbesondere hinsichtlich des gesetzlichen Kündigungserfordernisses und der Kündigungsfrist von sechs Monaten (§ 1193 I BGB). Im Falle der Sicherungsgrundschuld ist eine von § 1193 I BGB abweichende Vereinbarung über die Kündigung jedoch nach § 1193 II S. 2 BGB unzulässig.

3. Für den vorliegenden Fall kommt dem Sicherungsvertrag hingegen keine unmittelbare Bedeutung zu (Rn. 10), weil dieser allein zwischen P und H bzw. im Zuge der Umschuldung zwischen P und B geschlossen wurde. K versuchte daher, eine Einrede gegen die Inanspruchnahme durch B aus § 1192 Ia BGB herzuleiten. 525

3.1 Hintergrund der Regelung ist, dass eine Grundschuld ohne Mitwirkung des Eigentümers auf Dritte übertragen werden kann. § 1192 Ia BGB soll den Eigentümer in diesem Fall davor schützen, seine Einreden aus dem mit dem ursprünglichen Gläubiger geschlossenen Sicherungsvertrag zu verlieren, indem der Erwerber die Grundschuld nach §§ 892, 1157 S. 2 BGB gutgläubig einredefrei erwirbt. Die Vorschrift ordnet daher an, dass Einreden, die dem Eigentümer aufgrund des Sicherungsvertrags gegen den bisherigen Gläubiger zustehen oder sich aus diesem ergeben, auch dem Erwerber der Grundschuld entgegengehalten werden können; § 1157 S. 2 BGB findet insoweit keine Anwendung. 526

3.2 Erfasst werden zunächst solche Einreden, deren Voraussetzungen bereits im Zeitpunkt der Übertragung der Grundschuld vollständig vorlagen. Hierzu gehören insbesondere die Einrede der (teilweisen) Nichtvalutierung sowie Einreden aufgrund des vollständigen oder teilweisen Erlöschens der gesicherten Forderung. Darüber hinaus erfasst die Vorschrift auch Einreden, die im Sicherungsvertrag bereits angelegt sind, deren Voraussetzungen jedoch erst nach der Abtretung eintreten, etwa wenn die gesicherte Forderung nach Übertragung der Grundschuld gegenüber dem bisherigen Gläubiger erfüllt wird. 527

Zu beachten ist allerdings, dass § 1192 Ia BGB ausschließlich Einreden aus dem Sicherungsvertrag erfasst. Für sonstige Einreden, insbesondere solche gegen den dinglichen Bestand der Grundschuld, verbleibt es bei den allgemeinen Regeln des § 1157 BGB, sodass insoweit ein gutgläubig einredefreier Erwerb möglich ist. 528

3.3 Mit Blick auf den Schutzzweck des § 1192 Ia BGB, dem Eigentümer die Einreden aus dem Sicherungsvertrag zu erhalten, setzt seine Anwendbarkeit voraus, dass dem Eigentümer diese Einreden ursprünglich zustanden. Dies erfordert wiederum, dass der Eigentümer Partei des Sicherungsvertrags ist oder die entsprechenden Rechte wirksam erworben hat. Daran fehlte es im vorliegenden Fall (Rn. 16). 529

V. Vertiefungsfragen

1. Der Eigentümer ist gemäß §§ 1192 I, 1142 BGB berechtigt, zur Abwendung der Zwangsvollstreckung in sein Grundstück auf die Grundschuld zu leisten. 530

1.1 Ist der Eigentümer zugleich persönlicher Schuldner der gesicherten Forderung, stellt sich die Frage, ob seine Leistung als Tilgung der Forderung oder als Leistung auf die Grundschuld zu qualifizieren ist. Nach welchen Kriterien ist diese Abgrenzung vorzunehmen?
→ siehe etwa *Vieweg/Lorz*, Sachenrecht, § 15 Rn. 107 f.; *Wellenhofer*, Sachenrecht, § 28 Rn. 43

1.2 Welche Rechtsfolgen treten ein, wenn der Eigentümer auf die Grundschuld leistet?
→ siehe etwa *Vieweg/Lorz*, Sachenrecht, § 15 Rn. 107 ff.; *Kainer*, Sachenrecht, § 38 Rn. 46 ff.; *Lüke*, Sachenrecht, Rn. 781 ff.; *Wellenhofer*, Sachenrecht, § 28 Rn. 41

2. Sicherungsgeber und persönlicher Schuldner der gesicherten Forderung müssen nicht identisch sein. Leistet der Eigentümer in einem solchen Fall an den Grundschuldgläubiger, ist seine Leistung nicht als Erfüllung der gesicherten Forderung, sondern als Ablösung der Grundschuld zu verstehen. Welche Rechtsfolgen hat eine solche Zahlung – einerseits für den Bestand der Grundschuld, andererseits für die gesicherte Forderung?
→ siehe etwa *Vieweg/Lorz*, Sachenrecht, § 15 Rn. 110; *Kainer*, Sachenrecht, § 38 Rn. 48 f.; *Lüke*, Sachenrecht, Rn. 788; *Wellenhofer*, Sachenrecht, § 28 Rn. 36 ff.

3. Auch Dritte können ein Interesse daran haben, die Zwangsvollstreckung in ein Grundstück abzuwenden, etwa nachrangige Grundpfandgläubiger oder Mieter. Nach §§ 1192 I, 1150 BGB i. V. m. §268 BGB ist zur Ablösung berechtigt, wer Gefahr läuft, durch die Zwangsvollstreckung ein Recht an dem Grundstück oder den Besitz daran zu verlieren. Da das Ablösungsrecht an die Gefährdung der dinglichen oder besitzrechtlichen Stellung anknüpft,[11] ist davon auszugehen, dass eine Leistung des Dritten nicht auf die gesicherte Forderung, sondern auf die Grundschuld selbst erfolgt. Welche Rechtsfolgen hat diese Leistung für die Grundschuld und die Forderung?
→ siehe etwa *Vieweg/Lorz*, Sachenrecht, § 15 Rn. 112; *Kainer*, Sachenrecht, § 38 Rn. 51; *Lüke*, Sachenrecht, Rn. 789 ff.; *Wellenhofer*, Sachenrecht, § 28 Rn. 46

Weitere Vertiefung und Wiederholung bei Jurafuchs auf jurafuchs.de oder in der Jurafuchs App:

11 MüKo-BGB/*Lieder*, § 1191 Rn. 147.

Fall 26: Streitende Sicherungsgeber

BGH, Urteil vom 29.6.1989 – IX ZR 175/88 = BGHZ 108, 179 = NJW 1989, 2530

Verhältnis von Bürgschaft und dinglichen Sicherungsrechten

I. Sachverhalt

K und B sind neben einem weiteren Gesellschafter (S) an der R-GmbH beteiligt. Das Stammkapital der Gesellschaft beträgt 50.000 Euro; hiervon entfallen auf B 20.000 Euro, auf K und S jeweils 15.000 Euro. 531

Die R-GmbH nahm bei einer Bank einen Kredit in Höhe von 110.000 Euro auf. Zur Sicherung dieser Forderung übernahmen K und B jeweils selbstschuldnerische Bürgschaften. Zusätzlich bestellte die außenstehende W zur Sicherung derselben Verbindlichkeit Grundschulden an ihren Grundstücken.

Nachdem die R-GmbH zahlungsunfähig geworden war und ihre Verbindlichkeiten nicht mehr bedienen konnte, nahm die Bank sowohl K aus der Bürgschaft als auch W aus den Grundschulden in Anspruch. W zahlte infolge der Verwertung ihrer Grundstücke 95.000 Euro an die Bank. K leistete weitere 15.000 Euro, wodurch die Forderung vollständig getilgt wurde.

K verlangt von B anteiligen Ausgleich in Höhe von 6.000 Euro (2/5 von 15.000 Euro) und legt dabei zugrunde, dass B entsprechend seinem Gesellschaftsanteil von 2/5 für die Verbindlichkeiten einzustehen habe. B beruft sich demgegenüber auf die Aufrechnung mit einem Ausgleichsanspruch der W, den diese an ihn abgetreten hat.

II. Zentrale Probleme

Im Falle der Befriedigung des Gläubigers durch einen Bürgen besteht zwischen Mitbürgen grundsätzlich ein Ausgleichsanspruch nach §§ 774 II, 426 BGB. K hat daher gegen B dem Grunde nach einen Anspruch auf anteiligen Ausgleich erworben. Fraglich ist jedoch, ob dieser Anspruch durch Aufrechnung gemäß § 389 BGB erloschen ist. 532

Voraussetzung hierfür ist, dass B eine durchsetzbare Gegenforderung gegen K zusteht. Ein eigener Anspruch des B ist nicht ersichtlich. In Betracht kommt jedoch ein Ausgleichsanspruch der W, den diese wirksam an B abgetreten haben könnte. W könnte ihrerseits gegen K einen Anspruch auf anteiligen Ausgleich haben, weil sie durch die Verwertung ihrer Grundstücke die Verbindlichkeit der R-GmbH in erheblichem Umfang getilgt hat, für die auch K als Bürge einzustehen hatte. Voraussetzung hierfür ist jedoch, dass zwischen W als dinglicher Sicherungsgeberin und K als Bürge überhaupt ein Innenausgleich stattfindet. 533

Damit stellt sich die zentrale Frage des Falles, ob und nach welchen Grundsätzen zwischen mehreren auf gleicher Stufe stehenden Sicherungsgebern – insbesondere zwischen Bürgen und dem Besteller einer dinglichen Sicherheit – ein Innenausgleich erfolgt. 534

III. Die Entscheidung des BGH

Der BGH stellt zunächst die im Schrifttum vertretenen Auffassungen dar: 535

> [16] a) Im Schrifttum ist umstritten, ob und in welcher Weise bei mehrfacher Sicherung durch eine Bürgschaft und durch eine dingliche Sicherheit ein Ausgleich im Verhältnis zwi-

> schen dem Bürgen und dem Besteller der dinglichen Sicherheit verlangt werden kann. Es wird die Auffassung vertreten, ohne eine Vereinbarung im Innenverhältnis gebe es keinen Rückgriff. Die Last treffe daher allein den zuerst in Anspruch genommenen Drittsicherer [...]. Eine andere Auffassung nimmt ein einseitiges Rückgriffsrecht allein des Bürgen an. Zur Begründung wird auf die Vorzugsstellung des Bürgen gegenüber anderen Sicherern verwiesen, wie sie in § 776 BGB, aber auch in §§ 768, 771 BGB zum Ausdruck komme [...]. Eine dritte Rechtsmeinung befürwortet im Verhältnis von Bürgen und dinglichem Sicherer einen gegenseitigen Ausgleich, der nicht von den Zufälligkeiten des ersten Zugriffs abhängen dürfe, wie sie bei einer rein mechanischen Anwendung des Gesetzes aufträten [...]. (juris, Rn. 16)

536 Ausgangspunkt der Problematik ist die fehlende ausdrückliche gesetzliche Regelung der Ausgleichsansprüche zwischen verschiedenen Sicherungsgebern. Diese führt bei strenger Lesart dazu, dass die endgültige Lastenverteilung maßgeblich davon abhängt, welcher Sicherungsgeber zuerst in Anspruch genommen wird:

> [20] Wird der Bürge vom Gläubiger in Anspruch genommen, gehen nach § 774 Abs. 1 Satz 1, §§ 412, 401 Abs. 1 BGB mit der Hauptforderung die akzessorischen Nebenrechte auf ihn über. Die Grundschuld wird als nichtakzessorisches Recht von § 401 BGB nicht erfaßt. Zahlt der Grundstückseigentümer, der nicht persönlicher Schuldner ist, auf die Grundschuld, erlischt die gesicherte Forderung zunächst nicht; sie geht indes auch nicht kraft Gesetzes auf den Grundschuldbesteller über, der ohne einen Übergang der Hauptforderung auch die Rechte aus der Bürgschaft nicht erlangen kann (§ 401 Abs. 1 BGB). Eine entsprechende Anwendung des § 1143 Abs. 1 BGB auf die Grundschuld ist ausgeschlossen. Diese Vorschrift beruht auf dem Grundsatz der untrennbaren Verbindung zwischen Hypothek und gesicherter Forderung. Sie ist daher auf die in ihrem Bestand von der persönlichen Forderung unabhängige Grundschuld nicht nach § 1192 Abs. 1 BGB übertragbar [...]. Danach träfe im Verhältnis von Grundschuldbesteller und Bürge die Haftung immer denjenigen, der vom Gläubiger als erster in Anspruch genommen wird. (juris, Rn. 20)

537 Der BGH hält dieses Ergebnis für unbillig und entwickelt im Wege der Rechtsfortbildung einen allgemeinen Ausgleichsgrundsatz. Danach sind mehrere gleichrangige Sicherungsgeber mangels abweichender Vereinbarung entsprechend § 426 I BGB zum Innenausgleich verpflichtet:

> [24] Der Senat hält es daher zur Vermeidung von Zufallsergebnissen für geboten, für den Besteller einer Grundschuld im Wege der Rechtsfortbildung den allgemeinen Rechtsgedanken anzuwenden, daß mehrere auf gleicher Stufe stehende Sicherungsgeber ohne eine zwischen ihnen getroffene Vereinbarung untereinander entsprechend den Gesamtschuldregeln (§ 426 Abs. 1 BGB) zur Ausgleichung verpflichtet sind. Dabei verkennt der Senat nicht die Schwierigkeiten, die im Einzelfall bei der Gestaltung des Innenausgleichs und der Bestimmung des Verteilungsschlüssels auftreten und die gegebenenfalls gewisse Korrekturen des dargelegten Grundsatzes erforderlich machen können [...]. Diese Schwierigkeiten sind indes zugunsten eines einheitlichen Ausgleichsprinzips hinzunehmen. Immerhin zeigen die §§ 774, 1143, 1225 BGB, daß dem Gesetz Ausgleichsansprüche zwischen Mitsicherern nicht fremd sind. Diesen Vorschriften steht allerdings § 1173 Abs. 1 BGB gegenüber, der nur das dingliche Recht betrifft und deshalb nach § 1192 Abs. 1 BGB auch für die Gesamtgrundschuld gilt [...]. Die regreßlose Ausgestaltung der Gesamthypothek ist jedoch als Ausnahmeregelung zu sehen, die auf andere Fälle nicht ausgedehnt werden kann [...]. Vor dem Hintergrund dieser Vorschriften leitet der Senat die Ausgleichspflicht aus den

> schuldrechtlichen Sicherungsverträgen zwischen dem Gläubiger und den Sicherungsgebern über § 242 BGB her. Ungeachtet des unterschiedlichen Inhalts der Verträge, insbesondere der vielfältigen Sicherungsmittel, die vereinbart werden können, verfolgen sämtliche Sicherungsgeber, die gleichrangige Sicherheiten gewähren, den gemeinsamen Zweck, die Hauptschuld des Gläubigers zu sichern. Dies ist die innere Rechtfertigung dafür, ihnen beim Fehlen anderweiter Vereinbarungen gegenseitige Ausgleichsansprüche selbst dann zuzubilligen, wenn wegen des unterschiedlichen Inhalts der Haftung zwischen ihnen ein echtes Gesamtschuldverhältnis nicht besteht [...]. (juris, Rn. 24)

Auf dieser Grundlage erlangte W durch ihre Zahlung einen Ausgleichsanspruch gegen die übrigen Sicherungsgeber, insbesondere gegen K. Diesen Anspruch konnte sie wirksam an B abtreten. B war daher berechtigt, mit dieser Forderung gegen den Anspruch des K aufzurechnen, sodass dessen Anspruch gemäß § 389 BGB erloschen ist (juris, Rn. 25). 538

IV. Rechtliche Einordnung

1. Befriedigt der Bürge den Gläubiger, geht nach § 774 I S. 1 BGB die Forderung gegen den Hauptschuldner auf ihn über. Mit der Forderung gehen gemäß §§ 412, 401 I BGB auch die akzessorischen Sicherheiten, insbesondere Hypotheken, auf den Bürgen über. Leistet hingegen zunächst der Eigentümer des mit einer Hypothek belasteten Grundstücks, erwirbt dieser nach § 1143 I S. 1 BGB die Forderung und mit ihr gemäß §§ 412, 401 I BGB auch die Rechte aus einer für sie bestellten Bürgschaft. 539

Bei strikter Anwendung dieser Regelungen könnte sich somit im Wege des Regresses jeweils derjenige Sicherungsgeber schadlos halten, der zuerst leistet. Dies führt zu einem **„Wettlauf der Sicherungsgeber“** und damit zu einer zufallsabhängigen Verteilung des Ausfallrisikos, obwohl beide Sicherungsgeber ursprünglich das gleiche Haftungsrisiko übernommen haben. 540

2. Eine vergleichbar zufallsabhängige Risikoverteilung zeigt sich im Ausgangspunkt auch in den umgekehrten Fällen, in denen ein Übergang der Forderung und der Sicherungsrechte nach §§ 412, 401 I BGB gerade nicht eintritt. Dies ist insbesondere der Fall, wenn eine Forderung sowohl durch eine Bürgschaft als auch – von einem Dritten – durch eine Grundschuld gesichert ist. 541

Leistet der Grundschuldbesteller an den Gläubiger, erwirbt er mangels Akzessorietät der Grundschuld nicht die Forderung gegen den persönlichen Schuldner; § 1143 BGB ist auf die Grundschuld nicht anwendbar (juris, Rn. 20). Ein Rückgriff gegen andere Sicherungsgeber über §§ 412, 401 BGB scheidet daher aus. Wird der Grundschuldbesteller zuerst in Anspruch genommen, verbleibt die wirtschaftliche Belastung endgültig bei ihm. 542

Entsprechendes gilt für den Bürgen: Zwar geht im Falle seiner Leistung die Forderung gegen den Hauptschuldner nach § 774 I S. 1 BGB auf ihn über. Die Grundschuld als nicht akzessorisches Sicherungsrecht wird jedoch von § 401 BGB nicht erfasst (juris, Rn. 20), sodass ein Rückgriff auf den dinglichen Sicherungsgeber nicht möglich ist. Wird der Bürge zuerst in Anspruch genommen, trägt er das Ausfallrisiko im Ergebnis allein. 543

3. Zur Vermeidung dieser zufallsabhängigen Risikoverteilung wird teilweise vorgeschlagen, dem Bürgen eine Vorrangstellung gegenüber anderen Sicherungsgebern einzuräumen. Danach soll der Bürge die endgültige Belastung auf den Besteller der dinglichen 544

Sicherheit abwälzen können, ohne selbst einem Rückgriffsanspruch des dinglichen Sicherungsgebers ausgesetzt zu sein.[1]

545 Zur Begründung wird zum einen angeführt, dass den Bürgen – anders als den Besteller einer dinglichen Sicherheit – eine persönliche Haftung trifft, deren wirtschaftliche Tragweite er häufig nicht vollständig überblickt.

546 Zum anderen soll § 776 BGB eine entsprechende gesetzliche Wertung erkennen lassen: Danach wird der Bürge frei, wenn der Gläubiger ein Pfandrecht aufgibt, soweit der Bürge aus diesem Recht gemäß § 774 BGB hätte Ersatz erlangen können. Eine vergleichbare Schutzregelung zugunsten des dinglichen Sicherungsgebers besteht nicht. Insbesondere bleibt die dingliche Sicherheit bestehen, wenn der Gläubiger auf seine Rechte gegenüber dem Bürgen verzichtet.[2]

547 **4.** Die herrschende Ansicht folgt dieser Argumentation jedoch nicht. Sie geht vielmehr – in Übereinstimmung mit dem BGH (juris, Rn. 24) – davon aus, dass zwischen mehreren, auf gleicher Stufe stehenden Sicherungsgebern eine **Ausgleichsgemeinschaft** besteht, auf welche die Grundsätze des § 426 BGB entsprechend anzuwenden sind.[3] Der BGH hat diese Auffassung später ausdrücklich bekräftigt:

> […] § 776 BGB regelt nur das Rechtsverhältnis zwischen Gläubiger und Bürgen, läßt aber […] den Rang verschiedener Sicherungsgeber und den Ausgleich zwischen ihnen grundsätzlich unberührt […] Daß der Bürge mit seinem gesamten Vermögen haftet, während die Haftung eines (Grund-)Pfandgläubigers sich auf den verpfändeten Gegenstand beschränkt, mag ein Grund sein, den Bürgen in einzelnen Beziehungen – wie etwa in § 776 BGB gegenüber dem Gläubiger – besonders zu schützen. Für die Frage der Haftung des Bürgen im Vergleich zu anderen Sicherungsgebern ist diesem Umstand eine entscheidende Bedeutung jedoch nicht beizumessen. Der verpfändete Gegenstand kann das ganze Vermögen des Pfandschuldners darstellen, so daß dieser bei einer Verwertung des Pfandes im Ergebnis ebenso hart getroffen wird wie ein aus seinem Bürgschaftsversprechen in Anspruch genommener Bürge. Eine generelle Besserstellung des Bürgen läßt sich schließlich nicht daraus herleiten, daß die Bürgschaft oft aus altruistischen Erwägungen übernommen wird. Andere Sicherungsgeber handeln nicht selten aus ähnlichen Gründen.[4]

V. Vertiefungsfrage

548 **1.** Wonach richtet sich die Höhe des Innenausgleichs zwischen den verschiedenen Sicherungsgebern?
→ siehe BGH NJW 2009, 437

1 Staudinger/*Stürner*, BGB, § 774 Rn. 68.
2 Siehe BGH NJW-RR 1991, 499 (500).
3 *Medicus/Petersen*, Bürgerliches Recht, Rn. 941; *Looschelders*, Schuldrecht BT, § 50 Rn. 56; *Brox/Walker*, Besonderes Schuldrecht, § 32 Rn. 45.
4 BGH NJW 1992, 3228 (3229).

V. Vertiefungsfrage

Weitere Vertiefung und Wiederholung bei Jurafuchs auf jurafuchs.de oder in der Jurafuchs App:

Fall 27: Wege aus dem Nießbrauch

BGH, Versäumnisurteil vom 21.1.2022 – V ZR 233/20 = NJW 2022, 2394

Nießbrauch (§§ 1030 ff. BGB) | Trennungs- und Abstraktionsprinzip

I. Sachverhalt

549 K ist Eigentümerin eines bebauten Grundstücks. Mit notarieller Vereinbarung vom 23.9.2009 räumte sie ihrem damaligen Lebensgefährten B einen lebenslangen Nießbrauch an dem Grundstück ein, der in das Grundbuch eingetragen wurde.

Laut Nr. II der getroffenen Vereinbarung verpflichtete sich B schuldrechtlich, sämtliche an dem Grundstück bestehenden öffentlichen und privaten Lasten – einschließlich außergewöhnlicher Erhaltungsmaßnahmen – zu tragen. Zudem wurde vereinbart, dass B für die Dauer des Nießbrauchs an K ein monatliches Entgelt in Höhe von 370 Euro zu zahlen hatte.

Im September 2015 setzten die Parteien das monatliche Entgelt einvernehmlich auf 1 Euro herab.

Ab dem Jahr 2012 entrichtete B die Grundsteuer nicht mehr. Ob er das vereinbarte Entgelt weiterzahlte, ist zwischen den Parteien streitig.

Mit Schreiben vom 8.11.2016 forderte K den B unter Fristsetzung zur Zahlung der Grundsteuer sowie des vereinbarten Entgelts auf. Zugleich erklärte sie die außerordentliche fristlose Kündigung des Vertragsverhältnisses und verlangte von B die Zustimmung zur Löschung des Nießbrauchs im Grundbuch.

B kam dem nicht nach. K verlangt nun Zustimmung zur Löschung des Nießbrauchs.

II. Zentrale Probleme

550 K begehrt von B die Zustimmung zur Löschung des Nießbrauchs im Grundbuch gemäß § 894 BGB. Voraussetzung hierfür ist, dass das Grundbuch unrichtig ist, der eingetragene Nießbrauch also nicht mehr besteht. Zentral ist damit die Frage, unter welchen Voraussetzungen ein wirksam bestellter Nießbrauch nachträglich wieder beseitigt wird.

551 Der Fall zwingt zunächst zu einer dogmatischen Unterscheidung zwischen dem dinglichen Recht des Nießbrauchs, dem ihm zugrunde liegenden schuldrechtlichen Kausalverhältnis und dem gesetzlichen Schuldverhältnis zwischen Eigentümer und Nießbraucher gemäß §§ 1030 ff. BGB. Im Mittelpunkt steht die Abgrenzung, welche Pflichten des Nießbrauchers das Kausalverhältnis betreffen und welche lediglich das gesetzliche Schuldverhältnis ausgestalten. Davon hängt ab, ob die Verletzung einer Pflicht lediglich Ansprüche aus dem Nießbrauchsverhältnis auslöst oder ob sie geeignet ist, das Kausalverhältnis zu beenden und auf diesem Weg die Rückabwicklung des Nießbrauchs zu ermöglichen.

III. Die Entscheidung des BGH

Zunächst stellt der BGH fest, dass ein Anspruch aus § 894 BGB mangels Unrichtigkeit des Grundbuchs nicht besteht. Der eingetragene Nießbrauch ist durch die von K erklärte Kündigung nicht beendet worden und besteht daher fort: 552

> [7] 1. Rechtsfehlerfrei verneint das BerGer. allerdings einen Grundbuchberichtigungsanspruch der Kl. gem. § 894 BGB. Der Nießbrauch [...] ist durch eine Kündigung der Kl. nicht beendet worden. Der Nießbrauch ist als dingliches Recht einer Kündigung durch den Eigentümer nicht zugänglich. Bei dem Nießbrauch handelt es sich um kein Dauerschuldverhältnis, das nach § 314 BGB beendet werden könnte [...]

Im Anschluss wendet sich der BGH der Frage zu, ob K die Rückübertragung des Nießbrauchs verlangen kann und das Grundbuch auf diesem Wege nachträglich unrichtig werden könnte. Anlass hierfür ist, dass B die in Nr. II der Vereinbarung übernommene Pflicht zur Tragung der Grundsteuer nicht erfüllt hat. Dabei ist jedoch zwischen dem der Bestellung des Nießbrauchs zugrunde liegenden schuldrechtlichen Kausalverhältnis und dem durch die Bestellung des Nießbrauchs begründeten gesetzlichen Schuldverhältnis zwischen Eigentümer und Nießbraucher zu differenzieren: 553

> [9] a) Richtig ist zwar, dass auf das der Nießbrauchsbestellung zugrunde liegende Kausalverhältnis (zB Rechtskauf oder Schenkung) die allgemeinen Regelungen des Leistungsstörungsrechts der §§ 320 ff. BGB anwendbar sind [...]. Besteht gem. § 323 I BGB ein Recht zum Rücktritt von dem Kausalverhältnis, kann der Eigentümer die Rückübertragung des Nießbrauchs nach § 346 I BGB verlangen [...].
>
> [10] Unzutreffend ist aber die Annahme des BerGer., die Kl. sei zum Rücktritt von dem Kausalverhältnis gem. § 323 I BGB berechtigt gewesen, weil der Bekl. die in Nr. II des Bestellungsvertrags übernommene Grundsteuer nicht gezahlt habe. Sie lässt unberücksichtigt, dass das der Bestellung des Nießbrauchs zugrunde liegende Kausalverhältnis von den (ggf. auch schuldrechtlichen) Vereinbarungen zu trennen ist, die das Verhältnis zwischen dem Eigentümer und dem Nießbraucher während des Bestehens des Nießbrauchs regeln.
>
> [11] aa) Das Kausalverhältnis bildet den Rechtsgrund für das dingliche Recht; es setzt sich bei einem Nießbrauch insbesondere aus der Verpflichtung, den Nießbrauch zu bestellen, und der Vereinbarung der hierfür zu erbringenden Gegenleistung zusammen. Die Gegenleistung für die Bestellung des Rechts kann dabei auch ein laufendes, nach bestimmten Zeitabschnitten zu entrichtendes Entgelt sein [...]. Ist das Kausalverhältnis unwirksam, kann das dingliche Recht nach § 812 I 1 Alt. 1 BGB kondiziert werden; erbringt der Nießbrauchsberechtigte die von ihm geschuldete Gegenleistung nicht, kann der Eigentümer nach § 323 I BGB von dem Vertrag zurücktreten [...].
>
> [12] bb) (1) Hiervon zu unterscheiden sind Vereinbarungen, die das durch die Bestellung des Nießbrauchs entstehende gesetzliche Schuldverhältnis zwischen Nießbraucher und Eigentümer betreffen [...]. Das Gesetz gibt deren Rechte und Pflichten in den §§ 1030 ff. BGB zwar vor; diese Bestimmungen sind ungeachtet der zwingenden Natur des Sachenrechts aber teilweise abdingbar [...]. Zulässige abweichende Vereinbarungen können mit dinglicher Wirkung getroffen werden. Sie werden mit der Eintragung in das Grundbuch zum Inhalt des Rechts und binden dann auch einen Rechtsnachfolger; eine Bezugnahme auf die Eintragungsbewilligung gem. § 874 BGB genügt [...]. Die Beteiligten können sich aber auch auf eine schuldrechtliche, und damit nur zwischen ihnen wirkende, abweichende Vereinbarung beschränken. [...]

> [13] (2) Solche Vereinbarungen sind nicht Teil des der Bestellung des Nießbrauchs zugrunde liegenden Kausalverhältnisses, insbesondere sind die Erhaltungs- und Lastentragungspflichten des Nießbrauchers keine Gegenleistung für die Gewährung des Nießbrauchs […]. Eine Verletzung dieser Pflichten berechtigt den Eigentümer nicht zu einer Beendigung des Nießbrauchs nach den Vorschriften des Leistungsstörungsrechts […]. Dem Eigentümer stehen, wenn nicht anderes vereinbart ist […], neben der Möglichkeit der zwangsweisen Verwaltung nach § 1054 BGB nur Erfüllungsansprüche sowie Ansprüche auf Schadensersatz wegen der Verletzung des gesetzlichen Schuldverhältnisses […] zu. […]

554 Auf dieser Grundlage gelangt der BGH zu dem Ergebnis, dass die Verletzung der vereinbarten Lastentragungspflichten durch B nicht das Kausalverhältnis, sondern lediglich das gesetzliche Schuldverhältnis zwischen Eigentümer und Nießbraucher betrifft:

> [14] […] Mit der Vereinbarung, dass der Bekl. sämtliche öffentlichen und privaten Lasten des Grundstücks zu tragen hat, haben die Parteien seine Verpflichtung aus § 1047 BGB und damit das gesetzliche Schuldverhältnis, wenn auch nur mit schuldrechtlicher Wirkung, ausgestaltet. Demnach hat der Bekl. durch die Nichtzahlung der Grundsteuer zwar seine Pflichten als Nießbraucher, nicht aber Pflichten aus dem dem Nießbrauch zugrundeliegenden Kausalverhältnis verletzt mit der Folge, dass ein Rücktritt der Kl. nach § 323 I BGB von dem Kausalverhältnis hierauf nicht gestützt werden kann.

555 Mangels eines wirksamen Rücktritts kann K den Nießbrauch daher nicht nach § 346 I BGB zurückverlangen.

556 Mit Blick auf die ebenfalls vereinbarte Pflicht des B zur Zahlung eines laufenden Entgelts, deren Verletzung zwischen den Parteien streitig ist, weist der BGH im Rahmen der Zurückverweisung an das Berufungsgericht (§ 563 I ZPO) auf Folgendes hin:

> [16] 1. Die Kl. kann von dem Bekl. die Löschung des Nießbrauchs (§ 812 I 2 BGB) verlangen, wenn sie das Kausalverhältnis gem. § 314 BGB gekündigt hat. Das BerGer. wird festzustellen haben, ob der Bekl. das vereinbarte laufende Entgelt nicht gezahlt und damit die Gegenleistung für die Bestellung des Nießbrauchs nicht erbracht hat.
>
> [17] a) Ob der Eigentümer das der Nießbrauchsbestellung zugrunde liegende Kausalgeschäft bei Nichtzahlung des vereinbarten Entgelts gem. § 314 BGB kündigen kann, ist allerdings umstritten. Teilweise wird das verneint […]. Die Gegenansicht bejaht die Kündbarkeit des Kausalverhältnisses mit der Folge, dass der Nießbrauch kondiziert werden könne […]. Die Einstellung der Zahlung des vereinbarten Entgelts wird als wichtiger Grund iSd § 314 I BGB angesehen […].
>
> [18] b) Die zweite Ansicht trifft zu. Zwar sind der Nießbrauch und das mit seiner Bestellung zwischen dem Eigentümer und dem Nießbraucher entstehende besondere gesetzliche Schuldverhältnis einer Kündigung gem. § 314 I BGB nicht zugänglich. Ist in dem der Nießbrauchsbestellung zugrunde liegenden Kausalgeschäft die Zahlung eines wiederkehrenden Entgelts vereinbart und zahlt der Nießbraucher das Entgelt nicht, kann der Eigentümer aber das Kausalverhältnis unter den weiteren Voraussetzungen des § 314 I BGB kündigen und den Nießbrauch kondizieren (§ 812 I 2 BGB).

557 Eine Kündigung nach § 314 BGB kommt nach Ansicht des BGH deshalb in Betracht, weil das zwischen K und B bestehende Kausalverhältnis aufgrund der vereinbarten laufenden Entgeltpflicht nicht bereits mit der Bestellung des Nießbrauchs erfüllt ist. Vielmehr weise es insoweit Elemente eines Dauerschuldverhältnisses auf (Rn. 20).

IV. Rechtliche Einordnung

1.1 Der **Nießbrauch gemäß §§ 1030 ff. BGB** gewährt dem Berechtigten ein dingliches Recht zur Nutzung einer Sache. Im Unterschied zur Grunddienstbarkeit (§ 1018 BGB) und zur beschränkten persönlichen Dienstbarkeit (§ 1090 BGB) erstreckt sich der Nießbrauch grundsätzlich (vorbehaltlich § 1030 II BGB) auf sämtliche Nutzungen.[1] Damit führt die Bestellung eines Nießbrauchs zu einer folgenreichen Aufspaltung der Rechtsposition an einem Gegenstand: Während dem Eigentümer lediglich der sogenannte Stammwert – also die Substanz der Sache einschließlich ihrer rechtlichen Zuordnung – verbleibt, steht dem Nießbraucher die Nutzung des Gegenstandes zu. 558

Eine solche Aufspaltung ist insbesondere im Rahmen der vorweggenommenen Erbfolge von praktischer Bedeutung, um Vermögenswerte steuerlich vorteilhaft zu übertragen und zugleich deren Nutzung beim bisherigen Eigentümer zu belassen. Gleichwohl nimmt der Nießbrauch in der juristischen Ausbildung, wenn überhaupt, nur eine Randstellung ein. Dies dürfte neben seinen vergleichsweise speziellen Anwendungsbereichen[2] auch an seiner dogmatischen Vielgestaltigkeit liegen. So kann ein Nießbrauch jeweils unter spezifischen Voraussetzungen an Grundstücken, beweglichen Sachen (§ 1032 BGB) und Rechten (§§ 1068 ff. BGB) bestellt werden. 559

1.2 Die **Bestellung eines Nießbrauchs** an einem Grundstück unterliegt den allgemeinen Vorschriften über den Erwerb dinglicher Rechte an Grundstücken gemäß § 873 BGB.[3] Problematisch ist im vorliegenden Fall jedoch nicht die Entstehung, sondern das **Erlöschen des Nießbrauchs**. Der Nießbrauch erlischt zunächst kraft Gesetzes mit dem Tod des Berechtigten bzw. mit dem Untergang der berechtigten juristischen Person oder rechtsfähigen Personengesellschaft (§ 1061 BGB). Er ist damit unvererblich; zudem ist er gemäß § 1059 BGB auch im Übrigen nicht übertragbar. 560

Daneben kann der Berechtigte gemäß § 875 BGB auf sein Recht verzichten.[4] Einer Mitwirkung des Eigentümers bedarf es hierfür nicht. Dieser kann einem Verzicht daher auch nicht widersprechen, selbst wenn er ein Interesse daran hat, weiterhin von der Pflicht des Nießbrauchers zur Tragung der Lasten nach § 1047 BGB zu profitieren. 561

1.3 Neben der Pflicht zur Lastentragung treffen den Nießbraucher kraft Gesetzes weitere Pflichten. So hat er gemäß § 1041 BGB insbesondere für die Erhaltung der Sache zu sorgen und die gewöhnlichen Erhaltungskosten zu tragen. Zudem ist er verpflichtet, die bisherige wirtschaftliche Bestimmung der Sache aufrechtzuerhalten und nach den Regeln einer ordnungsgemäßen Wirtschaft zu verfahren (§ 1036 II BGB). 562

Diese Pflichten ergeben sich aus dem **gesetzlichen Schuldverhältnis** zwischen Eigentümer und Nießbraucher gemäß §§ 1030 ff. BGB, das unmittelbar aus der Bestellung des Nießbrauchs folgt und zugleich dessen Inhalt näher bestimmt.[5] Zu beachten ist, dass dieses Schuldverhältnis weitgehend privatautonom ausgestaltet werden kann, da zahlreiche der gesetzlichen Regelungen dispositiv sind (Rn. 12).[6] Sollen entsprechende Vereinbarungen dingliche Wirkung entfalten, insbesondere gegenüber einem Rechtsnachfolger des Eigentümers eines Grundstücks, bedarf es gemäß § 873 BGB der Eintragung in das 563

1 Siehe zur Grunddienstbarkeit und beschränkten persönlichen Dienstbarkeit auch Fall 4 – Auf falschen Pfaden.
2 Zur Relevanz des Nießbrauchs siehe etwa auch *Prütting*, Sachenrecht, Rn. 896.
3 Siehe hierzu insbesondere Fall 19 – Falsa Demonstratio.
4 Für den Nießbrauch an beweglichen Sachen (und Rechten) gilt § 1064 BGB (in Verbindung mit § 1072 BGB).
5 *Westermann/Gursky/Eickmann*, Sachenrecht, § 120 Rn. 10.
6 BGH NJW 1985, 2827.

Grundbuch.[7] Fehlt es hieran, kommt lediglich eine schuldrechtliche Abrede zur Ausgestaltung dieses Verhältnisses in Betracht. Als eine solche schuldrechtliche Ausgestaltung der Pflicht aus § 1047 BGB ist auch die vorliegende Vereinbarung zwischen K und B über die Lastentragung zu qualifizieren (Rn. 14).

564 Da das gesetzliche Schuldverhältnis akzessorisch an den bestehenden Nießbrauch anknüpft, endet es grundsätzlich erst mit dem Erlöschen des Nießbrauchs. Daraus folgt insbesondere, dass Pflichtverletzungen – wie hier die Nichtzahlung der Grundsteuer – nicht zur Beendigung des Schuldverhältnisses nach den §§ 1030 ff. BGB führen (Rn. 13).

565 **2.** Entsprechend dem Trennungsprinzip ist vom Nießbrauch und dem daran anknüpfenden gesetzlichen Schuldverhältnis zwischen Eigentümer und Nießbraucher das **Kausalverhältnis** zu unterscheiden (Verpflichtungsgeschäft), aufgrund dessen der Nießbrauch bestellt wurde (Verfügungsgeschäft). Regelmäßig liegt dem Nießbrauch ein Rechtskauf (§ 453 BGB) oder eine Schenkung (§ 516 BGB) zugrunde; in Betracht kommt aber auch ein Sicherungsvertrag sui generis (§ 311 I BGB) oder ein Vermächtnis (§ 2174 BGB).[8]

566 Verletzt der Nießbraucher eine Pflicht aus dem Kausalverhältnis (etwa durch Nichtzahlung des Kaufpreises im Falle eines Rechtskaufs), kann der Eigentümer gemäß § 323 I BGB vom Vertrag zurücktreten und nach § 346 I BGB die Rückgewähr des Nießbrauchs[9] bzw. dessen Löschung verlangen. Ist das jeweilige Kausalverhältnis hingegen unwirksam, kann der Nießbrauch gemäß § 812 I S. 1 Alt. 1 BGB kondiziert werden.

567 **3.** Schließlich kann der Eigentümer den Nießbrauch gemäß § 812 I S. 2 Alt. 1 BGB zurückverlangen, wenn das der Bestellung zugrunde liegende Kausalverhältnis wirksam nach § 314 I BGB aus wichtigem Grund gekündigt worden ist. Problematisch ist insoweit, ob und unter welchen Voraussetzungen das Kausalverhältnis als Dauerschuldverhältnis einzuordnen ist. Ein Dauerschuldverhältnis liegt vor, wenn ein auf Dauer angelegtes Verhalten oder wiederkehrende Leistungen geschuldet werden und der Gesamtumfang der Leistung von der Dauer der Rechtsbeziehung abhängt. Ist der Erwerber des Nießbrauchs zu fortlaufenden Zahlungen verpflichtet, sind diese Voraussetzungen erfüllt – ungeachtet des Umstands, dass die Bestellung des Nießbrauchs selbst nur einmalig erfolgt (Rn. 20). Für eine Kündigung kommt es schließlich – neben der grundsätzlich erforderlichen Fristsetzung (§ 314 II, III BGB) – darauf an, ob die Einstellung der Zahlungen oder entsprechende Unregelmäßigkeiten einen wichtigen Grund im Sinne des § 314 I BGB darstellen. Dies ist im Wege einer umfassenden Interessenabwägung zu bestimmen.

V. Vertiefungsfragen

568 **1.** Ist es zulässig, den Fortbestand eines Nießbrauchs von der pünktlichen Zahlung eines im Kausalverhältnis vereinbarten laufenden Entgelts abhängig zu machen?
→ siehe Rn. 7 des Urteils

2. Bedarf eine Minderjährige der Zustimmung ihrer gesetzlichen Vertreter (§ 107 BGB), wenn zu ihren Gunsten ein Nießbrauch an einem Grundstück bestellt werden soll?
→ siehe etwa *Vieweg/Lorz*, Sachenrecht, § 16 Rn. 51

---

7 *Baur/Stürner*, Sachenrecht, § 32 Rn. 21.
8 *Strobel* Jura 2017, 512 (513).
9 Anders als bei beweglichen Sachen (vgl. § 1063 BGB) erlischt der Nießbrauch an einem Grundstück gemäß § 889 BGB nicht dadurch, dass der Eigentümer ihn selbst erwirbt. Dies dient der Wahrung der Rangstelle im Grundbuch.

3. Gemäß § 1065 BGB ist der Nießbraucher in entsprechender Anwendung der Eigentümerbefugnisse geschützt. Insbesondere finden die §§ 985 ff., 1004, § 823 I BGB entsprechende Anwendung. In welchem Verhältnis stehen diese Ansprüche zu denjenigen des Eigentümers im Falle einer Beeinträchtigung der belasteten Sache?
→ siehe etwa MüKo-BGB/*Pohlmann*, § 1065 Rn. 8

Weitere Vertiefung und Wiederholung bei Jurafuchs auf jurafuchs.de oder in der Jurafuchs App:

Fall 28: Vorkaufsrecht ist nicht gleich Vorkaufsrecht

BGH, Beschluss vom 23.1.2025 – V ZB 10/24 = NJW 2025, 1826

Vorkaufsrecht (§§ 1094 ff. BGB) | Inhaltsänderung (§ 877 BGB) | Rechtsbeschwerde (§ 78 GBO)

I. Sachverhalt

569 Die Eigentümerin G ist im Grundbuch als Eigentümerin eines Grundstücks (Flurstück 993/3) eingetragen. Dieses Grundstück ist mit einem Vorkaufsrecht für alle Verkaufsfälle zugunsten des jeweiligen Eigentümers eines benachbarten Grundstücks (Flurstück 993) belastet. Eigentümerin dieses herrschenden Grundstücks ist N.

G und N vereinbarten notariell, das bestehende Vorkaufsrecht dahin zu ändern, dass es künftig nicht mehr dem jeweiligen Eigentümer des herrschenden Grundstücks, sondern N persönlich zustehen solle. Zugleich sollte das Vorkaufsrecht unvererblich und nicht übertragbar sein.

Den Antrag auf entsprechende Eintragung wies das Grundbuchamt zurück. Die hiergegen gerichtete Beschwerde blieb ohne Erfolg. G und N legen daraufhin Rechtsbeschwerde ein, mit der sie ihr Eintragungsbegehren weiterverfolgen.

II. Zentrale Probleme

570 Im Ausgangspunkt hätten G und N ohne Weiteres ein subjektiv-persönliches Vorkaufsrecht zugunsten der N neu bestellen können. Eine solche Gestaltung würde jedoch die Aufhebung des bestehenden Rechts und eine anschließende Neubestellung erfordern, mit der Folge, dass das neue Vorkaufsrecht nur den Rang im Zeitpunkt seiner Eintragung erlangt.

571 Die Beteiligten begehren daher eine rangwahrende Umgestaltung des bestehenden Vorkaufsrechts. Ihr Antrag kann jedoch nur Erfolg haben, wenn die beabsichtigte Umwandlung eines subjektiv-dinglichen Vorkaufsrechts in ein subjektiv-persönliches Vorkaufsrecht als bloße Inhaltsänderung im Sinne des § 877 BGB anzusehen ist.

III. Die Entscheidung des BGH

572 Der BGH stellt zunächst die in Rechtsprechung und Literatur vertretenen Auffassungen zu der Frage dar, ob ein subjektiv-dingliches Vorkaufsrecht im Wege des § 877 BGB in ein subjektiv-persönliches Vorkaufsrecht umgewandelt werden kann:

> [8] aa) Nach nahezu einhelliger Auffassung in Rechtsprechung und Literatur, der das BeschwGer. folgt, kann ein subjektiv-dingliches Vorkaufsrecht nicht durch eine bloße Änderung iSd § 877 BGB in ein subjektiv-persönliches Vorkaufsrecht umgewandelt werden […]. Zur Begründung wird zum Teil auf § 1103 I BGB verwiesen, wonach ein zugunsten des jeweiligen Eigentümers eines Grundstücks bestehendes Vorkaufsrecht nicht von dem Eigentum an diesem Grundstück getrennt werden kann. Als Trennung des subjektiv-dinglichen Vorkaufsrechts vom Eigentum wird auch die Umwandlung in ein subjektiv-persönliches Vorkaufsrecht verstanden […]. Andere halten § 877 BGB (auch) deshalb für unanwendbar, weil sich bei der Umwandlung eines subjektiv-dinglichen Vorkaufsrechts in ein subjektiv-persönliches Vorkaufsrecht die Inhaberschaft ändere […].

> [9] bb) Nach der Gegenauffassung soll § 877 BGB nicht bereits deshalb unanwendbar sein, weil es sich bei dem subjektiv-dinglichen Vorkaufsrecht und dem subjektiv-persönlichen Vorkaufsrecht um gänzlich andere Rechte handele. Hierbei werde nämlich nicht berücksichtigt, dass das subjektiv-dingliche sowie das subjektiv-persönliche Vorkaufsrecht lediglich unterschiedliche Ausprägungen desselben Sachenrechts darstellten, wie sich auch aus der amtlichen Überschrift des § 1094 BGB ergebe. Allerdings dürfe eine Inhaltsänderung iSd § 877 BGB nicht dazu führen, dass sich die Person des Inhabers des Rechts ändere, was jedoch beim Übergang zwischen einem subjektiv-dinglichen und einem subjektiv-persönlichen Vorkaufsrecht der Fall wäre. Daher lasse sich ein „Formwechsel“ auf der Grundlage von § 877 BGB nur dann vollziehen, wenn ein subjektiv-dingliches Vorkaufsrecht in ein subjektiv-persönliches Vorkaufsrecht überführt werden solle und der neue Berechtigte zuvor Eigentümer des herrschenden Grundstücks gewesen sei [...].

Der BGH schließt sich der erstgenannten Auffassung an. Maßgeblich ist für ihn zunächst, dass sich mit der beabsichtigten Umgestaltung die Person des Berechtigten ändert: 573

> [11] (1) Wie auch von der Gegenauffassung nicht verkannt wird, scheidet eine Inhaltsänderung nach § 877 BGB nach allgemeiner Meinung von vornherein aus, wenn sich der Inhaber eines Grundstücksrechts ändern soll [...]. So liegt es aber bei der Änderung eines subjektiv-dinglichen Vorkaufsrechts in ein subjektiv-persönliches Vorkaufsrecht. Während im ersten Fall Berechtigter der „jeweilige“ Grundstückseigentümer des begünstigten Grundstücks ist, steht das Vorkaufsrecht im zweiten Fall (nur) einer bestimmten Person zu. Hieran ändert es nichts, wenn im Zeitpunkt der beabsichtigten Rechtsänderung die zukünftig als Berechtigte vorgesehene Person – wie die (N) – aktuell Eigentümerin des herrschenden Grundstücks und deshalb bereits vor der Rechtsänderung zur Ausübung des Vorkaufsrechts berechtigt ist. Der Unterschied in der Person der Berechtigten zeigt sich nämlich im Falle der Veräußerung des Grundstücks durch den nunmehr allein Berechtigten. Während das fortbestehende subjektivdingliche Vorkaufsrecht nach der Veräußerung dem neuen Grundstückseigentümer zustünde, bliebe Inhaber eines subjektiv-persönlichen Vorkaufsrechts der als Berechtigter benannte frühere Eigentümer.

Darüber hinaus hebt der BGH den qualitativen Unterschied zwischen beiden Rechtsformen hervor: 574

> [14] (b) Der qualitative Unterschied zwischen einem subjektiv-dinglichen und einem subjektiv-persönlichen Vorkaufsrecht ergibt sich aus § 1103 I BGB. Hiernach kann ein zugunsten des jeweiligen Eigentümers eines Grundstücks bestehendes Vorkaufsrecht nicht von dem Eigentum an diesem Grundstück getrennt werden. Daraus folgt, dass das subjektiv-dingliche Vorkaufsrecht wesentlicher Bestandteil des herrschenden Grundstücks (§§ 96, 93 BGB) ist und dessen rechtliches Schicksal teilt. Ließe man eine Änderung des subjektiv-dinglichen Vorkaufsrechts in ein subjektiv-persönliches Vorkaufsrecht zu, verlöre das Vorkaufsrecht seine Bindung an das Grundstück. Dies wäre mit § 1103 I BGB nicht vereinbar.

Der BGH kommt daher zu dem Ergebnis, dass das Grundbuchamt den Eintragungsantrag zu Recht zurückgewiesen hat. Die Rechtsbeschwerde bleibt ohne Erfolg. 575

IV. Rechtliche Einordnung

576 **1.** Der vorliegende Beschluss des BGH erging auf eine *Rechtsbeschwerde*. Dabei handelt es sich um ein Rechtsmittel gegen Beschwerdeentscheidungen des OLG im Grundbuchverfahren.[1] Die Rechtsbeschwerde ist gemäß § 78 I GBO nur statthaft, wenn sie vom Beschwerdegericht zugelassen wurde. Nach § 78 II GBO ist sie zuzulassen, wenn die Rechtssache grundsätzliche Bedeutung hat oder die Fortbildung des Rechts bzw. die Sicherung einer einheitlichen Rechtsprechung eine Entscheidung des Rechtsbeschwerdegerichts erfordert. Die Zuständigkeit des BGH ergibt sich aus § 133 GVG.[2]

577 Gemäß § 78 III GBO i. V. m. §72 I FamFG ist die Rechtsbeschwerde begründet, wenn die angefochtene Entscheidung auf einer Rechtsverletzung beruht. Die Prüfung durch das Rechtsbeschwerdegericht ist damit auf Rechtsfragen beschränkt; eine erneute Tatsachenfeststellung findet grundsätzlich nicht statt. Maßgeblich ist vielmehr der vom Beschwerdegericht festgestellte Sachverhalt (§ 74 III S. 4 FamFG i. V. m. § 559 I ZPO).

578 **2.** Die Rechtsbeschwerde nach § 78 GBO gehört im juristischen Studium ebenso wenig zum Standardstoff wie das Vorkaufsrecht, das den materiellrechtlichen Mittelpunkt des Falles bildet. Gleichwohl bietet der Fall Anlass, sich jedenfalls die Grundzüge dieses Instituts zu vergegenwärtigen.

579 Ein **Vorkaufsrecht** vermittelt allgemein die Befugnis, im Falle des Abschlusses eines Kaufvertrags anstelle des vorgesehenen Erwerbers in den Vertrag einzutreten und die Übereignung des Gegenstands zu den Bedingungen zu verlangen, die zwischen Veräußerer und Drittem vereinbart wurden. Dabei ist zwischen dem schuldrechtlichen und dem dinglichen Vorkaufsrecht zu unterscheiden.

580 Das **schuldrechtliche Vorkaufsrecht** (§§ 463 ff. BGB) begründet ein relatives Recht gegenüber dem Verpflichteten. Übt der Berechtigte das Vorkaufsrecht aus, kommt zwischen ihm und dem Verpflichteten ein Kaufvertrag zu den Bedingungen zustande, die dieser mit dem Dritten vereinbart hat (§ 464 II BGB). Dingliche Wirkung entfaltet das schuldrechtliche Vorkaufsrecht hingegen nicht. Wird ein Grundstück etwa trotz ausgeübten Vorkaufsrechts an den Dritten übereignet, bleibt diese Verfügung grundsätzlich wirksam; der Berechtigte ist dann auf schuldrechtliche Ansprüche, insbesondere auf Schadensersatz, verwiesen.

581 Nicht selten wird ein schuldrechtliches Vorkaufsrecht durch ein **dingliches Vorkaufsrecht** im Sinne der §§ 1094 ff. BGB abgesichert, das auch gegen einen etwaigen Rechtsnachfolger des vertragsschließenden Eigentümers Wirkung entfaltet. Gegenstand eines dinglichen Vorkaufsrechts können jedoch ausschließlich Grundstücke sein (vgl. § 1094 I BGB).

582 **3.** In der **Praxis** kommt dem **dinglichen Vorkaufsrecht** insbesondere im nachbarlichen Verhältnis Bedeutung zu. So kann durch die Bestellung eines dinglichen Vorkaufsrechts einem Nachbarn die Möglichkeit eingeräumt werden, im Falle einer Veräußerung des Grundstücks eine Nutzung durch unerwünschte Dritte zu verhindern. Daneben wird ein dingliches Vorkaufsrecht häufig im Zusammenhang mit langfristigen Miet- oder Pachtverhältnissen vereinbart, um die Nutzungsinteressen des Mieters oder Pächters auch im Falle einer Veräußerung des Grundstücks abzusichern.[3]

---

1 Siehe hierzu Fall 20 – Lastenfreies Grundstück.

2 Gemäß § 23 a II Nr. 8 GVG gehören Grundbuchsachen zu Angelegenheiten der freiwilligen Gerichtsbarkeit, die insgesamt als Zivilsachen qualifiziert werden (vgl. § 119 I Nr. 1 lit. b GVG).

3 Siehe etwa MüKo-BGB/*Mohr*, § 1094 Rn. 3 f.; *Prütting*, Sachenrecht, Rn. 939.

4. Als dingliches Recht an einem Grundstück richtet sich die **Bestellung** des dinglichen Vorkaufsrechts nach § 873 BGB. Erforderlich sind somit eine (formlose) Einigung[4] sowie die Eintragung in das Grundbuch. 583

5. In das Grundbuch einzutragen ist auch die **Art des Vorkaufsrechts**, insbesondere ob es sich um ein subjektiv-dingliches oder ein subjektiv-persönliches Vorkaufsrecht handelt. Beide Formen sind zwar dinglicher Natur, unterscheiden sich jedoch in ihrer personellen Zuordnung. Das subjektiv-dingliche Vorkaufsrecht steht dem jeweiligen Eigentümer des herrschenden Grundstücks zu (§ 1103 I BGB) und ist mit diesem untrennbar verbunden. Demgegenüber ist das subjektiv-persönliche Vorkaufsrecht einer bestimmten Person zugeordnet und besteht unabhängig von einem Grundstück (§ 1103 II BGB). 584

Diese Unterscheidung wirkt sich auch auf die **Übertragbarkeit** aus. Das subjektiv-dingliche Vorkaufsrecht ist nach §§ 96, 93 und § 1103 I BGB Bestandteil des herrschenden Grundstücks und geht daher mit dem Eigentum hieran auf den Erwerber über; das subjektiv-persönliche Vorkaufsrecht ist aufgrund seiner persönlichen Bindung grundsätzlich nicht übertragbar (§ 1098 I BGB i. V. m. § 473 BGB). 585

6. Die **Ausübung des Vorkaufsrechts** erfolgt durch einseitige Erklärung gegenüber dem verpflichteten Grundstückseigentümer (§ 1098 I BGB i. V. m. §464 BGB). Diese Erklärung ist grundsätzlich formfrei, muss jedoch grundsätzlich innerhalb der gesetzlichen Frist von zwei Monaten abgegeben werden. Die Frist beginnt mit der Mitteilung des Inhalts des Kaufvertrags an den Berechtigten (§ 1098 I BGB i. V. m. §469 II S. 1 BGB). Mit wirksamer Ausübung des Vorkaufsrechts erwirbt der Berechtigte einen Anspruch auf Übereignung des Grundstücks aus dem Kaufvertrag (§ 464 II BGB). 586

Hat der Verpflichtete das Grundstück bereits an den Dritten übereignet, wird der Berechtigte durch § 1098 II BGB geschützt. Danach kommt dem dinglichen Vorkaufsrecht eine vormerkungsähnliche Wirkung zu.[5] Verfügungen des Verpflichteten über das Grundstück, die dem Vorkaufsrecht zuwiderlaufen, sind dem Berechtigten gegenüber relativ unwirksam (§ 883 II BGB). Der Verpflichtete gilt daher im Verhältnis zum Berechtigten weiterhin als verfügungsbefugt und bleibt zur Erfüllung des Übereignungsanspruchs verpflichtet. Zur Durchsetzung seines Anspruchs kann der Berechtigte schließlich gemäß § 888 BGB vorgehen und vom Dritten die Zustimmung zur Eigentumsübertragung verlangen. 587

7. Vor dem Hintergrund der unterschiedlichen personellen Zuordnung und rechtlichen Struktur des subjektiv-dinglichen und des subjektiv-persönlichen Vorkaufsrechts nimmt der BGH im vorliegenden Beschluss im Einklang mit der herrschenden Ansicht[6] an, dass ein subjektiv-dingliches Vorkaufsrecht nicht im Wege des § 877 BGB in ein subjektiv-persönliches Vorkaufsrecht umgewandelt werden kann. Die unterschiedliche personelle Reichweite zeigt, dass es sich nicht lediglich um verschiedene Ausprägungen desselben Rechts, sondern um strukturell verschiedene Rechte handelt. Die beabsichtigte Umwandlung betrifft daher nicht nur den Inhalt eines bestehenden Rechts, sondern stellt einen sachenrechtlichen Typenwechsel dar, der die Aufhebung des bisherigen und die Begründung eines neuen Rechts erfordert. 588

4 Der schuldrechtliche Vertrag über die Bestellung eines dinglichen Vorkaufsrechts ist jedoch gemäß § 311 b I S. 1 BGB notariell zu beurkunden, siehe BGH NJW 2016, 2035 Rn. 12 ff.

5 Zur Vormerkung siehe Fall 21 – Alles nur Schein.

6 Siehe etwa BeckOK-BGB/*Reischl*, § 1103 Rn. 3; MüKo-BGB/*Mohr*, § 1103 Rn. 3.

589 Eine **Inhaltsänderung im Sinne des § 877 BGB** setzt demgegenüber voraus, dass das bestehende Recht seinem rechtlichen Typ nach unverändert fortbesteht.[7] § 877 BGB eröffnet allerdings – auch mit Blick auf den jeweils konkreten Rechtstyp – keinen Spielraum für eine beliebige Umgestaltung dinglicher Rechte. Vielmehr sind aufgrund des sachenrechtlichen Typenzwangs nur solche Änderungen zulässig, die vom Gesetz vorgesehen sind oder sich im Rahmen des jeweiligen Rechtstyps halten. So kann etwa die Übertragbarkeit eines dinglichen Rechts ausgeschlossen oder – im Falle einer Hypothek – die Verzinsung geändert werden, ohne dass der rechtliche Typ des Rechts berührt wird.[8]

V. Vertiefungsfragen

590 **1.** Liegt ein Vorkaufsfall auch dann vor, wenn in das Grundstück vollstreckt wird oder ein Schenkungsvertrag über das Grundstück geschlossen wird?
→ siehe etwa *Vieweg/Lorz*, Sachenrecht, § 16 Rn. 91

2. Der Eigentümer eines Grundstücks veräußert dieses an einen Käufer (K), obwohl zugunsten eines Dritten (V) ein dingliches Vorkaufsrecht besteht. K tätigt nach dem Erwerb nützliche Verwendungen auf das Grundstück. Anschließend übt V sein Vorkaufsrecht aus. Kann K von V Ersatz für diese Verwendungen verlangen?
→ siehe BGH NJW 1983, 2024

3. Was hätten G und N tun müssen, um das bestehende subjektiv-dingliche Vorkaufsrecht aufzuheben?
→ siehe § 875 BGB

Weitere Vertiefung und Wiederholung bei Jurafuchs auf jurafuchs.de oder in der Jurafuchs App:

7 MüKo-BGB/*Lettmaier*, § 877 Rn. 4; Schulze/*Staudinger*, BGB, § 877 Rn. 1.

8 *Baur/Stürner*, Sachenrecht, § 19 Rn. 43.

Literaturverzeichnis

Baur, Fritz, Der Beseitigungsanspruch nach § 1004 BGB, AcP 160 (1961), S. 465–493
Baur, Jürgen F./Stürner, Rolf, Sachenrecht, 18. Aufl., München 2009
Beck'scher Online-Kommentar BGB, 77. Edition, München 1.2.2026 (zit.: BeckOK-BGB)
Beck'scher Online-Kommentar GBO, 60. Edition, München 1.3.2026 (zit.: BeckOK-GBO)
Beck'scher Online-Kommentar ZPO, 60. Edition, München 1.3.2026 (zit.: BeckOK-ZPO)
Brox, Hans/Walker, Wolf-Dietrich, Zwangsvollstreckungsrecht, 12. Aufl., München 2021
Brox, Hans/Walker, Wolf-Dietrich, Besonderes Schuldrecht, 50. Aufl., München 2026
Bydlinski, Peter, Hauptpositionen zum Richterrecht, JZ 1985, S. 149–155
Bydlinski, Peter, Grundzüge der juristischen Methodenlehre, 4. Aufl., Wien 2023
Denga, Michael, Vertragsrecht, Baden-Baden 2025
Erman, BGB, Bd. 1 (§§ 1–597); Bd. 2 (§§ 598–1588), 17. Aufl., Köln 2023
Fikentscher, Wolfgang, Methoden des Rechts in vergleichender Darstellung, Band 3, Tübingen 1976
Fischer, Gerfried, Vorrang des Vermieterpfandrechts vor dem Sicherungseigentum? – BGHZ 117, 200, JuS 1993, S. 542–545
Grüneberg, Bürgerliches Gesetzbuch, 85. Aufl., München 2026
Habersack, Mathias, Examens-Repetitorium Sachenrecht, 10. Aufl., München 2024
Henke, Hannes, Die Übergabe: ein Wort, drei Begriffe, JA 2022, S. 95–99
Hirsch, Christoph, BGB Allgemeiner Teil, 10. Aufl., Baden-Baden 2019
Jauernig, Bürgerliches Gesetzbuch, 19. Aufl., München 2023
Kainer, Friedemann, Sachenrecht, 3. Aufl., Baden-Baden 2025
Kindl, Johann/Meller-Hannich, Caroline (Hrsg.), Gesamtes Recht der Zwangsvollstreckung, Handkommentar, 5. Aufl., Baden-Baden 2026
Looschelders, Dirk, Schuldrecht Besonderer Teil, 21. Aufl., München 2026
Lüke, Wolfgang, Sachenrecht, 5. Aufl., München 2024
Maurer, Jörg, Die „forderungsentkleidete“ Hypothek ist eine Grundschuld, Jura 2021, S. 369–377
Medicus, Dieter/Petersen, Jens, Bürgerliches Recht, 30. Aufl., München 2025
Meller-Hannich, Caroline, Zivilprozessrecht, 3. Aufl., Stuttgart 2022
Münchener Kommentar zum Bürgerlichen Gesetzbuch, Bd. 1 (Allgemeiner Teil), 10. Aufl., München 2025; Bd. 2 (Schuldrecht – Allgemeiner Teil I), 10. Aufl., München 2025; Bd. 4/1 (Schuldrecht – Besonderer Teil I/1), 9. Aufl., München 2024; Bd. 7 (Schuldrecht – Besonderer Teil IV), 9. Aufl., München 2024; Bd. 8 (Sachenrecht), 10. Aufl., München 2026
Münchener Kommentar zur Zivilprozessordnung, Bd. 2 (§§ 355–945 b), 7. Aufl., München 2025
Musielak/Voit, Zivilprozessordnung, 23. Aufl., München 2026
Musielak, Hans-Joachim/Voit, Wolfgang, Grundkurs ZPO, 16. Aufl., München 2022
Muthorst, Olaf, Grundzüge des Zwangsvollstreckungsrechts, 4. Aufl., Baden-Baden 2024
NomosKommentar BGB, Bd. 3 (Sachenrecht), 5. Aufl., Baden-Baden 2022 (zit.: NK-BGB)
Prütting, Hanns, Sachenrecht, 38. Aufl., München 2024
Schulze, Reiner (Schriftl.), Bürgerliches Gesetzbuch, Handkommentar, 12. Aufl., Baden-Baden 2024
Schwab, Martin, Schuldrecht BT: Keine Pflicht des Recyclingunternehmers zur Suche nach einbetonierten Bomben im Bauschutt, JuS 2020, S. 272–275

Selke, Christopher, Wie verteidigt man ein Notwegerecht?, JA 2022, S. 461–467
Staudinger, Kommentar zum Bürgerlichen Gesetzbuch, §§ 90–124, 130–133, Berlin 2021; §§ 677–704, Berlin 2025; §§ 765–778, Berlin 2025; § 823 A-D, Berlin 2017; §§ 854–882, Berlin 2025; §§ 889–902, Berlin 2025; §§ 903-924, Berlin 2025; §§ 925-984, Anh zu §§ 929-931, Berlin 2020; §§ 985–1011, Berlin 2023; §§ 1113-1203, Berlin 2019
Stein/Jonas, Kommentar zur Zivilprozessordnung, Bd. 7 (§§ 704–802), 23. Aufl., Tübingen 2024
Strobel, Benedikt, Der Nießbrauch, Jura 2017, S. 517–519
Vieweg, Klaus/Lorz, Sigrid, Sachenrecht, 9. Aufl., München 2022
Wagner, Stephan, Die Bestellung von Grundpfandrechten durch nahe Angehörige – Causa finita?, AcP 205 (2005), S. 715–742
Wank, Rolf, Juristische Methodenlehre, München 2020
Weber, Helmut/Rauscher, Mario, Die Kollision von Vermieterpfandrecht und Sicherungseigentum im Konkurs des Mieters, NJW 1988, S. 1571–1574
Wellenhofer, Marina, Sachenrecht, 40. Aufl., München 2025
Westermann, Harm Peter/Gursky, Karl-Heinz/Eickmann, Dieter, Sachenrecht, 8. Aufl., Heidelberg 2011
Wieling, Hans Josef/Finkenauer, Thomas, Sachenrecht, 6. Aufl., Berlin 2020
Wilhelm, Jan, Sachenrecht, 7. Aufl., Berlin 2021
Zeising, Jörg, Petitorische Durchbrechung possessorischen Besitzschutzes, Jura 2010, S. 248-255

Stichwortverzeichnis

Die Angaben verweisen auf die Randnummern.